《蒙古族图典》编辑委员会

主　编：格·孟和

副主编：吴英喆

编　委：（按姓氏笔画为序）

乌日斯嘎拉　包满都拉　吉如何　朱　虹　庆巴图

杨玉成　苏日娜（饮食卷）　苏日娜（名胜古迹卷）

李凤山　吴国艳　阿力玛　阿拉坦宝力格　珊　丹

胡日查　带　兄　哈斯其木格　娜日娅　高　娃

通格勒格　额尔德木图

民族文字出版专项资金资助项目
"十三五"国家重点图书出版规划项目

蒙古族图典

综合卷

格·孟和 主编

高娃 著

辽宁民族出版社

ⓒ 高娃 2017

图书在版编目（CIP）数据

蒙古族图典．综合卷：蒙汉对照 / 格·孟和主编；高娃著．—沈阳：辽宁民族出版社，2017.12
ISBN 978-7-5497-1742-2

Ⅰ．①蒙…　Ⅱ．①格…②高…　Ⅲ．①蒙古族—民族文化—中国—图集　Ⅳ．①K281.2-64

中国版本图书馆CIP数据核字（2017）第288169号

蒙古族图典·综合卷
MENGGUZU TUDIAN·ZONGHE JUAN

丛书策划 / 朱　虹

出版发行者：辽宁民族出版社
地　　　址：沈阳市和平区十一纬路25号　邮编：110003
印　刷　者：辽宁新华印务有限公司
幅面尺寸：210mm×285mm
印　　张：15.5
字　　数：280千字
印　　数：1—1000
出版时间：2017年12月第1版
印刷时间：2017年12月第1次印刷
责任编辑：李凤山　朱　虹　包满都拉
封面设计：Amber Design 琥珀视觉
责任校对：代智敏
标准书号：ISBN 978-7-5497-1742-2
定　　价：280.00元

网　　址：www.lnmzcbs.com　　邮购热线：024-23284335
淘宝网店：http://lnmz2013.taobao.com
如有印装质量问题，请与出版社联系调换　　联系电话：024-23284340

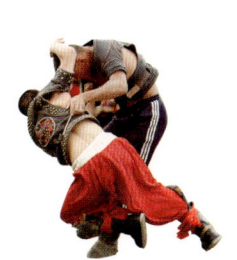

蒙古族图典·综合卷

总序

　　蒙古族是一个历史悠久而富于传奇色彩的民族。经过千百年来的发展，蒙古族形成了自己独特的文化。每当提起蒙古族，人们就会想起"天苍苍，野茫茫，风吹草低见牛羊"的古老歌谣，眼前便会浮现出这个"马背上的民族"曾经叱咤风云、纵横欧亚、英勇善战、气吞山河的伟岸雄姿。

　　蒙古族起源于古望建河（今额尔古纳河）。13世纪初，以成吉思汗为首的蒙古部（蒙兀室韦）统一了蒙古地区诸部，逐渐形成了一个新的民族共同体，"蒙古"也就由原来的部落名称变成了民族名称。成吉思汗及其子孙建立的横跨欧亚的大帝国，推动了东西方经济和文化的交流与发展。1995年12月，美国《华盛顿邮报》带头评选第二个千年（1000—1999）最有影响的人物，结果成吉思汗力压群雄，被评为"千年风云人物第一人"。800多年来，成吉思汗的名字和故事，在世界各地传扬。1271年，忽必烈建立了中国历史上疆域最大的封建王朝——元朝，推动了中国统一多民族国家的巩固和发展。

习近平总书记在中国共产党第十九次全国代表大会上的报告中指出："文化是一个国家、一个民族的灵魂。文化兴国运兴，文化强民族强。没有高度的文化自信，没有文化的繁荣兴盛，就没有中华民族伟大复兴。"蒙古族为我国历史文化发展做出过卓越的贡献，也对人类历史发展产生过深远的影响。无垠的大草原，不息的江河水，永恒的长生天，奔驰的骏马，洁白的蒙古包，华丽的蒙古袍，神奇的呼麦，悠扬的马头琴……蒙古族创造了璀璨夺目的民族文化。蒙古族的传统服饰主要包括蒙古袍、腰带、靴子、配饰等，但因地区不同在式样上有所差异。蒙古族服饰以其独特的风格和精湛的制作工艺，立于我国乃至世界服饰之林而经久不衰。蒙古族饮食文化继承了北方民族饮食文化传统，在保持古老传统的同时也有明显的地方特色。丰富多彩的蒙古族饮食，让人们深切感受到舌尖上的草原味道。蒙古包作为世界传统住居中分布最广、延续时间最长的风土型住居类型之一，在传统民居形态逐步式微的境遇中，仍保持着强劲的生命力而延续至今。蒙古族文物汇集了历代有关蒙古族历史、社会风俗、宗教信仰等方面的精品，为研究蒙古族文化提供了实物资料。精雕细琢的蒙古族工艺品是人们在长期的生产、生活实践中不断创造与积累的宝贵财富。如蒙古族皮画表面浮雕般的立体效果和凝重的风格所形成的视觉冲击力，常令观赏者感到无比震撼，给人耳目一新的艺术享受。蒙古族是能歌善舞的民族，素有"音乐民族""诗歌民族"之称。蒙古民族创作了很多历史文学巨著，其中，《蒙古秘史》被联合国教科文组织确定为世界名著文化遗产；英雄史诗《江格尔》是中国少数民族三大英雄史诗之一；马头琴是蒙古族特有的传统乐器，其艺术特色和魅力彰显于世界民族乐坛之上；天籁之音呼麦和蒙古族长调民歌为世界非物质文化遗产。蒙古族名胜古迹众多，成吉思汗陵、古城遗址、藏传佛教寺院、壮美山川、沙漠瀚海，展示了草原的自然风光和游牧文化遗迹。蒙古族是一个勤劳智慧、勇于探索的民族，取得了许多发明创造和历史、文学、艺术成果，涌现出众多的政治家、思想家、军事家、科学家、历史学家、文学家、艺术家，为丰富祖国光辉灿烂的文化宝库做出了重要贡献。

为了更好地弘扬博大精深的蒙古族文化，辽宁民族出版社组织国内相关领域的蒙古族专家学者编写了这套《蒙古族图典》。全套书分为服饰卷、饮食卷、住居卷、文物卷、艺术卷、工艺品卷、名胜古迹卷、综合卷，共计八卷本。采用图文并茂的形式，深度挖掘蒙古族文化的精髓，展现蒙古民族各个方面的历史原貌，用蒙汉文精简地诠释图片的深刻含义。《蒙古族图典》为蒙古族图片的集大成者，是有史以来对蒙古族图片最大规模、全方位的整理，为读者全面了解蒙古族文化提供了方便。

一段文字，是一种文化现象；一幅图片，是一个历史符号。《蒙古族图典》生动再现了蒙古族悠久灿烂的历史文化，完美展示了蒙古族绚丽多姿的民族风情。

2017年10月

格·孟和 蒙古族，内蒙古师范大学教授，享受国务院特殊津贴专家，现任《中国蒙古学文库》常务总编辑。主要著作有《格·孟和文集》（共13卷），多次荣获国家及内蒙古自治区科研奖。

前言

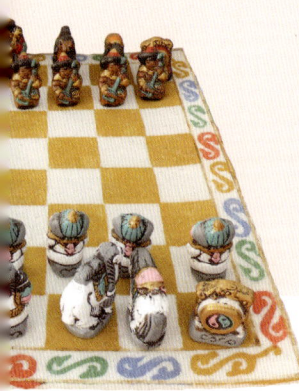

蒙古族是在蒙古高原崛起的勇敢民族，具有悠久的历史和灿烂的文化。《蒙古族图典·综合卷》主要介绍了蒙古族人物、蒙古族文献、蒙医蒙药、蒙古族游乐文化和游牧生活等方面的内容。

蒙古族在人类历史舞台上扮演过重要角色，以至对整个人类历史进程产生过重大而深远的影响。1206年成吉思汗统一蒙古诸部，与其子孙缔造了世界上版图最大的蒙古帝国。1271年忽必烈建立元朝，推动了中国统一多民族国家的巩固和发展。在漫长的历史长河中，蒙古族人才辈出。我们从不同领域挑选了近百位人物，书写他们的传奇。这些蒙古族名人不仅见证了蒙古民族发展的历史进程，也对研究当时历史发展和时代变迁等方面具有重要意义。

蒙古族文献浩如烟海，内容丰富。我们从语言文字、历史、文学、宗教、医学等几方面，搜集了一些重要而具有代表性的文献，注重描述这些文献形成的年代、内容、版本、文种、收藏地等基本信息。这些文献是记录蒙古族知识的物质载体，是进行科学交流、获取信息、传授知识的重要工具。

蒙医蒙药是蒙古族传统文化遗产的重要组成部分，也是东方传统医学宝库中的一颗璀璨明珠。蒙医药在其历史发展过程中，不断探索和总结各历史时期的医药学经验，逐渐形成了具有自身理论体系和临床实践经验的民族传统医学。

蒙古族游乐文化种类繁多、绚丽多姿。我们主要介绍了"男儿三技"——摔跤、赛马、射箭，以及赛骆驼、赛布鲁、赛蒙古象棋、坑嘎拉哈等内容。蒙古族是游牧民族，逐水草而居的生活方式独具特色。我们介绍了蒙古包、勒勒车、套马杆、驯马、牧羊犬、五畜群以及剪羊毛、收割牧草、按季节游牧等蒙古族特有的生活用品以及生产方式。

以图片形式展示蒙古族人物、文献、医药学、游乐文化和游牧生活等内容，对蒙古族文化遗产的保护和传承具有很大的推动作用，同时也对相关领域的研究具有重要的借鉴作用。

目录

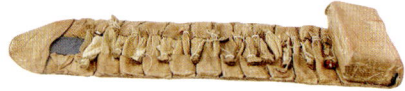

语言文字 ·· 064

第二章 蒙古族文献

其他人物 ·· 062

艺术家 ·· 056

军事家 ·· 050

医学家 ·· 046

科学家 ·· 040

文学家 ·· 034

历史学家 ·· 032

蒙古语言文字学家 ·· 026

历史人物 ·· 022

第一章 蒙古族人物 ··· 012

前言 ·· 010

总序 ·· 006

·· 002

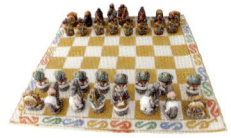

历史	104
文学	113
宗教	124
医学	128
第三章 蒙医蒙药	134
蒙药材	136
蒙医器具	170
第四章 蒙古族游乐文化与游牧生活	182
蒙古族游乐文化	184
蒙古族游牧生活	224
图片提供者	245
后记	246

第一章 蒙古族人物

蒙古族是勤劳勇敢的民族，创造了光辉灿烂的历史文化。蒙古族在人类历史舞台上扮演过重要角色，以至对整个人类历史进程产生过重大而深远的影响。同时也造就了一批又一批的历史风云人物，涌现出很多著名的蒙古族军事家、医学家、科学家、艺术家、语言学家、文学家、史学家、哲学家、思想家，等等。

英勇无畏，豪迈绝伦，是蒙古族的民族特征。这个伟大的民族养育出一位杰出的儿子——成吉思汗。13世纪初，成吉思汗统一蒙古各部，与其子孙后代建立了横跨欧亚的蒙古帝国，推动了东西方经济文化的交流与发展，成吉思汗被称作"缔造全球化的世界第一人"。《纽约时报》

《华盛顿邮报》等一致推荐,成吉思汗被评为"千年风云人物第一人"。

熠熠闪光,人才济济。星空中有两颗直接以蒙古族科学家命名的行星,分别是:"明安图星"和"李四光星"。还有文学家蒲松龄、尹湛纳希,医学家忽思慧、占布拉·道尔吉,史学家萨囊彻辰、亦邻真,哲学家艾思奇,等等。

从历史上的蒙古族名人到今天各领域的蒙古族专家学者都是世人瞩目的人物,他们具有超人的智慧、超前的思想和卓越的贡献,不断书写着历史新篇章,不断创造着人类文明。

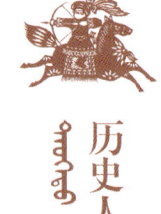

历史人物

历史人物是指那些在历史发展中具有重要影响，在历史长河中留下足迹，对历史起推动作用的人物。蒙古族历史人物是蒙古族历史发展中，对重要事件起主导作用的人物，他们积聚了文化的因素，弘扬了蒙古族悠久而灿烂的文化。蒙古族历史上出现过许多著名的历史人物，如成吉思汗、忽必烈等。

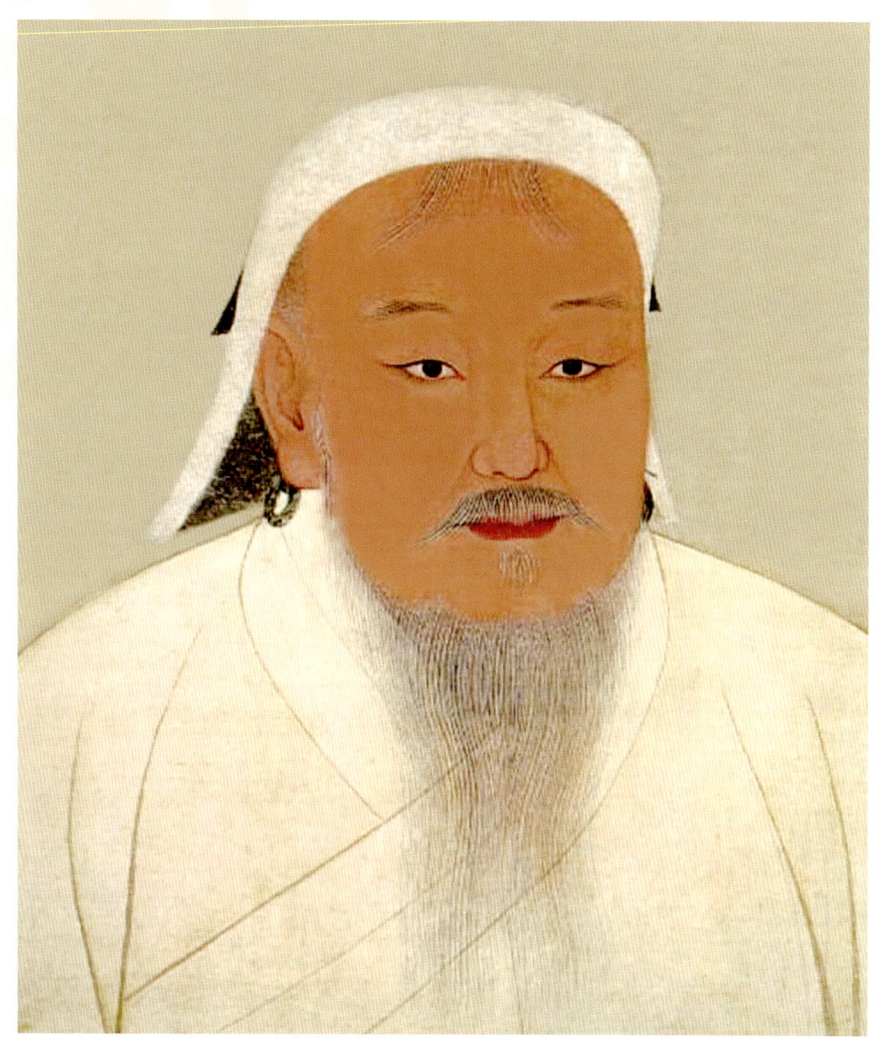

成吉思汗（1162—1227）

大蒙古国可汗，世界史上杰出的政治家、军事家、思想家。本名铁木真，出生于蒙古乞颜部，姓孛儿只斤氏。元世祖忽必烈追尊成吉思汗庙号为元太祖。1206年春天，建立大蒙古国，此后多次发动对外征服战争，征服地域西达中亚、东至黑海。1227年夏，在征伐西夏时病逝，之后被密葬，享年六十六岁。

成吉思汗的历史功绩是空前绝后的。他创建了世界上版图最大的帝国，总面积达3000多万平方公里；成吉思汗是天才的军事家，将军事艺术推向冷兵器时代最高峰；发动了人类历史上规模最大的战争；最早建立了运输联络系统；最早实行政治民主的帝王；奉行宗教信仰最自由的政策。成吉思汗以"世界征服者""千年风云第一人"的称号载入人类历史史册。

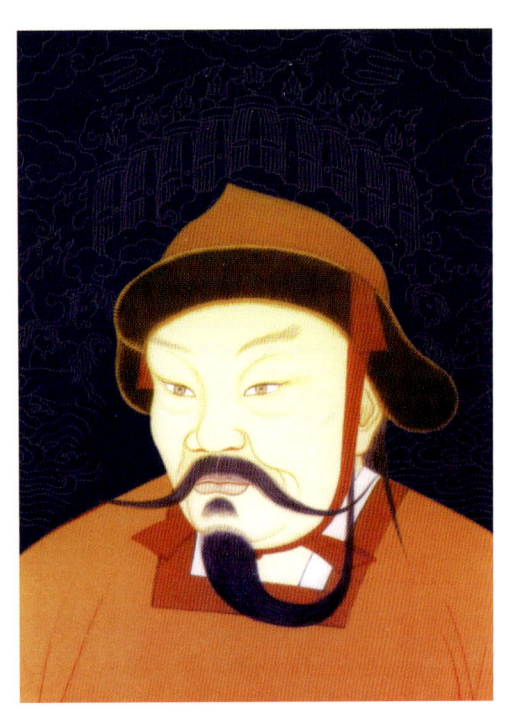

窝阔台汗（1186—1241）

孛儿只斤氏，大蒙古国第二位大汗，史称"窝阔台汗"，元太祖成吉思汗第三子，庙号太宗。1229年至1241年在位。他继承父亲遗志南下灭金，完成蒙古第二次西征。在位期间，疆域版图曾扩充到中亚、中国华北和东欧。任用契丹人耶律楚材为中书令，采用汉法，为元朝的建立奠定了基础。

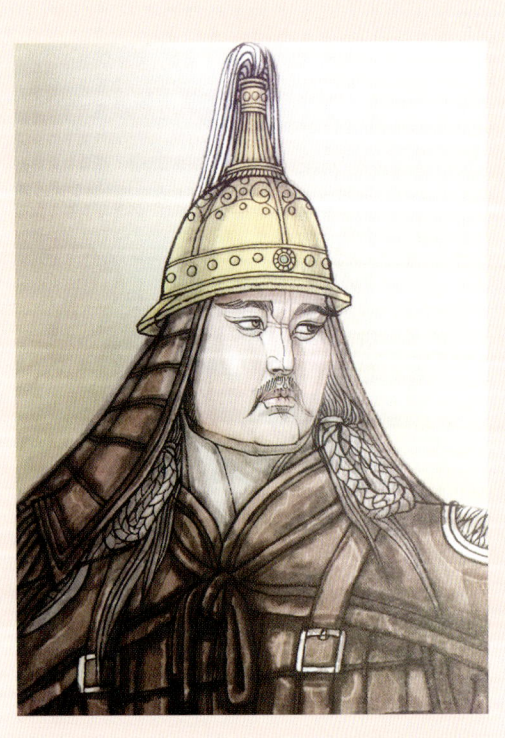

拖雷（1193—1232）

孛儿只斤氏，成吉思汗第四子。曾任监国（1228年）。1232年，率军击败金军，在回军途中病逝。其长子蒙哥即位后追认谥号"英武皇帝"，庙号睿宗。

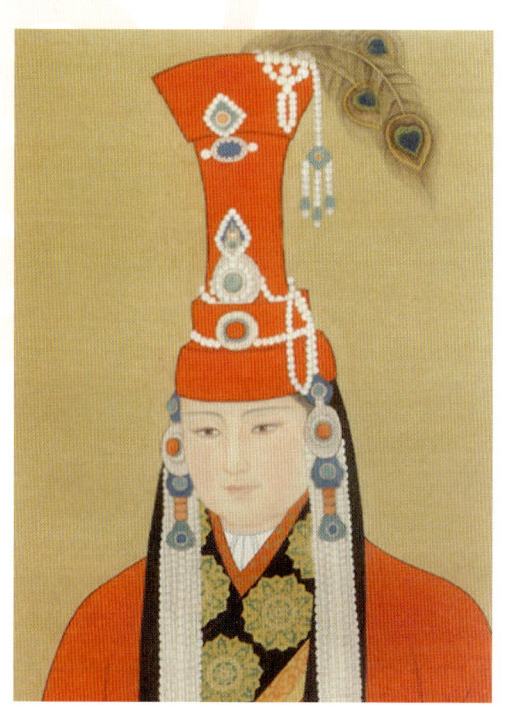

唆鲁禾帖尼（1192—1252）

大蒙古国皇太后，克烈氏，拖雷的正妻，蒙哥、忽必烈、旭烈兀、阿里不哥的生母。唆鲁禾帖尼治家有方，严格管教诸子，她的四个杰出的儿子都做过帝王。因此，她被史学家称为"四帝之母"。

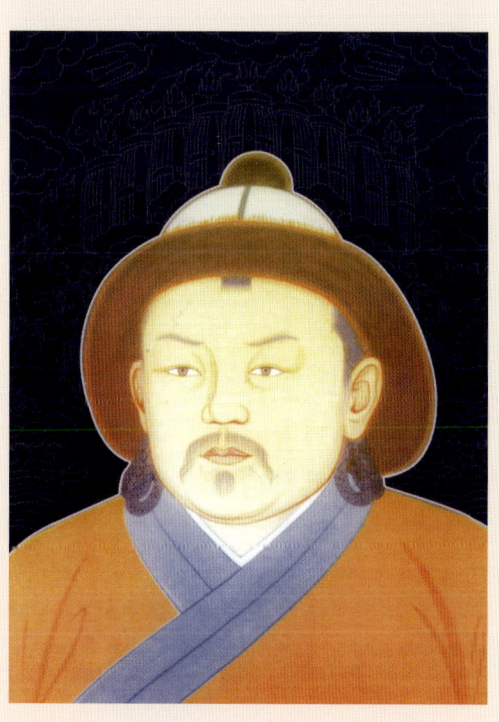

贵由汗（1206—1248）

孛儿只斤氏，大蒙古国第三代大汗，史称"贵由汗"，1246年至1248年在位，庙号定宗。在征伐金朝和西征欧洲的战斗中战绩卓著。他在位时（1247年），吐蕃归附大蒙古国。

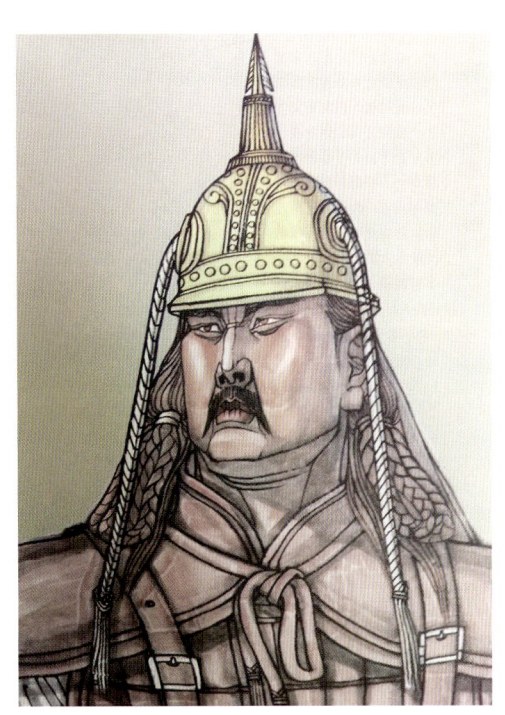

拔都汗（1209—1256）

孛儿只斤氏，成吉思汗之孙，术赤之嫡次子。拔都西征七载，先后攻掠斡罗思、孛烈儿、马札儿等国的大片领土。1243年，建立金帐汗国，为人类历史留下了很多重要遗产。

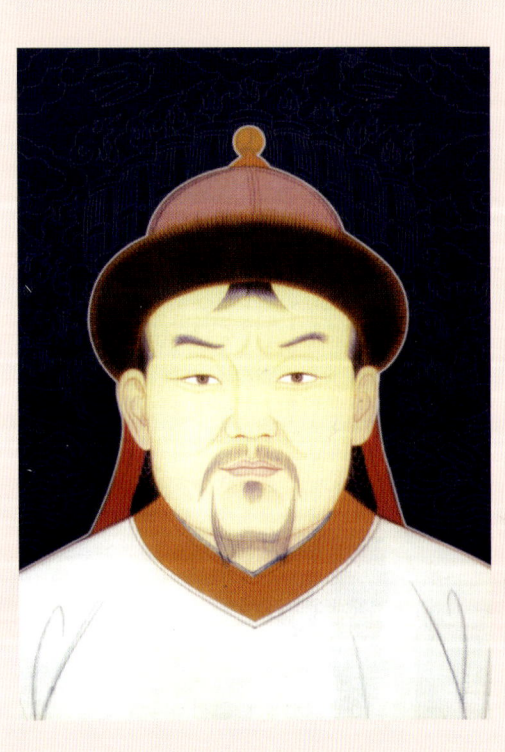

蒙哥汗（1209—1259）

孛儿只斤氏，大蒙古国第四位大汗，史称"蒙哥汗"，1251年至1259年在位，庙号宪宗。即位前曾参加拔都统帅的长子军西征，进攻东欧和俄罗斯等地。即位后主要致力于攻灭南宋、大理等，并派旭烈兀组织蒙古第三次西征。

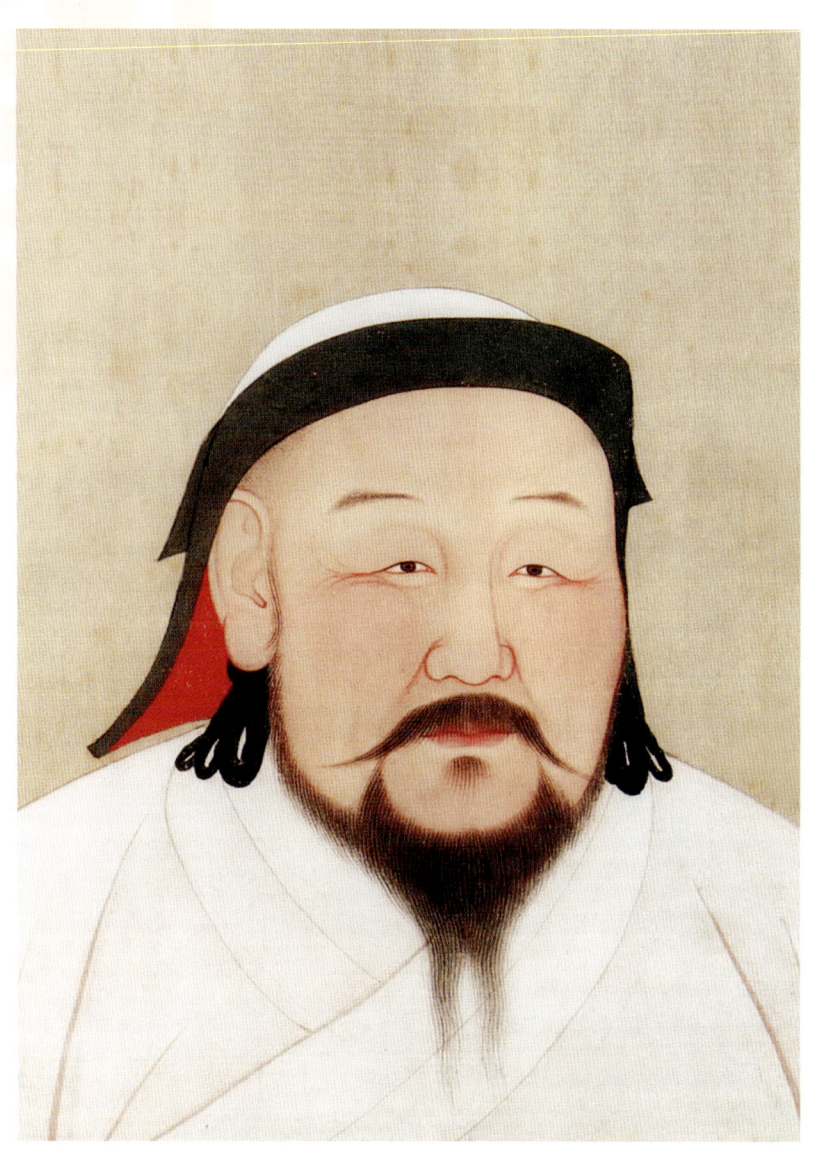

元世祖忽必烈（1215—1294）

孛儿只斤氏，著名政治家、军事家、思想家。成吉思汗之孙，托雷之子，1260年即大蒙古国汗位，1271年建国号为大元，在位35年。忽必烈灭南宋和大理国，统一了全国，建立了中国历史上疆域最大的封建王朝，推动了我国统一多民族国家的发展。他还有很多功绩，如：改革政体，首创行省制度，开创大运河，等等。蒙古尊号"薛禅汗"，庙号世祖。

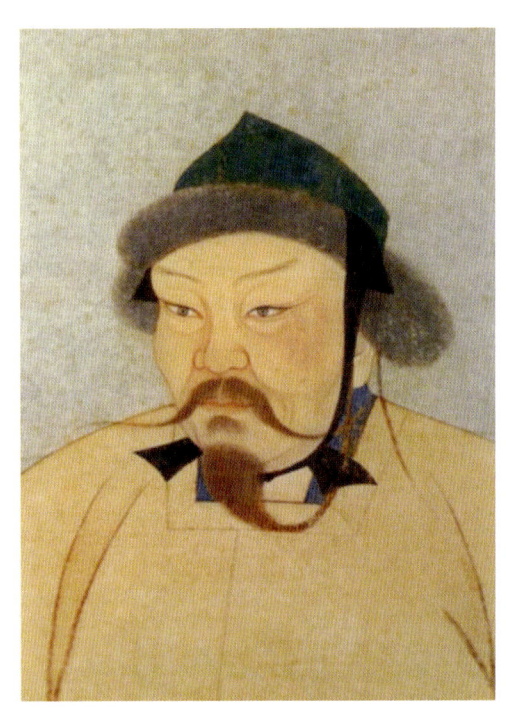

旭烈兀（1217—1265）

孛儿只斤氏，成吉思汗之孙，拖雷第三子，忽必烈的兄弟。旭烈兀是伊儿汗国的建立者，西南亚的征服者，1258年灭阿拉伯帝国。他将"上帝之鞭"伸向了西亚，在真主的土地上建立了蒙古人的国家，它的出现完全改变了西亚历史的走向。

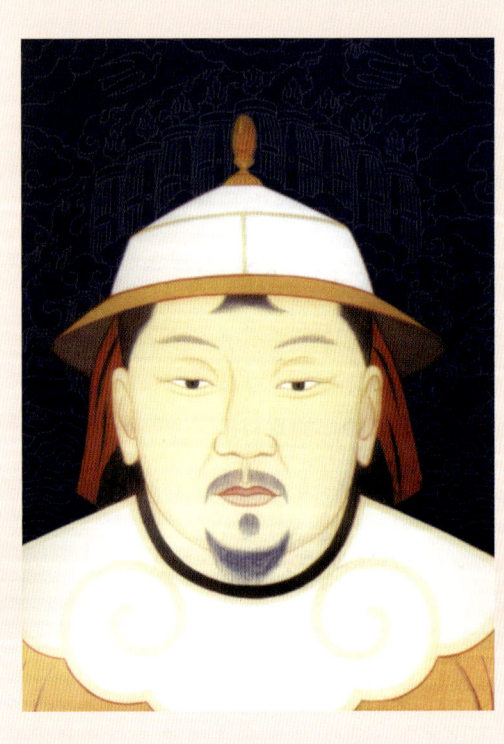

元顺帝妥懽帖睦尔（1320—1370）

孛儿只斤氏，元朝第十一代皇帝，庙号惠宗。1333年即位于上都（今内蒙古锡林郭勒盟正蓝旗）。亲政后采取了一系列改革措施，以挽救元朝的统治危机，但未能解决社会问题。1368年，明军进攻大都（今北京）时退出中原，抵达上都，从此"北元"开始。

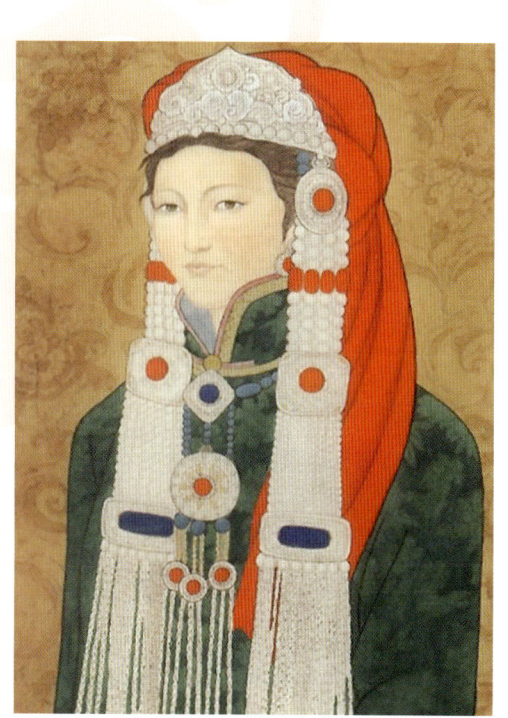

满都海（1448—？）

蒙古汪古部人。满都海初嫁蒙古大汗满都鲁，自小武艺高强，政治和军事才能出众。丈夫死后，力挽狂澜，辅佐达延汗扭转了蒙古近百年的混乱局面，实现了蒙古的中兴。满都海是中外历史上罕见的，具有远见卓识、深明大义、文武兼备的巾帼英雄。

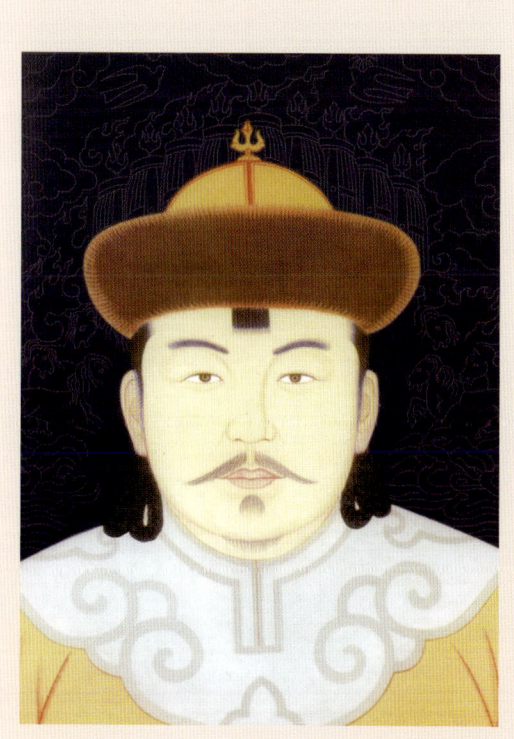

达延汗（1474—1517）

孛儿只斤氏，成吉思汗第十五世孙，北元时期著名蒙古大汗。1480年至1517年在位。亲政后，在满都海哈敦的辅佐下，先后收服了四卫拉特；恢复了对兀良哈三卫的统治；镇压了右翼封建领主的叛乱，重新统一了蒙古，史称蒙古的"中兴英主"。

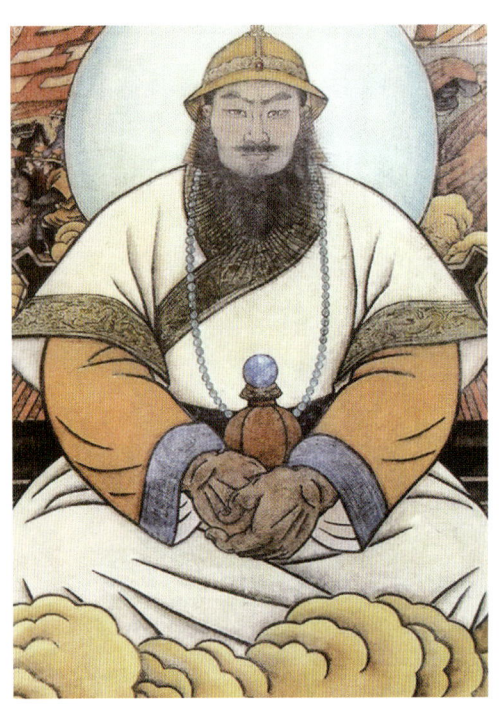

阿勒坦汗（1507—1582）

孛儿只斤氏,达延汗之孙。北元时期蒙古土默特部首领,著名的政治家、军事家,藏传佛教二次传入蒙古的倡导者。阿勒坦汗发展了蒙古的经济与文化。明万历三年（1575）,建新城"库库和屯"（即呼和浩特）；重建蒙藏关系,阿勒坦汗曾封索南嘉措"达赖喇嘛"称号。

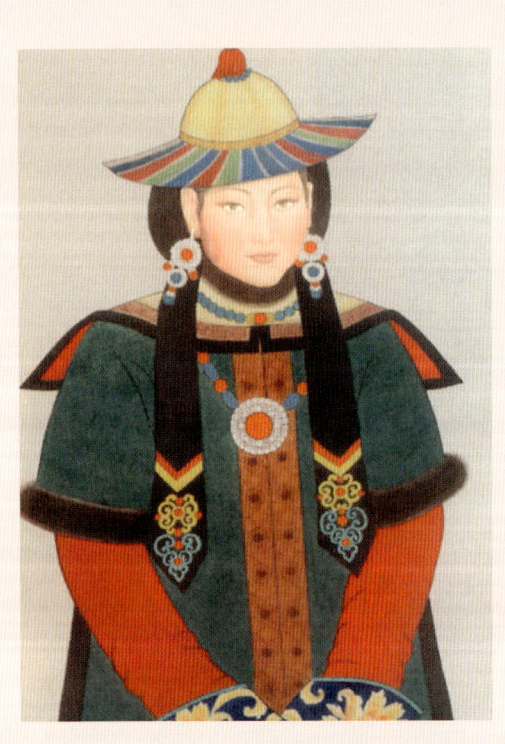

三娘子（1550-1612）

史称"钟金哈屯",卫拉特土尔扈特部人。二十岁时嫁给了阿勒坦汗,在阿勒坦汗晚年多病时,代替执政。阿勒坦汗去世后,三娘子主政掌兵达30年之久,保持了与明朝的和平通贡互市的关系。

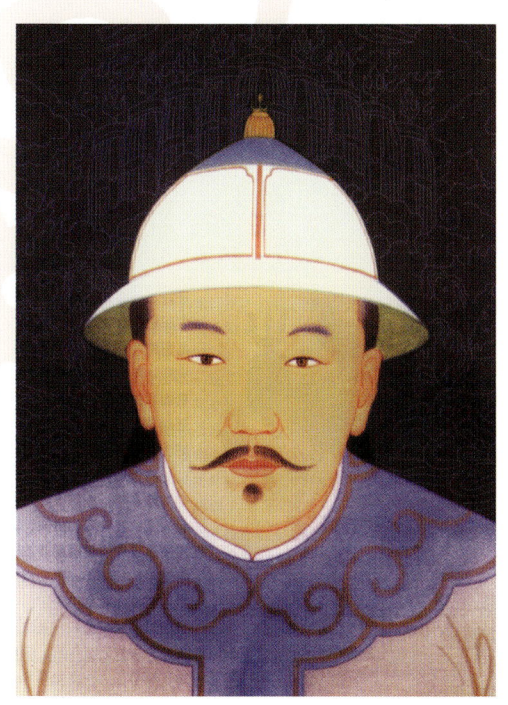

图们汗（1539—1592）

孛儿只斤氏，北元第二十四任大汗。图们汗在北元时期号令严明，政绩卓著，是一位很有作为的大汗。

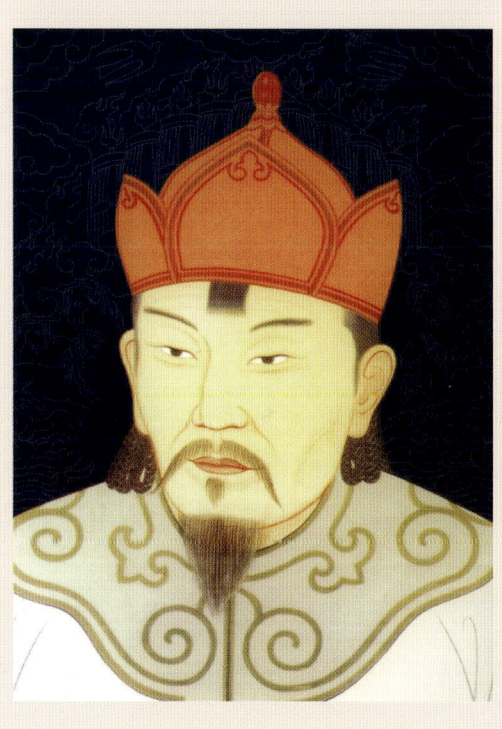

林丹汗（1592—1634）

孛儿只斤氏，本名林丹巴图鲁。1604年继承汗位，统一漠南各部，重树宗主大汗的权威，维护北元政权和蒙古民族的利益。组织翻译《甘珠尔》，为蒙古文化的发展做出了重大贡献。

蒙古语言文字学家

语言学家是指以人类语言为研究对象，探索语言的结构、语言的运用、语言的社会功能和历史发展，以及其他与语言有关的问题，并且在这些方面有一定造诣的学者。蒙古语是全国少数民族语言中，历史悠久，既有文字又被广泛使用的民族语言之一。自古至今研究蒙古语言文字的学者众多，其中在国内外有名的学者也为数不少，并且硕果累累，为蒙古语文的繁荣发展做出了贡献。

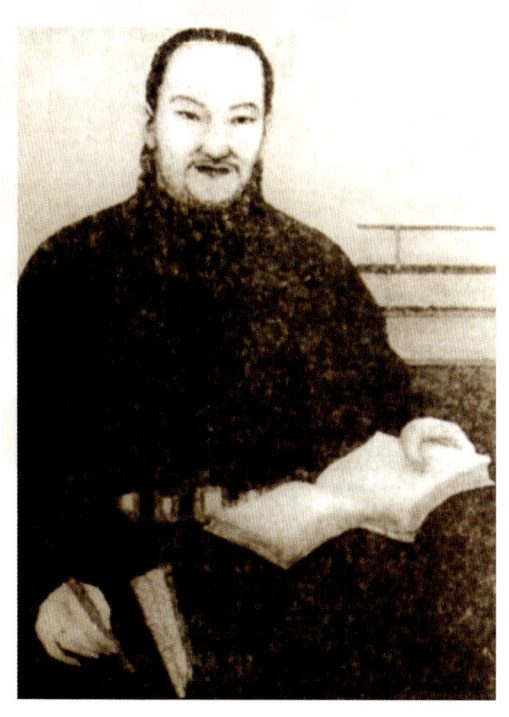

却吉敖德斯尔（约13世纪末至14世纪初）

蒙古族蒙古语文学家、翻译家，著名高僧。主要著作有：传记《佛爷十二代》，翻译著作《入菩提行论》《五守护经》等。

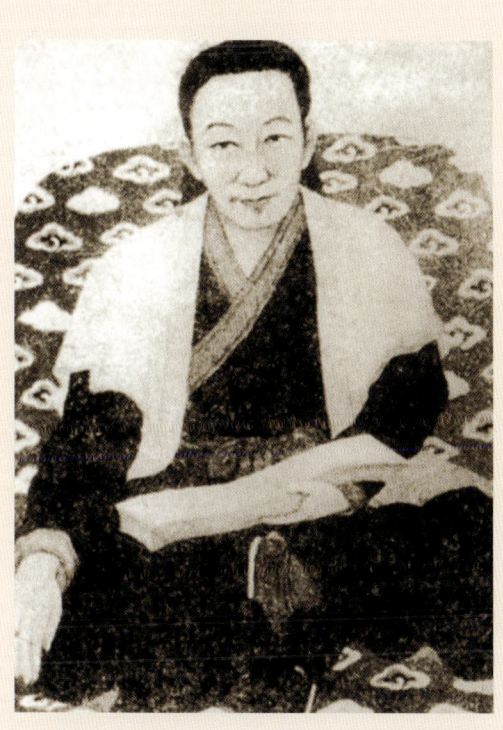

那木海嘉木苏（1599—1662）

蒙古族语言学家、佛学家、翻译家，17世纪卫拉特蒙古著名高僧。翻译了许多佛教经卷，创制了托忒蒙古文。他以"扎雅班第达·那木海嘉木苏"著称于世。

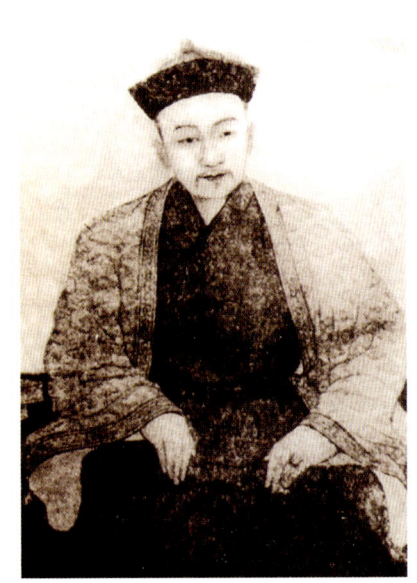

阿尤希固什（约16世纪末至17世纪初）

蒙古族蒙古语文学家、翻译家。喀喇沁人。是精通梵语、藏语和蒙古语的"固什"（国师），1587年创制"阿里嘎礼"字，1602—1607年间组织翻译大藏经《甘珠尔》。

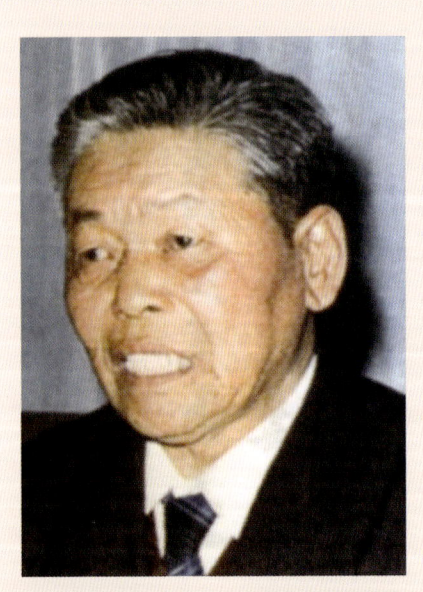

额尔敦陶克陶（1916—2001）

蒙古族语言学家。内蒙古克什克腾旗人。曾担任《丙寅》杂志编辑，著有《蒙古文新鉴》《汉蒙词典》《额尔敦陶克陶文集》等。

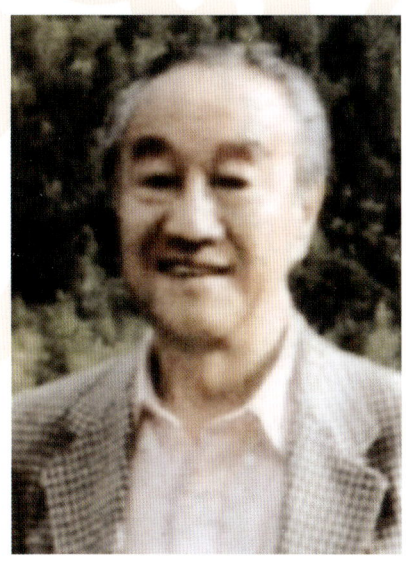

抗锦·官布扎布（1921—1989）

著名的蒙古语言学家。蒙古族，内蒙古锡林郭勒盟太仆寺旗人。毕生致力于国际蒙古学的普及、宣传和研究。主要著作有《蒙古语》《蒙英词典》《现代蒙英词典》等。

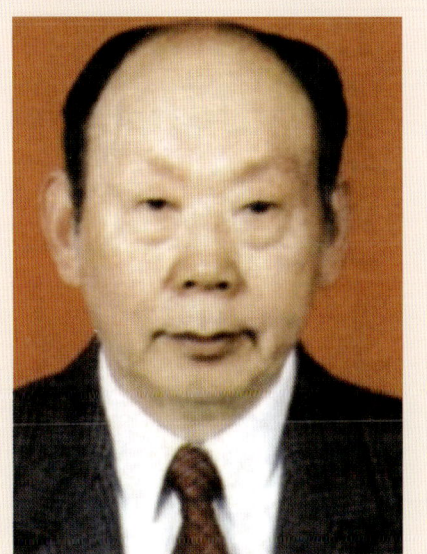

清格尔泰（1924—2013）

著名的蒙古语言学家。蒙古族，内蒙古赤峰市宁城县人。曾任国际蒙古学协会副主席、中国民族语言学会副会长等职。多次获得国内和国际各种荣誉。专著有《蒙古语语法》《现代蒙古语》《契丹小字研究》等，组织编写的著作有《蒙汉词典》《蒙古语族语言方言研究丛书》（共21册）等。

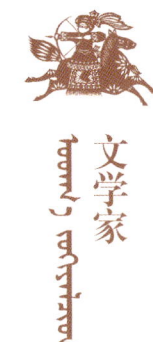

文学家

文学家是在小说、散文、诗歌、戏剧、随笔等方面，发表和出版了有一定质量的作品，且有一定影响力的人。是专门从事文学活动的成功人群，以创作文学作品为自己的主要工作的知名人士和学者。蒙古族文学经历了不同的发展时期，而在每个发展时期都涌现出很多著名的文学家。他们创作了很多经典作品，使蒙古族文学不断地向前发展。

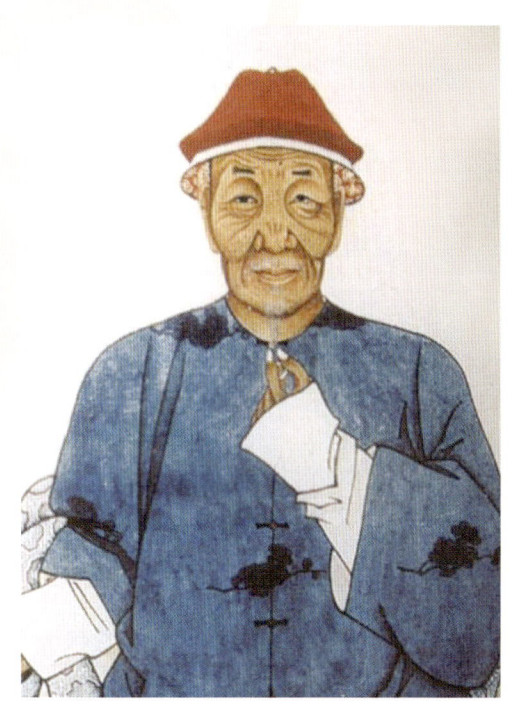

蒲松龄（1640—1715）

号柳泉居士，世称聊斋先生。蒙古族，今山东淄博市蒲家庄人。中国古代著名的小说家、文学家。代表作《聊斋志异》被誉为中国文言短篇小说之首。还有作品《聊斋文集》《聊斋诗集》《聊斋俚曲》等。

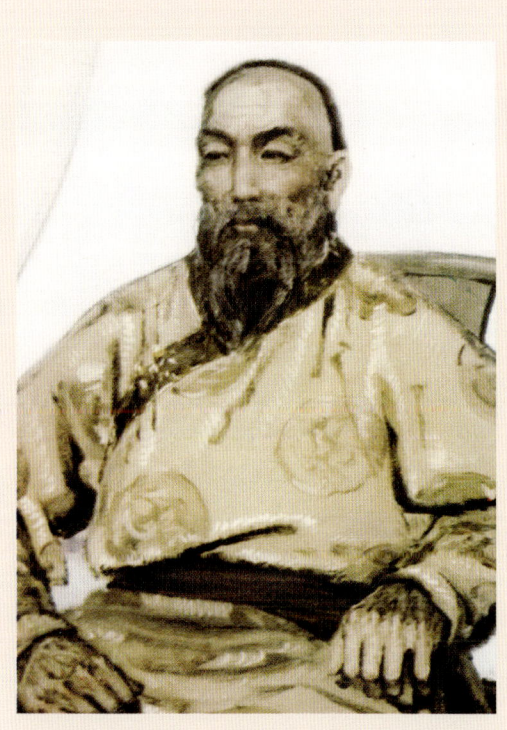

旺钦巴拉（1795—1847）

孛儿只斤氏，成吉思汗第二十七代嫡孙。爱国将领和文学家，蒙古族现实主义文学的开创者尹湛纳希的父亲。今辽宁省北票人。撰写《大元盛世青史演义》前八回，留存于世的诗文有《醉意》等。

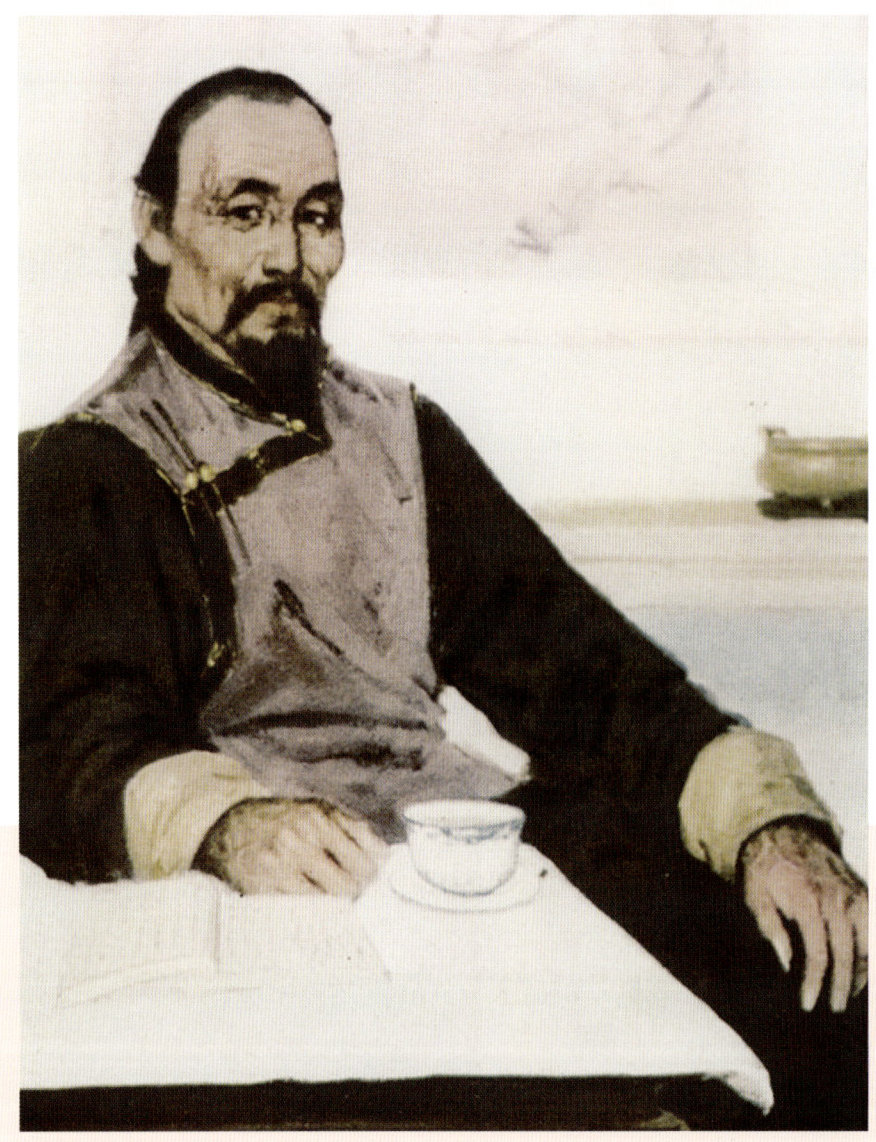

尹湛纳希（1837—1892）

近代蒙古族杰出的思想家、文学家、史学家、翻译家和诗人，蒙古族现实主义文学的开创者和蒙汉文化交流的先驱者。成吉思汗黄金家族第二十八代嫡孙，今辽宁省北票人。尹湛纳希通晓蒙古、汉、满、藏四种文字，并把汉文版的《红楼梦》《中庸》等作品翻译成蒙古文。尹湛纳希现留存于世的文学巨著有《青史演义》《一层楼》《泣红亭》等，他被称为"蒙古族的曹雪芹"。此外，他还有大量的诗歌、散文和杂文留存于世。

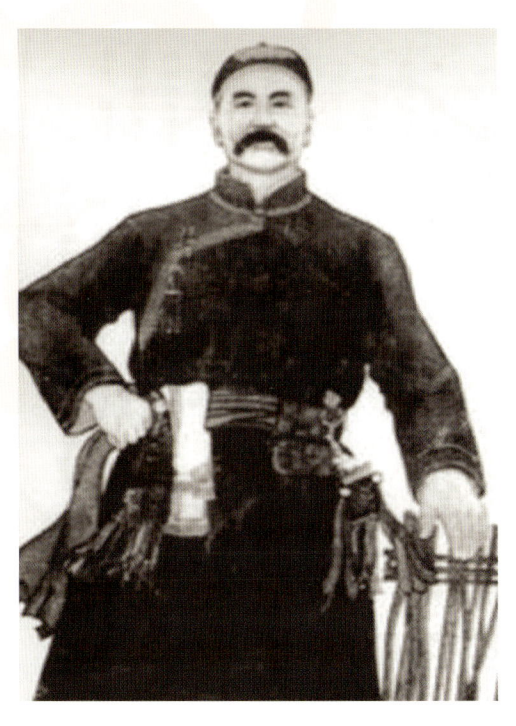

贺希格巴图（1849—1916）

近代蒙古族著名诗人，19世纪中期蒙古族人民反封建斗争"独贵龙"运动的积极参与者。内蒙古鄂尔多斯市乌审旗人。他创作的诗歌在蒙古族近代文学史上具有重要的地位。主要作品有《良言诗一百首》等。

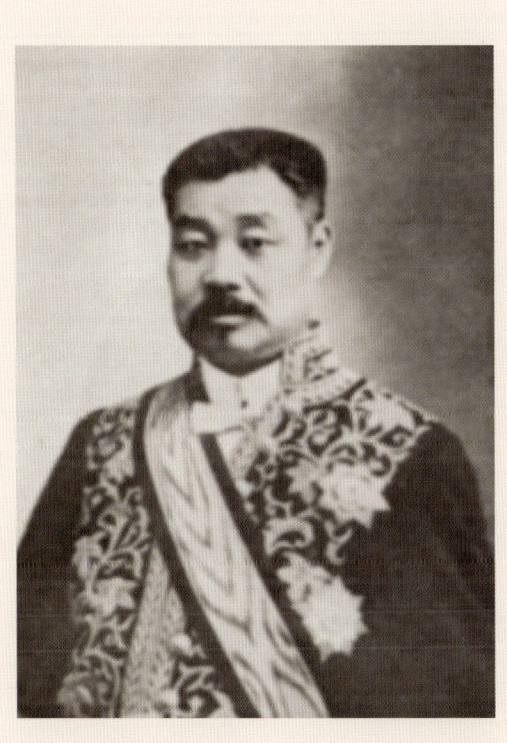

贡桑诺尔布（1872—1931）

蒙古族新派亲王、诗人。内蒙古卓索图盟喀喇沁右旗人。中国近代史上重要的开拓者，如办报纸、建近代学堂、建立报馆和书馆，把邮电所等新生事物引入漠南蒙古。其著作《竹友斋诗集》流传于世。

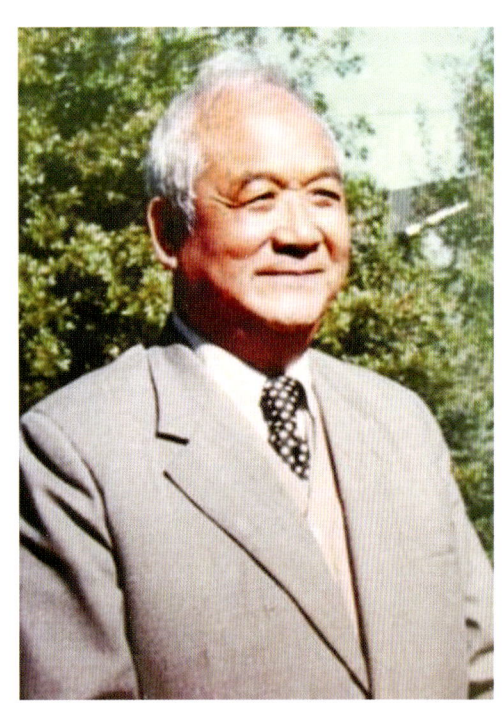

萧乾（1910-1999）

原名萧炳乾，北京八旗蒙古人。中国现代著名记者、文学家、翻译家。历任中国作家协会理事、顾问，全国政协委员，中央文史馆馆长等。1995年出版《一个中国记者看二次大战》，译著有《莎士比亚戏剧故事集》《战争风云》《屠场》《尤利西斯》等。

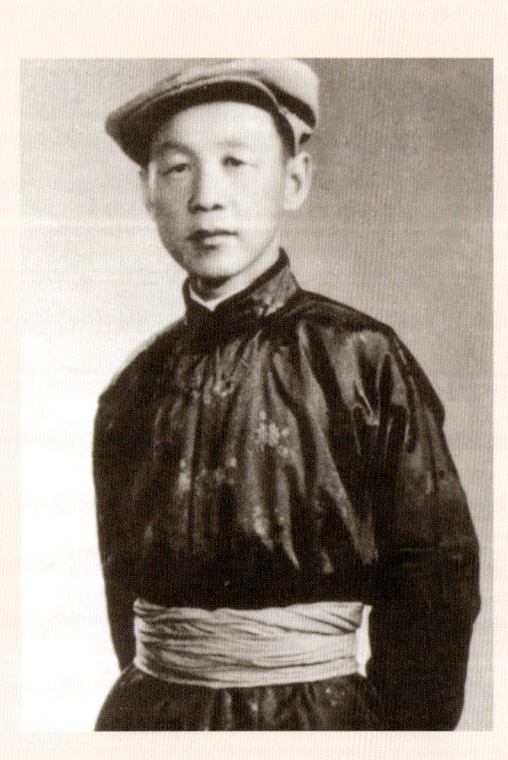

纳·赛音朝克图（1914—1973）

蒙古族当代文学的奠基人、著名诗人。蒙古族，内蒙古锡林郭勒盟正蓝旗人。代表作品有诗集《我们雄壮的呼声》《心侣集》，叙事长诗《南迪尔和孙布尔》，抒情长诗《狂欢之歌》等。

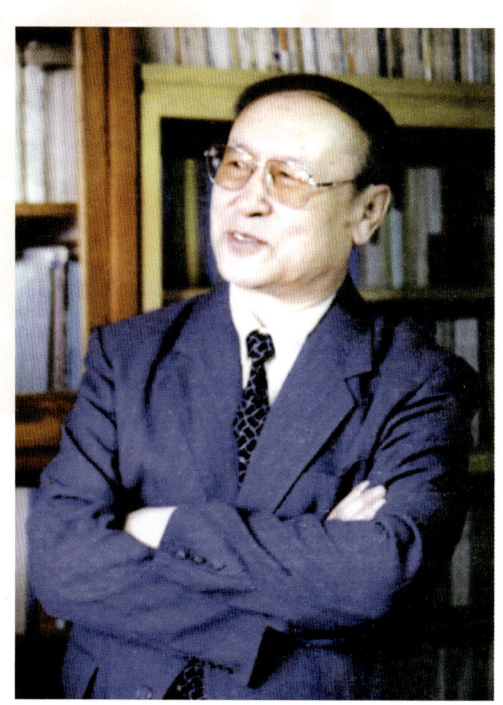

敖德斯尔（1924—2013）

著名作家。蒙古族，内蒙古赤峰市巴林右旗人。曾获内蒙古自治区"杰出贡献奖"。代表作有长篇小说《骑兵之歌》、中短篇小说集《遥远的戈壁》等。

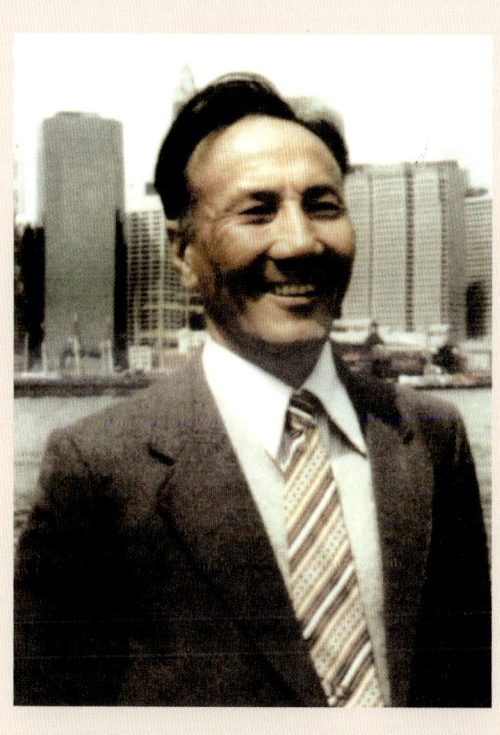

巴·布林贝赫（1928—2009）

著名诗人、教授。蒙古族，内蒙古赤峰市巴林右旗人。曾任中国蒙古文学学会名誉理事长。代表作有《巴·布林贝赫诗选》《蒙古诗歌美学论纲》等。

历史学家

历史学家是指以撰写历史著作为职业或对历史学的创立、发展与应用付出努力的知识分子。蒙古族历史学家们记录了蒙古民族历史，给世人留下了很多历史资料。他们客观、公正地书写蒙古族的历史，对推动社会的进步、国家的发展、民族的觉醒有着非常重大的作用。

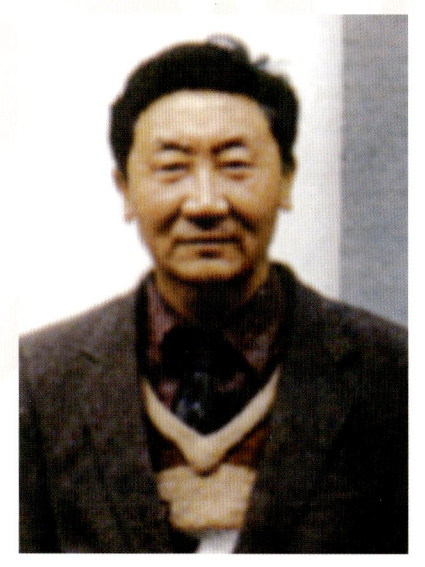

亦邻真（1931—1999）

著名元史专家，内蒙古大学蒙古史研究所教授。蒙古族，黑龙江省富裕县人。精通蒙古、汉等几种语言及文字。曾担任元史研究会副会长、中国蒙古史学会副理事长、中国民族史学会副理事长等职。主要论著有《元史论丛》（第三辑）等，是《元史》标点校勘的主要点校者。参加《中国大百科全书·中国历史·元史》等的撰稿和审稿工作。

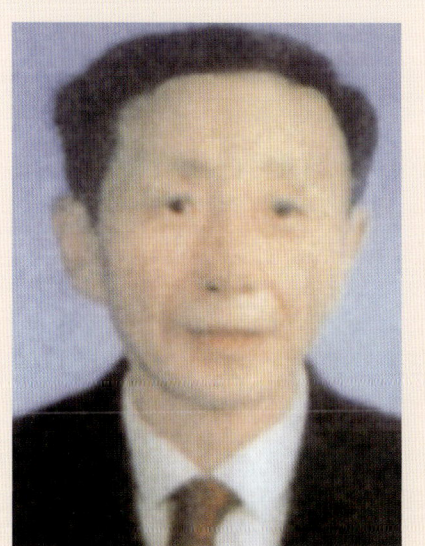

留金锁（1935—2001）

著名蒙古史学家。蒙古族，内蒙古兴安盟科尔沁右翼前旗人。曾任中国蒙古史协会理事，《中国蒙古学文库》总编辑等职。组织编写《蒙古史概要》和《蒙古族通史》（三部）等。

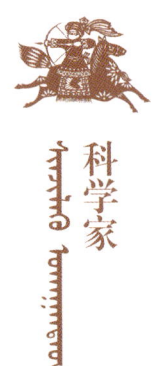

科学家

科学家是对真实自然及未知生命、环境、现象及其相关现象统一性的数字化重现与认识、探索、实践、定义的专业类别贡献者。在历史上，蒙古族科学家人才辈出，他们在地理学、数学、生物学、化学、天文学、飞机制造业、水利工程等各领域都取得了令人瞩目的成就。

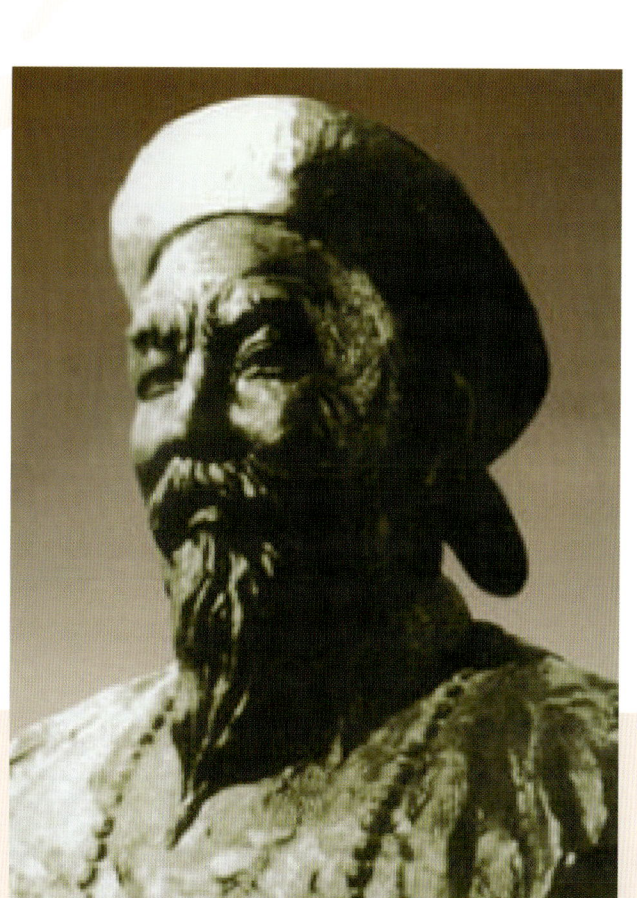

明安图（1692—1765）

清代蒙古族杰出的数学家、天文学家，历史上少有的多学科科学家之一。内蒙古锡林郭勒盟正镶白旗人。他学识渊博，才华出众。在数学研究上的成果被清朝称为"明氏新法"，同时，在天文学方面也做出了突出贡献。2001年5月将中国发现的第28242号小行星正式命名为"明安图星"。

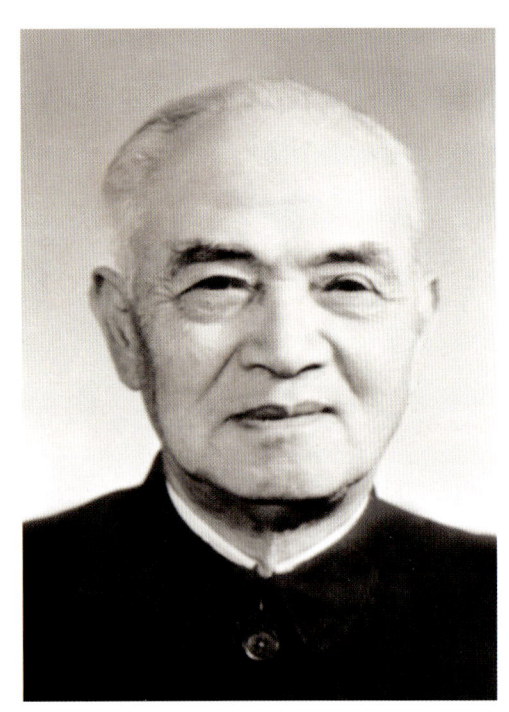

李四光（1889—1971）

著名地质学家、教育家和社会活动家。蒙古族，湖北黄冈人。中国地质力学的创立者。中国现代地球科学和地质工作的主要领导人和奠基人之一，新中国成立后第一批杰出的科学家。主要著作有《地质力学之基础与方法》《地质力学概论》等。

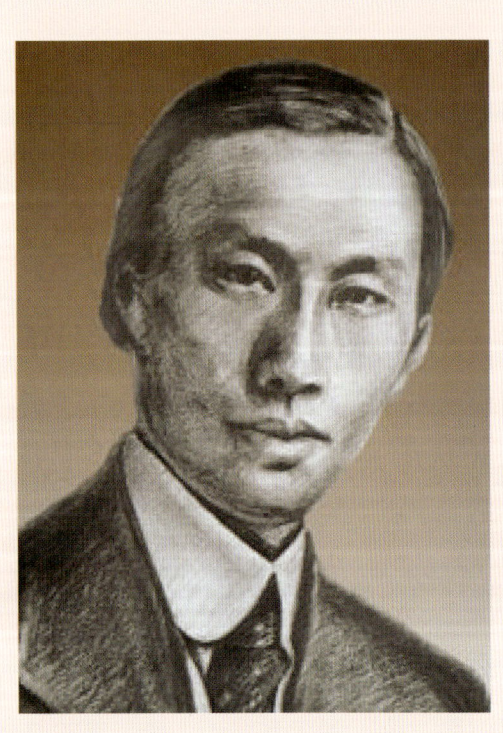

巴玉藻（1892—1929）

中国首位飞机设计师。蒙古族，原籍内蒙古赤峰市克什克腾旗。1915年考入美国麻省理工学院航空工程系，毕业后被美国通用飞机厂聘为第一任总工程师。回国后，1918年8月他主持设计制造了中国第一架飞机。

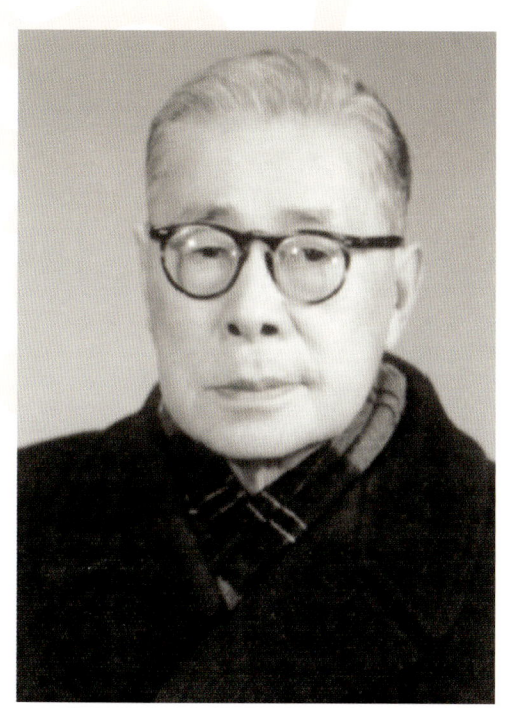

杨石先（1897—1985）

著名化学家和教育家，中国农药化学和元素有机化学的奠基人和开拓者，中国科学院学部委员。蒙古族，浙江杭州人。他试制成功多种除草剂、杀菌剂和杀虫剂，在农药化学方面做出了重要贡献。其中杀菌剂"叶枯净"攻克了水稻的白叶枯病。

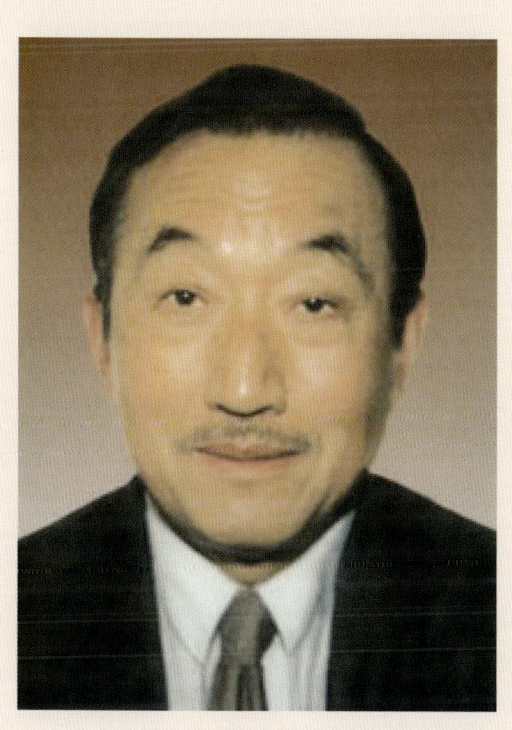

傅守正（1920—2005）

著名生物化学专家。蒙古族，出生于北京市，祖籍内蒙古兴安盟科尔沁右翼中旗。在医药生物化学、基础生物化学、蛋白化学与生物化学等诸多领域内获得70多项重大科研成果。尤其是他的通过溶解消除障碍物来治疗白内障这一研究成果处于国际领先水平。

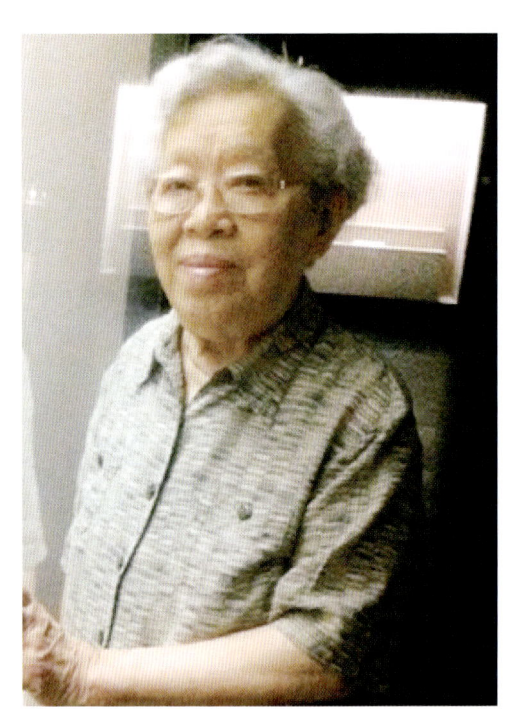

萨本茂（1924—）

应用化学家，海军女科学家。蒙古族，福建省福州市人。从事舰船应用化学研究，完成了60多项重大科研成果和技术革新，其中两项填补我国空白，特别是"舰船尾轴包玻璃钢"技术处于世界先进水平。

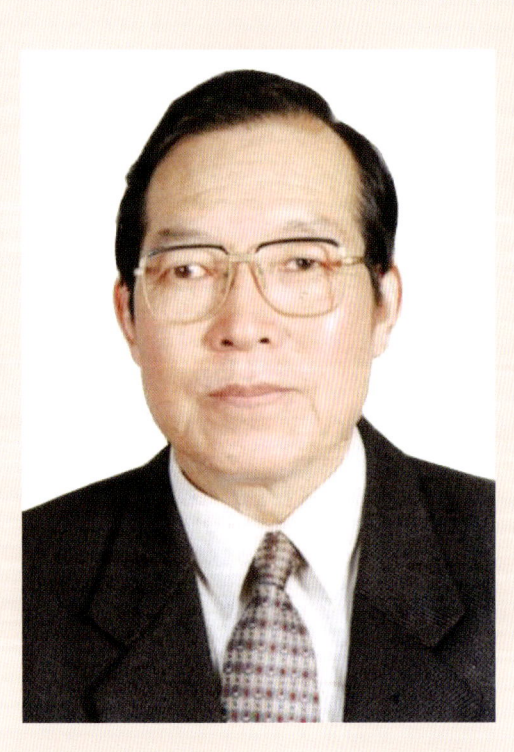

官春云（1938—）

油菜育种专家，油菜遗传育种及栽培生理专家，中国工程院院士。蒙古族，湖北省江陵县人，祖籍内蒙古镶黄旗。他在油菜高产优质高效栽培、育种理论和应用研究方面做出了突出贡献。

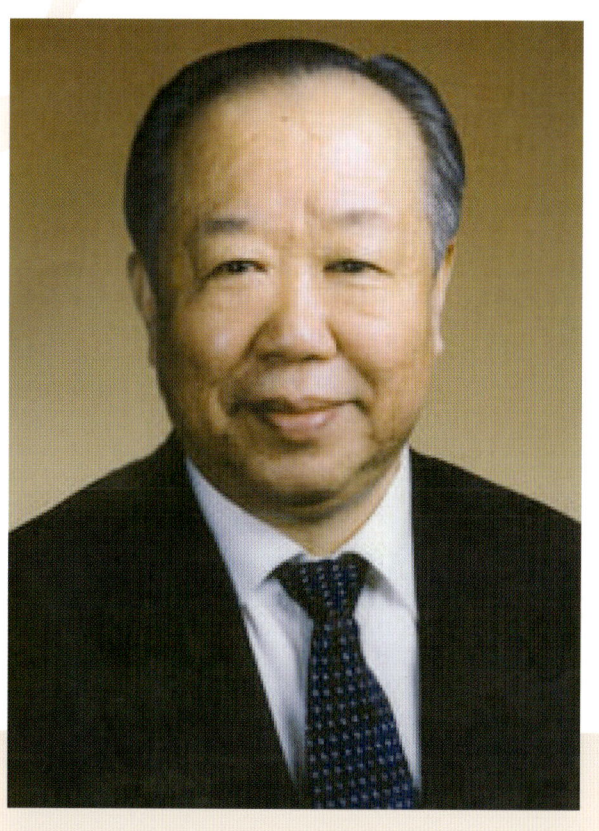

旭日干（1940—2015）

中国家畜繁殖生物学与生物技术专家，中国工程院院士。蒙古族，内蒙古兴安盟科尔沁右翼前旗人。首次探索出山羊、绵羊和牛精子体外诱导获能的途径，在国际上首次提出了试管内杂交育种山羊技术。被称为"世界试管山羊之父"。

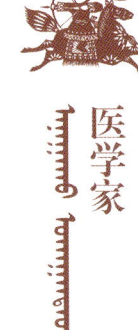

医学家

　　蒙医学是蒙古民族逐渐积累的独特的医药学理论和治疗方法。蒙医学既是蒙古民族丰富的文化遗产之一，也是中国传统医学的重要组成部分。它吸收了藏医、汉医及古印度医学理论的精华，逐步形成具有鲜明民族特色、地域特点和独特理论体系、临床特点的民族传统医学。同时，也涌现出许多著名的蒙医学家。

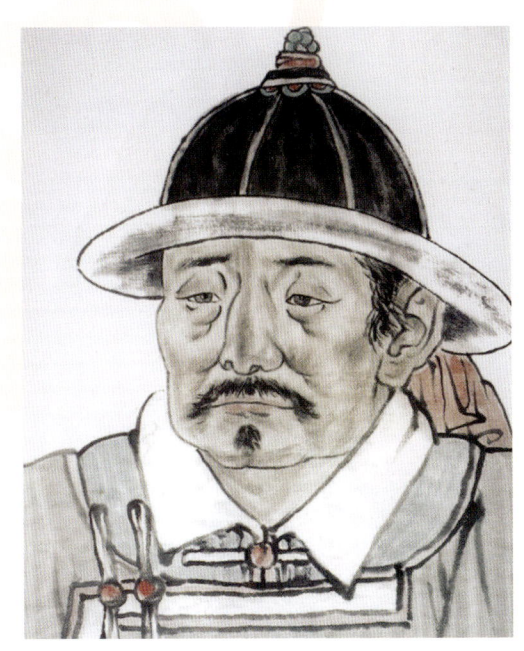

忽思慧

元代著名营养学家、医学家。元仁宗延祐年间（1314—1320）被选任饮膳太医一职。1330年撰《饮膳正要》一书。

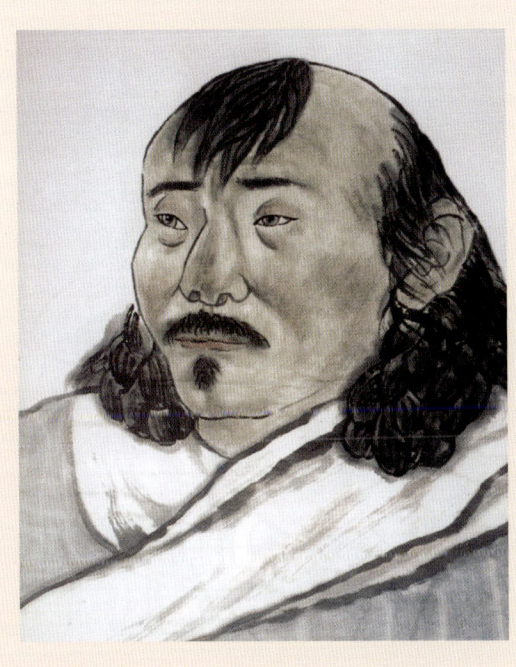

忽公泰

元代著名针灸家。大约生活于14世纪，元代翰林医学士，曾撰写《金兰循经取穴图解》。

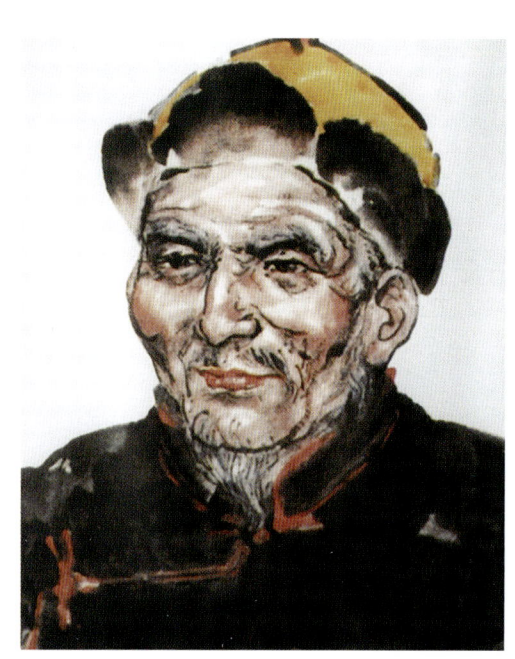

伊喜巴拉珠尔（1704—1788）

近代蒙医学家、作家。今青海人。伊喜巴拉珠尔一生学术造诣深邃，著有《甘露四部》(《甘露点滴》《甘露略要》《甘露之泉》《甘露医法从新》) 和《认药白晶鉴》，其作品堪称蒙医学经典，为近代蒙医理论奠定了基础。

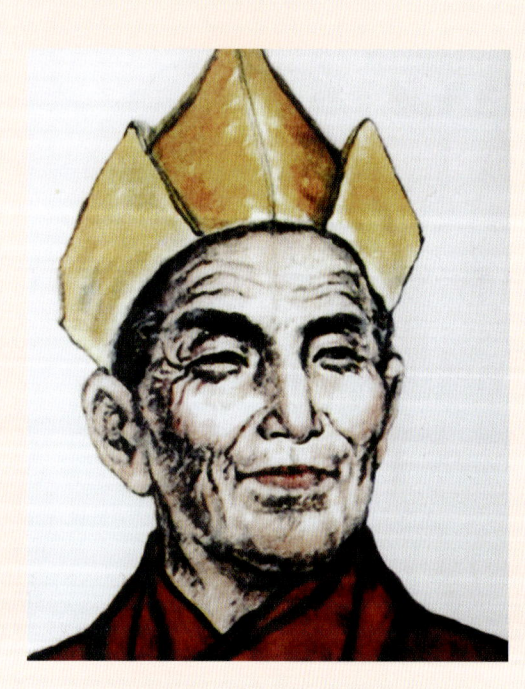

罗布僧苏勒和木（1740—1810）

通五明高僧，尊号"察哈尔格西"。今内蒙古察哈尔镶白旗人。医药学著作有《认药学》《巴萨木油剂制法》《脉诊概要》等。

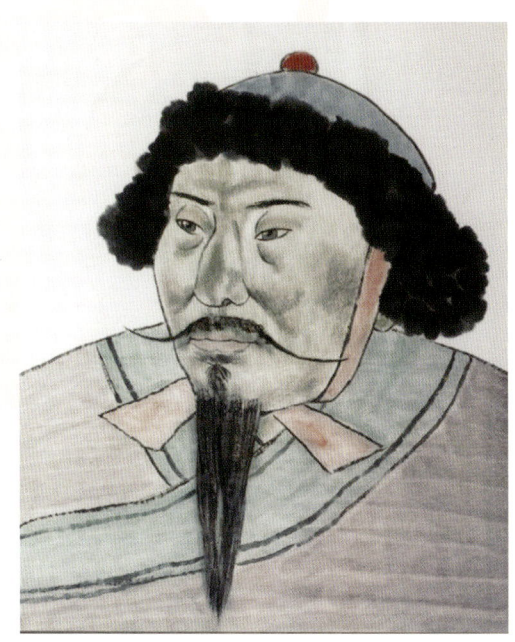

墨尔根·绰尔济（1750—？）

清代蒙古族骨科专家，被誉为"神医"。蒙古贞土默特左旗人。全称"阿尤什墨尔根绰尔济呼图克图"，善医外伤。

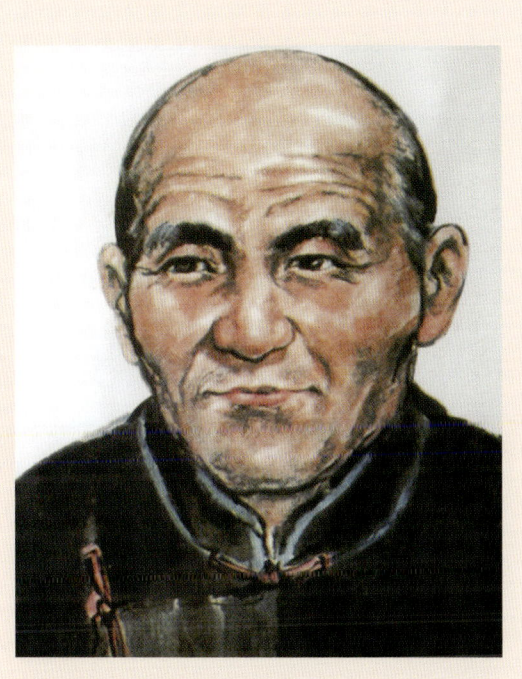

占布拉·道尔吉（1792—1855）

清代蒙医药学家、佛学大师。内蒙古通辽市奈曼旗人。学识渊博，硕果累累，精通蒙古、藏、汉、满、梵五种语言文字。佛教著作有《如意珠》，医药学著作有《蒙药正典》。

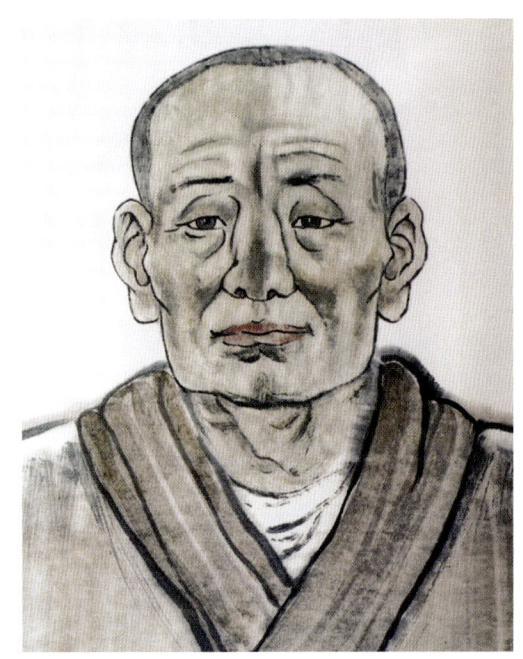

龙日格丹达尔（1842—1915）

著名蒙医药学家。喀尔喀赛音诺颜汗盟人。获"满仁巴"学位。医学著作有《诃黎勒晶珠解疑难经》《塔教得》等。

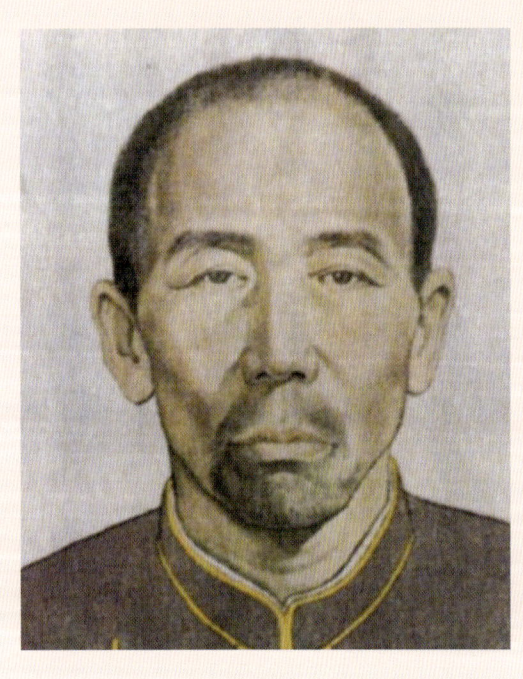

古纳巴达拉（1892—1972）

蒙医现代化教育的奠基人之一。蒙古族，今辽宁省阜新蒙古族自治县人。30岁时获得蒙医最高职称——"道布车"称号。

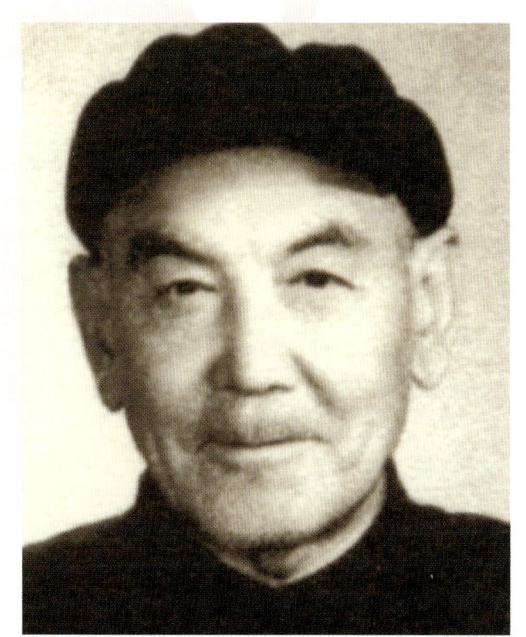

邢布立德（1908—1987）

著名蒙医专家，蒙古神医。蒙古族，今辽宁省阜新蒙古族自治县人。曾任阜新蒙医研究所名誉所长等职。擅长治疗肝炎、心脑血管等疾病。由他首创治疗再生障碍性贫血的方法，目前居国内领先水平。主编有《蒙药方剂选》等。

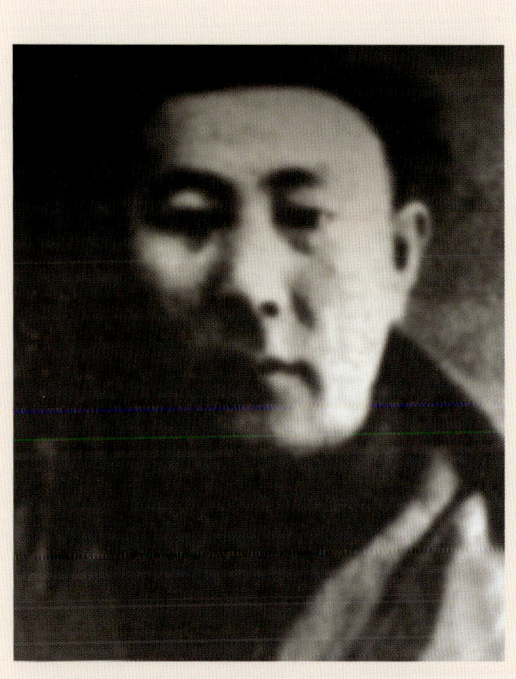

图布德尼玛（1909—1955）

现当代蒙医学家。蒙古族，内蒙古锡林郭勒盟正蓝旗人。用藏文撰写的医学专著有《珊瑚颈饰》，还把《珊瑚颈鬘》翻译成蒙古文，并附有蒙藏对照注释。

军事家

军事家是对军事活动实施正确指引或擅长具体负责军事行动实施的人。一般来说战略家、战术家和军事理论家都可称为军事家。蒙古族是勇敢的民族，在蒙古族漫长的历史中，出现过很多著名的军事家。

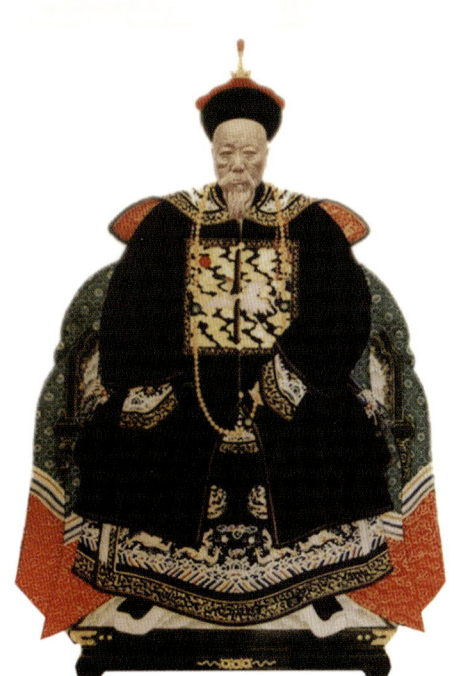

僧格林沁（1811—1865）

清末蒙古族著名将领。博尔济吉特氏，今内蒙古科尔沁左翼后旗人。因在对太平天国北伐军作战中有功被封亲王；第二次鸦片战争期间，他督军大沽口保卫战取得胜利，成为中国近代史上反抗外国侵略战争中的光辉战例。

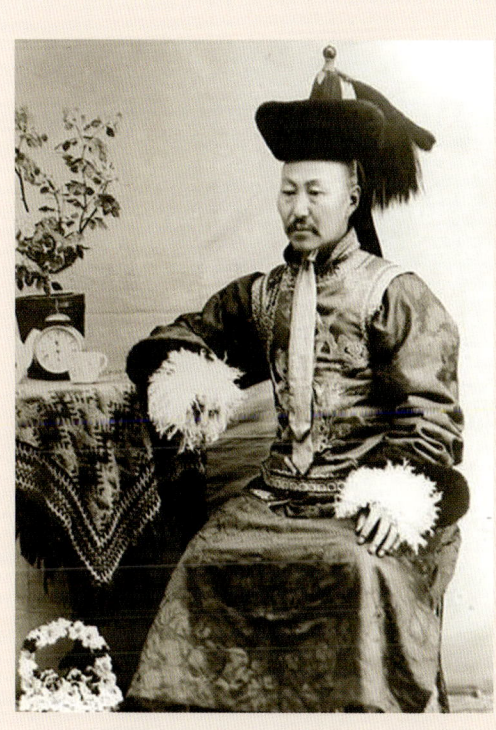

陶克陶胡（1863—1922）

孛儿只斤氏，今吉林省郭尔罗斯蒙古族自治县人。清末蒙古族反清抗垦起义的主要领袖之一，有"刚毅英雄"之称。

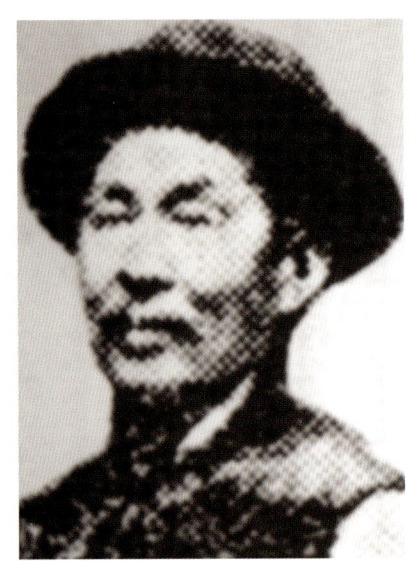

席尼喇嘛（1866—1929）

蒙古族，内蒙古乌审旗人。参加并组织过"独贵龙"运动及反对军阀和王公的斗争。1925年参加内蒙古人民革命党第一次代表大会，被选为中央执行委员。

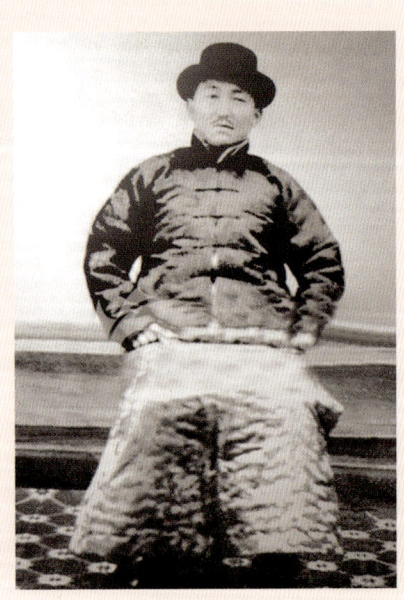

旺丹尼玛（1872—1926）

藏传佛教活佛。蒙古族，今内蒙古鄂尔多斯人。清末，领导发动本旗"独贵龙"武装抗垦。1926年，任内蒙古人民革命军总司令。

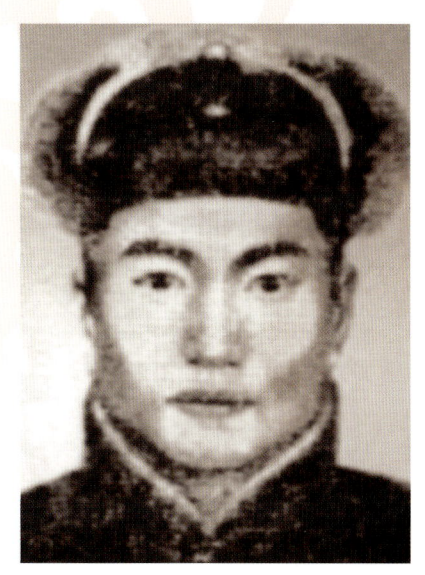

嘎达梅林（1892—1931）

蒙古族传奇英雄。今内蒙古通辽市科尔沁左翼中旗人。是率领民众反抗封建王爷和反动军阀的英雄，歌曲《嘎达梅林》就是为纪念他而作。

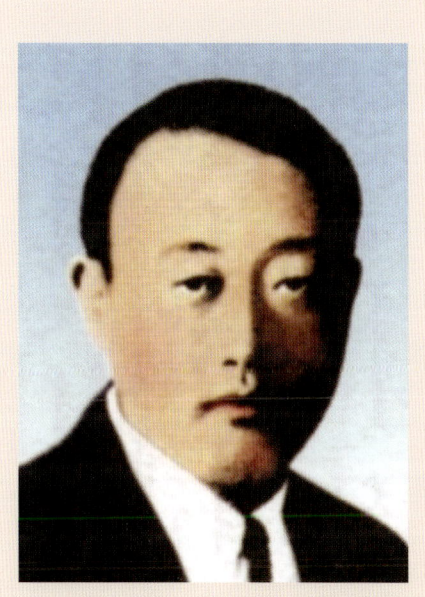

阿思根（1908—1948）

蒙古族，今内蒙古通辽市科尔沁左翼中旗人。曾任东蒙古人民自治政府内防部长、东蒙古人民自治军司令员。为解放战争中有功绩的革命烈士。

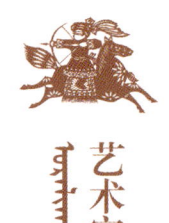

艺术家

蒙古族能歌善舞，素有"音乐民族""诗歌民族"之称，具有多种民间说唱艺术，同时也有马头琴、四胡等多种乐器，出现了许多优秀的民族艺术家。他们在各自领域都创造出了辉煌的业绩，为传承与弘扬民族文化事业做出了贡献。

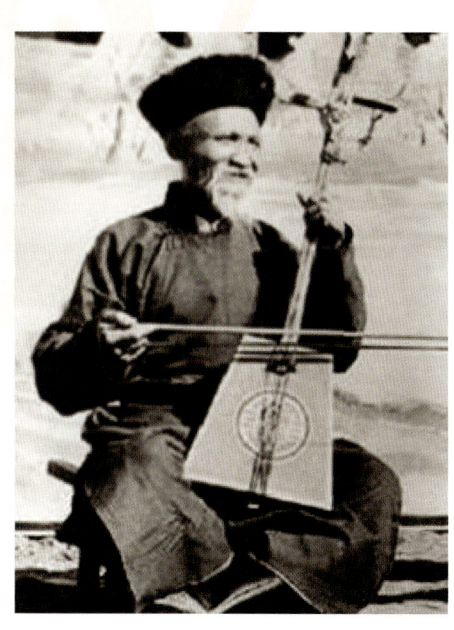

色拉西（1887—1968）

蒙古族，今内蒙古通辽市科尔沁左翼中旗人。著名马头琴演奏家、音乐教育家、中国民间音乐家、蒙古族潮尔大师。代表曲目有《朱色烈》《乌拉盖河》等。

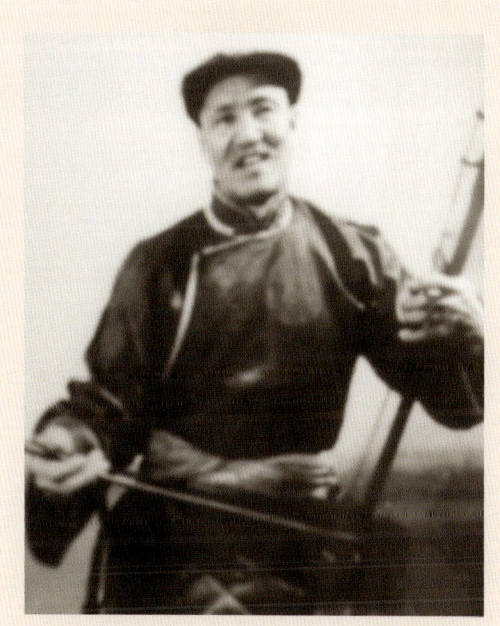

孙良（1910—1997）

蒙古族，原籍辽宁省阜新蒙古族自治县，十一岁时迁至今内蒙古通辽市科尔沁左翼中旗。杰出的高音四胡演奏家，也是一位成就卓著的乐器改革家。被誉为高音四胡的一代宗师。

哈扎布（1922—2005）

蒙古族，内蒙古锡林郭勒盟阿巴嘎旗人。锡林郭勒草原传统声乐流派的杰出代表，蒙古族最负盛名的长调民歌大师，被誉为我国"长调牧歌之王"。演唱过100余首民歌，代表歌曲有《小黄马》等。

查干巴拉（1926—1990）

蒙古族，今内蒙古通辽市科尔沁左翼中旗人。科尔沁草原短调民歌流派的杰出代表，演唱过抒情、婚礼、长篇叙事等不同体裁的民歌200余首。

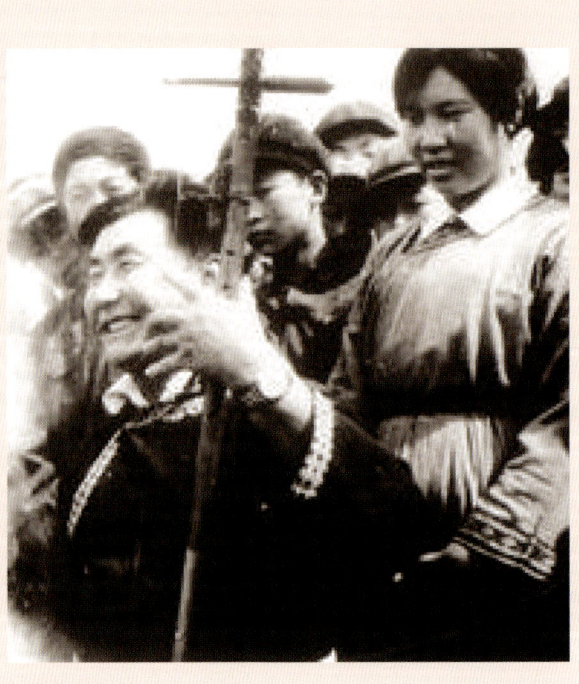

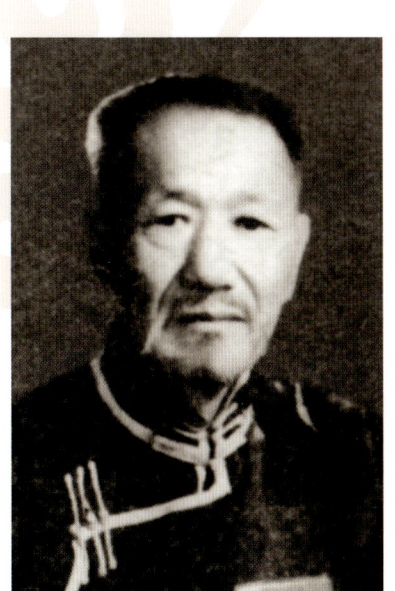

额尔敦吉如和（1919—1984）

蒙古族，内蒙古兴安盟科尔沁右翼中旗人。著名说唱艺人，科尔沁右翼中旗胡仁乌力格尔"扎那、额尔敦吉如和艺术流派"代表人物之一。他的说唱曲调优美，常引用谚语和成语。

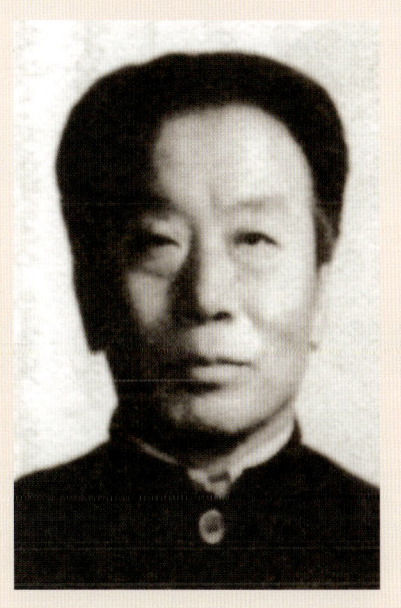

布仁巴雅尔（1928—1985）

蒙古族，内蒙古兴安盟科尔沁右翼中旗人。著名说唱艺人，科尔沁右翼中旗胡仁乌力格尔"布仁巴雅尔、甘珠尔艺术流派"代表人物之一。他的说唱曲调丰富而多变，嗓音低沉而柔美，将谚语、成语、名人名言用于说唱艺术中。

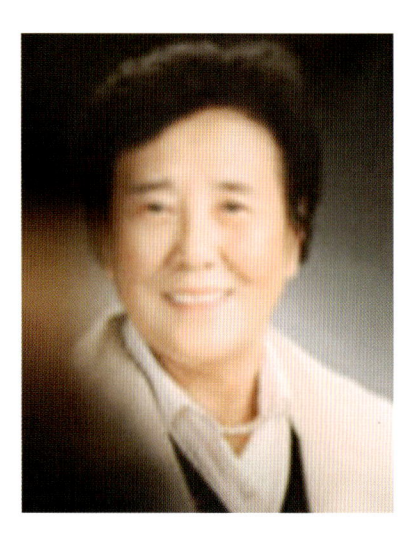

珠兰其其柯（1930—2011）

蒙古族，辽宁省阜新蒙古族自治县人。蒙古族著名导演。曾历任内蒙古电影制片厂厂长兼导演、内蒙古戏剧家协会主席、内蒙古电影家协会主席、内蒙古自治区文联副主席、中国电视艺术家协会副主席等职。导演的作品有《金鹰》《青年近卫军》《草原钢城》《草原晨曲》等。

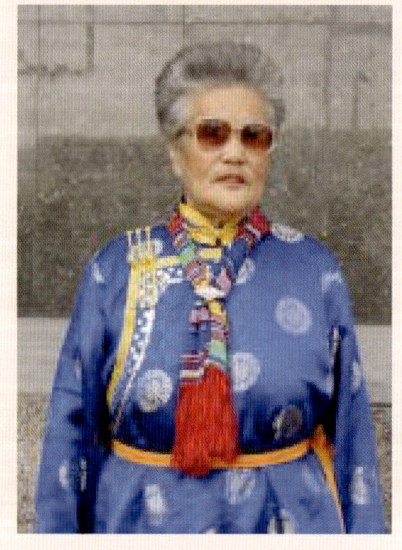

宝音德力格尔（1932—2013）

蒙古族，内蒙古呼伦贝尔市新巴尔虎左旗人。呼伦贝尔草原民歌流派的杰出代表、著名歌唱家、音乐教育家。演唱过《海骝马》《辽阔的草原》等。曾参加第五届世界青年联欢节，被誉为"罕见的民间女高音"，并荣获金奖。

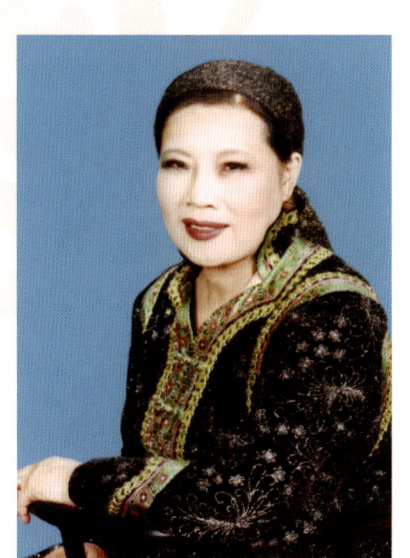

牧兰（1943—2009）

蒙古族，籍贯内蒙古通辽市库伦旗。蒙古族著名女高音歌唱家、国家一级演员。牧兰是第一代乌兰牧骑演员，后任内蒙古自治区直属乌兰牧骑艺术团原团长，她曾多次受到毛主席和周总理的接见。代表专辑有《彩虹》《富饶美丽的内蒙古》《牧兰演唱歌曲精选》等。

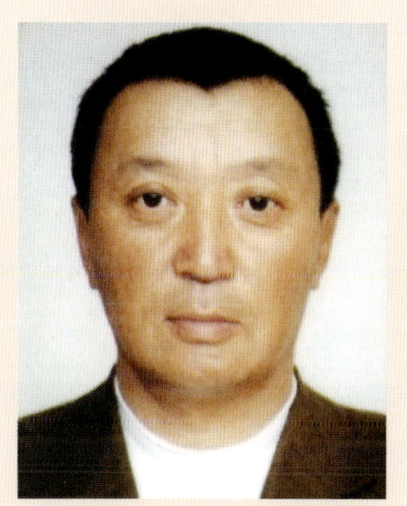

塞夫（1953—2005）

蒙古族著名编剧，国家一级导演。编剧作品有《绿野晨星》《骑士风云》等。导演作品有《一代天骄成吉思汗》《悲情布鲁克》《天上草原》《东归英雄传》等。其中，《天上草原》获得第八届中国华表奖优秀导演奖，《东归英雄传》获得电影政府奖最佳导演奖。

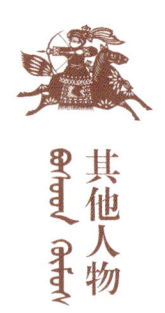

其他人物

蒙古族历史上，曾出现过很多语言文字学家、文学家、科学家、医学家、哲学家等，同时也出现过许多复合型杰出人才及政治家、社会活动家等。例如，萨囊彻辰、艾思奇等。

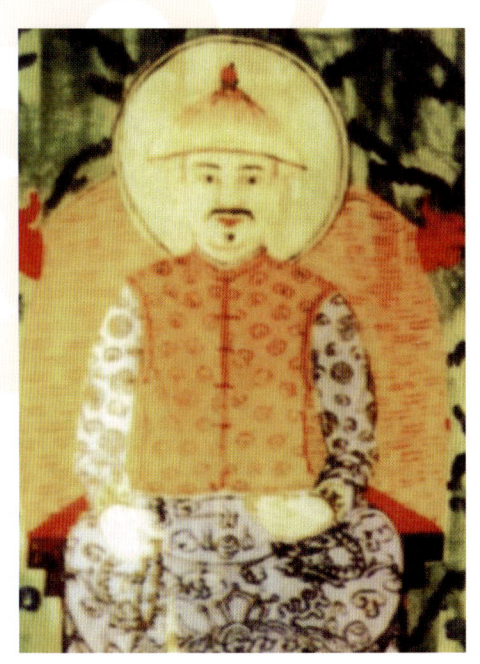

洪台吉 (1540—1586)

明代蒙古族杰出的军事家、政治家。今内蒙古乌审旗人。洪台吉为国家安定和民族统一曾多次出征。重新编撰《十善福白史册》,并将这部重要的教政合一法规在蒙古地区付诸实施。

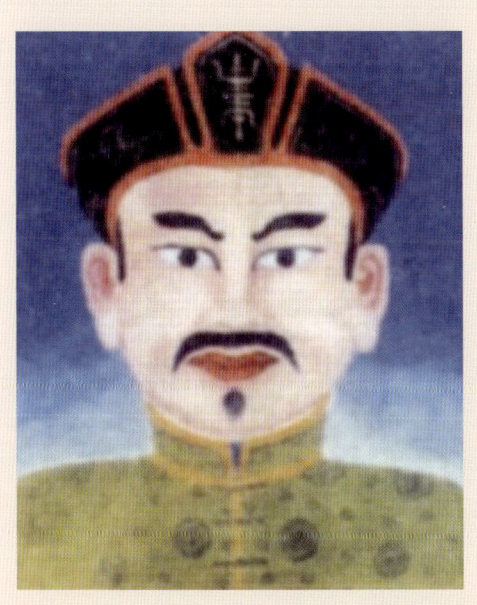

萨囊彻辰 (1605—?)

17世纪蒙古族史学家、哲学家。今内蒙古乌审旗人。萨囊彻辰翻阅了大量的文献资料、佛教经典,搜集民间传说和神话故事,写成了蒙古族三大史学著作之一的《蒙古源流》。

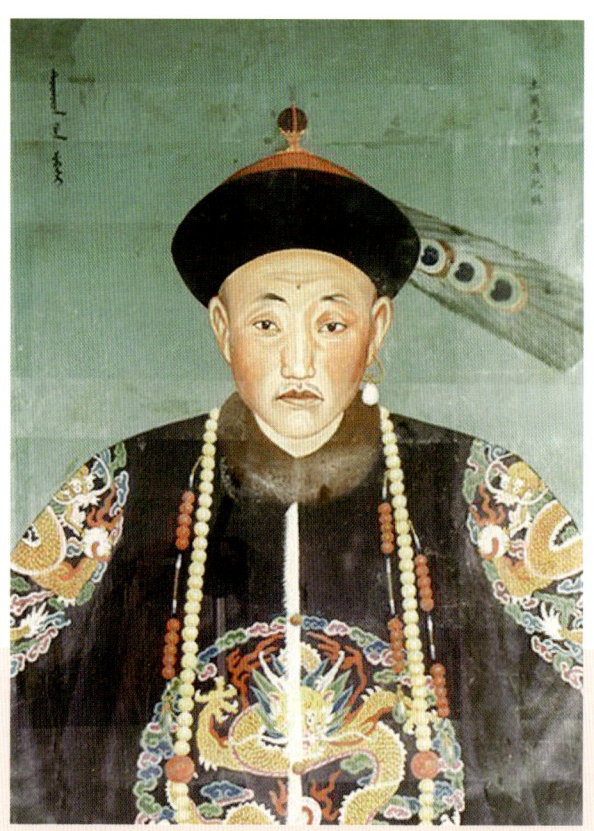

渥巴锡（1743—1775）

清代卫拉特蒙古土尔扈特部首领，阿玉奇汗曾孙。1761年继汗位。1771年，渥巴锡率领本部17万人东归，回到其祖先的家园。乾隆皇帝册封他为乌讷恩素诛克图旧土尔扈特部卓里克图汗。

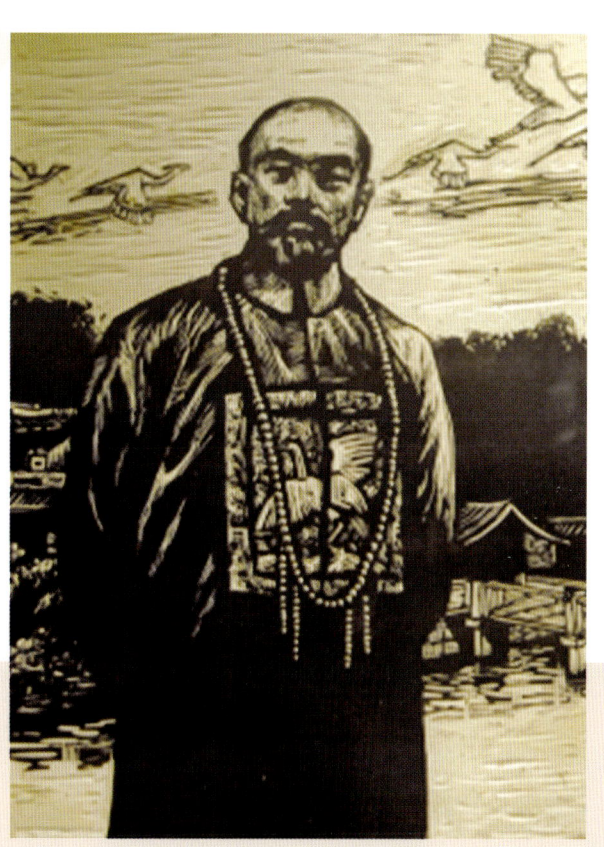

裕谦（1793—1841）

原名裕泰，字儿只斤氏，今锡林郭勒盟人，出身于将门世家。历任荆州知府、武昌知府、江苏按察使、江苏巡抚、两江总督。鸦片战争时，裕谦守卫定海，壮烈殉国。

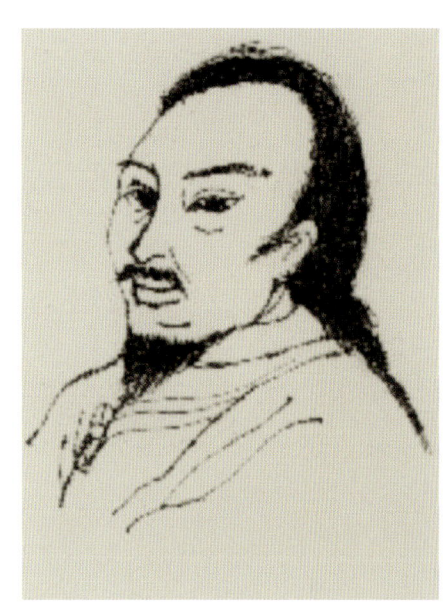

罗布桑却丹（1883—?）

近代蒙古族民俗学史上的重要代表人物。今辽宁省凌源市热水汤村人。1918年写成近20万字的《蒙古风俗鉴》，该书被誉为蒙古族的百科全书。

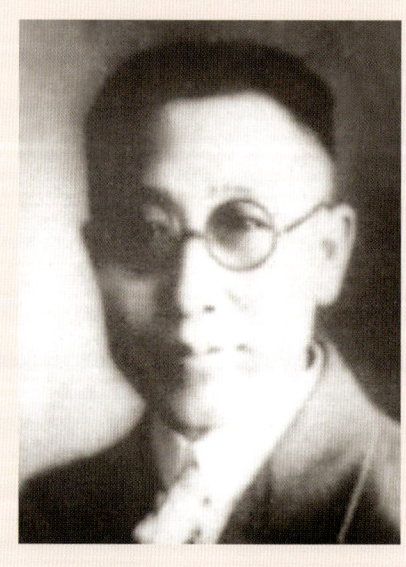

特睦格图（1887—1939）

中国近代蒙古文铅字发明家、出版家。今内蒙古赤峰市喀喇沁右旗人，通晓蒙古、汉、满、藏四种语言文字。1922年，他发明的蒙古文铅字印刷术首获成功。1924年春季，成立了蒙古文书社和蒙古文书社印刷厂。

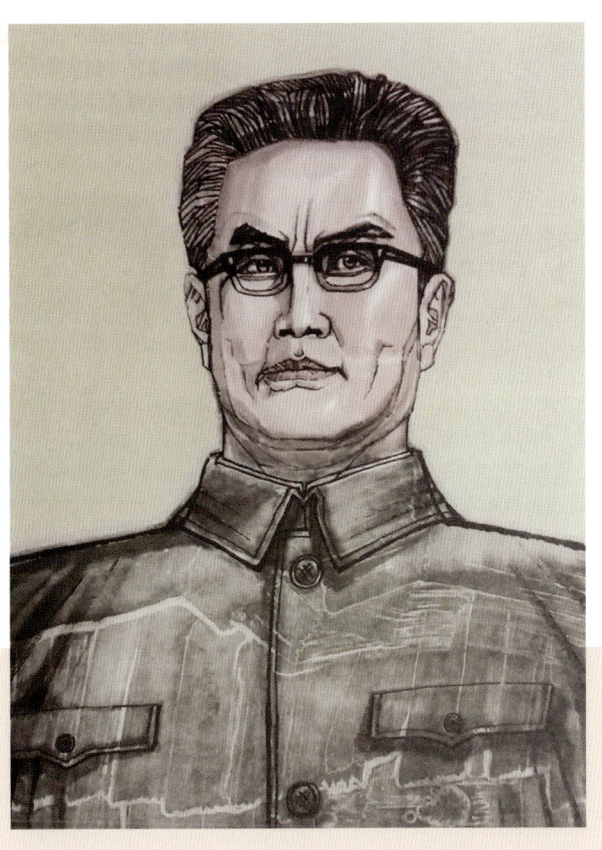

艾思奇（1910—1966）

原名李生萱，蒙古族，云南腾冲人。中国著名的马克思主义哲学家、教育家和革命家。历任中共中央高级党校副校长、中国哲学学会副会长、中国科学院哲学社会科学部学部委员。其著作有《大众哲学》《哲学与生活》《艾思奇文集》等。

第二章 蒙古族文献

文献是通过一定的方法和手段，运用一定的意义表达和记录体系记录在一定载体上的有历史价值和研究价值的知识。文献是记录、积累、传播和继承知识的最有效手段，是人类社会活动中获取情报的最基本、最主要的来源，也是交流传播情报的最基本手段。

1206年，成吉思汗统一蒙古各个部落，建立了大蒙古国。文字的产生及大蒙古国的诞生，对蒙古族古籍文献的形成和发展起了非常重要的作用。

13世纪初至14世纪中期，是大蒙古国和元朝的鼎盛时期，因此以旨令、碑文、符牌、外交信件等为主要内容的官方文书相继出现。元朝建立后，八思巴文作为国字颁行全国，因此，这一阶段以回鹘式蒙古文与八思巴文为主的蒙古文文献得到了蓬勃发展。

15世纪至16世纪，蒙古封建社会不断发生内战，这对蒙古文文献的发展带来了一定的困难。因此这一阶段产生的蒙古文文献较少，发展较缓慢。

17世纪至19世纪，是蒙古族历史上弘扬佛教的重要时期，这一时期翻译了大量的佛教经典。同时语言、文学、历史、法典等方面的文献相继问世。这个时期，除了回鹘式蒙古文文献以外，还出现了托忒蒙古文文献。由于蒙古族与满族等其他民族的长期交融，产生了很多满、蒙古或满、蒙古、汉文合璧的文献。因此，这个时期是蒙古文文献的快速发展时期。

20世纪初，社会发生变革，也使蒙古文文献的发展变得缓慢。到20世纪80年代以后，随着社会的稳定和发展，蒙古文文献也得到了蓬勃发展，并且文献的内容也比较丰富。语言、文学、历史、文化、医学、宗教等各领域的文献得到了前所未有的发展。

语言文字

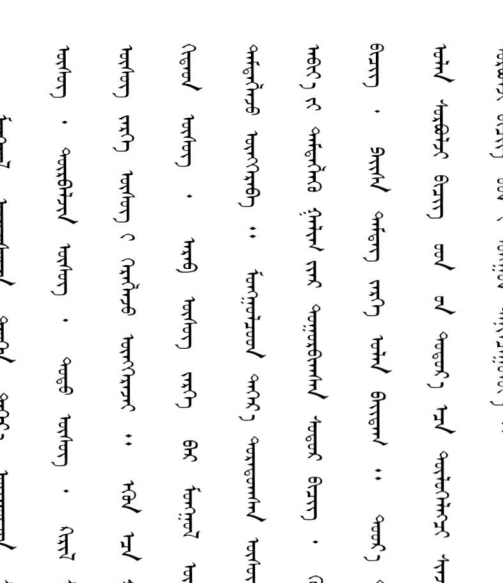

蒙古族历史上曾使用过回鹘式蒙古文、八思巴字、托忒蒙古文、斯拉夫蒙古文等文字。另外，用汉文、拉丁文等标写过蒙古语。蒙古人用上述文字或标音符号等撰写的典籍、碑文、符牌等很多。我们从诸多文献中选择一些有代表性的文献加以介绍。

回鹘式蒙古文文献

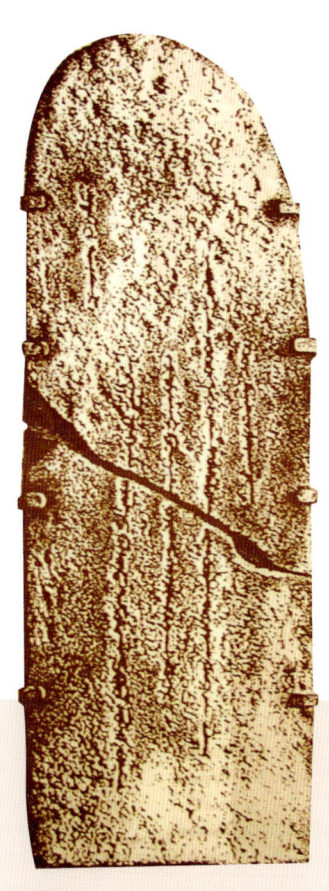

成吉思汗石碑

19世纪初叶，俄罗斯考古学者在今俄罗斯联邦的乌罗夫河上游支流黑尔河附近发现一尊石碑。其共有5行回鹘式蒙古文。因碑文以"成吉思汗"起首，故早期学者称之为"成吉思汗石碑"，但碑文的内容是歌颂哈萨尔之子也松哥（移相哥）将军的。因此，也称为"也松哥石碑"，现存于俄罗斯圣彼得堡美术博物馆。学界认为该石碑可能立于1225年，是现存最早的回鹘式蒙古文文献。

济源十方大紫微宫窝阔台汗圣旨碑

紫微宫寺道长钱志通将窝阔台汗十二年（1240）圣旨刻于石碑。这尊石碑现存于河南省济源市紫微宫寺。碑文左侧有3行回鹘式蒙古文。

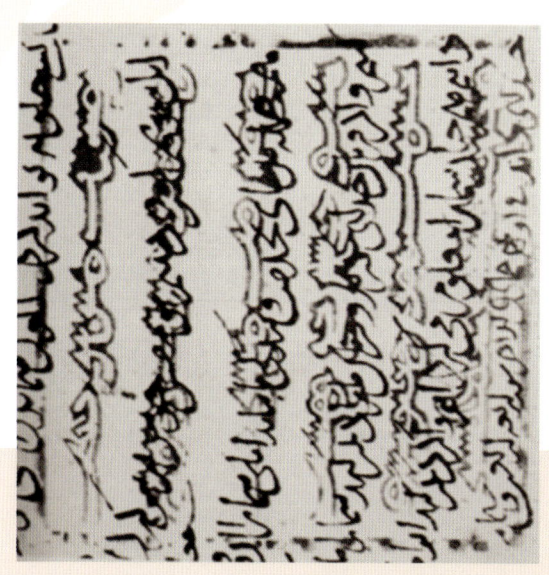
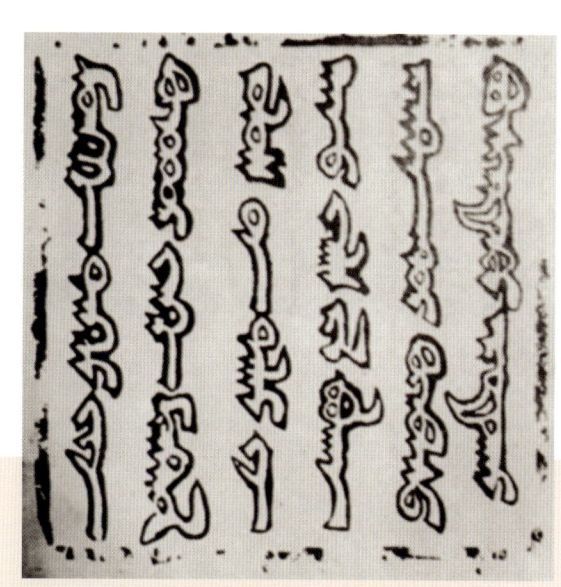

贵由汗玺文及玺文复原

1920年，波兰人基列尔·卡拉列夫斯基在梵蒂冈教廷档案馆发现一份有回鹘式蒙古文印章的波斯文书。学者们的研究证明这份印文出自大蒙古国第三任皇帝贵由汗时期，因此将它称为"贵由汗玺文"。这枚印章只有印文留在纸上，原印章至今还未找到。这份波斯文文书是大蒙古国大汗致西方教皇的信函，撰于1246年。

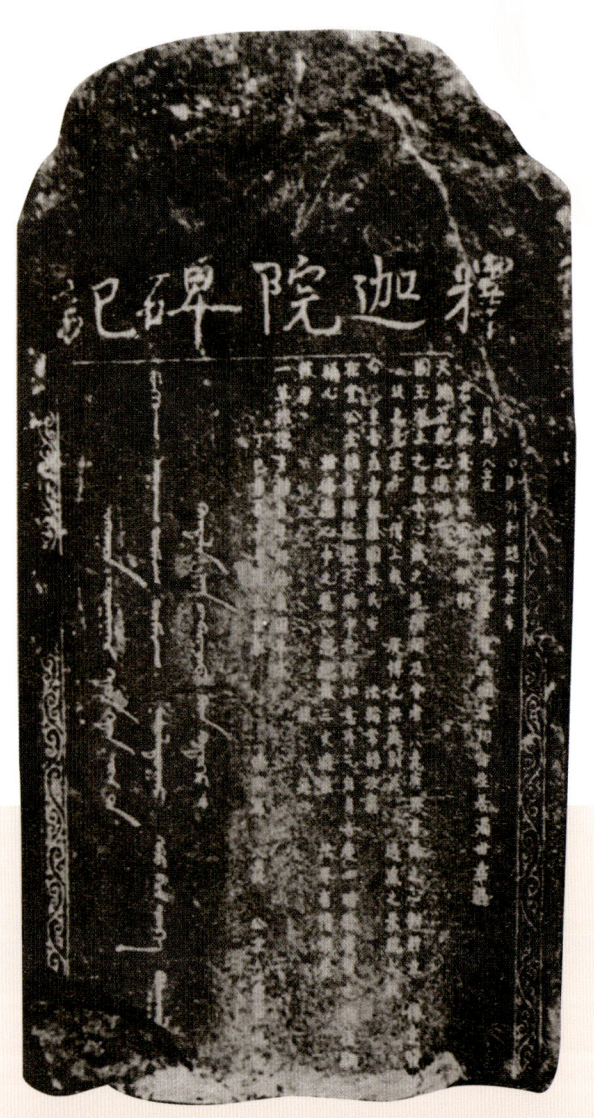

释迦院碑记

亦称《蒙哥汗碑记》或《蒙哥汗圣碑》。1953年，蒙古科学院地方研究学者团在蒙古国库苏古尔省阿尔布拉格县发现此碑，现存于蒙古国中央博物馆。碑文的顶部刻有"释迦院碑记"5个汉字。因此通常称之为"释迦院碑记"。碑文回鹘式蒙古文题记部分有"蒙哥汗"字样，因此，也称为"蒙哥汗碑记"。

阿巴哈汗赐教皇使臣敕书

这是阿巴哈汗赐予天主教使臣的通行证。现藏于梵蒂冈教廷档案馆。

阿鲁浑汗致法兰西国王腓力普四世公函

1289年，伊儿汗国阿鲁浑汗致法国腓力普国王的国书。纸质手抄本，现藏于法国国家档案馆。信的内容为双方共同攻打密昔儿（埃及）的相关事宜。

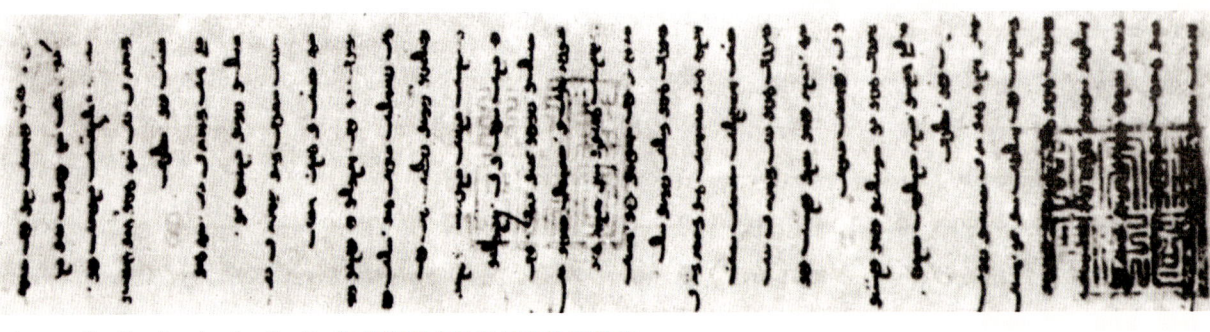

阿鲁浑汗致教皇尼古拉四世书

1290年，伊儿汗国阿鲁浑汗致教皇尼古拉四世的复函。1921年在梵蒂冈教廷档案馆被发现。该函以回鹘式蒙古文书写，信函中强调了蒙古人信奉的长生天，从而婉转地谢绝了尼古拉四世让阿鲁浑皈依天主教的劝说。

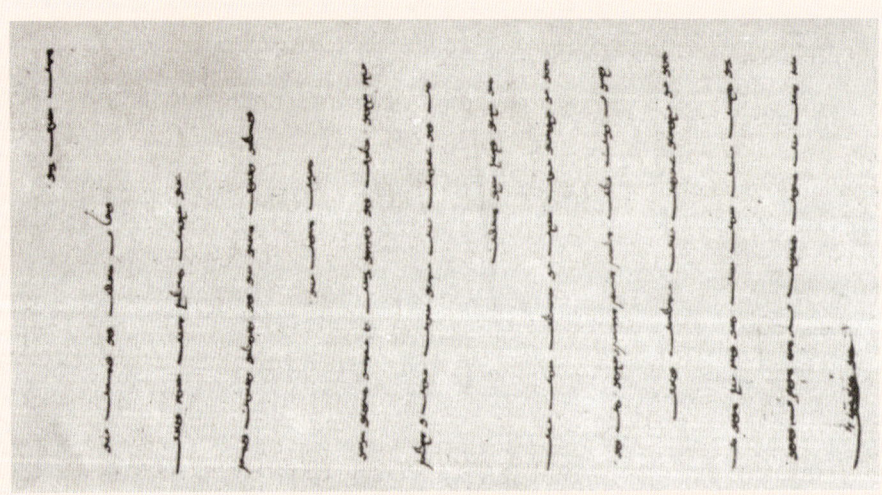

合赞汗致教皇波尼帕斯八世国书

1302年，伊儿汗国合赞汗致教皇波尼帕斯八世的国书。此书为纸质手写本，现藏于梵蒂冈教廷档案馆。信中同意教皇关于共同出兵打密昔儿（埃及）的提议。该书共有14行回鹘式蒙古文。

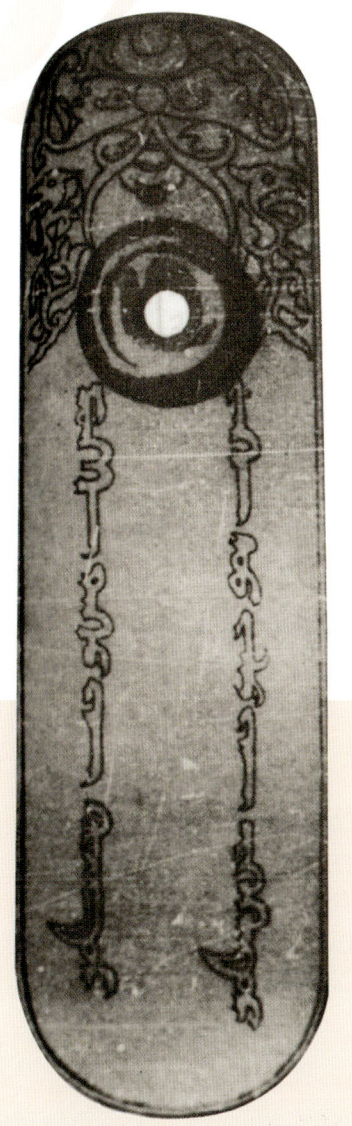
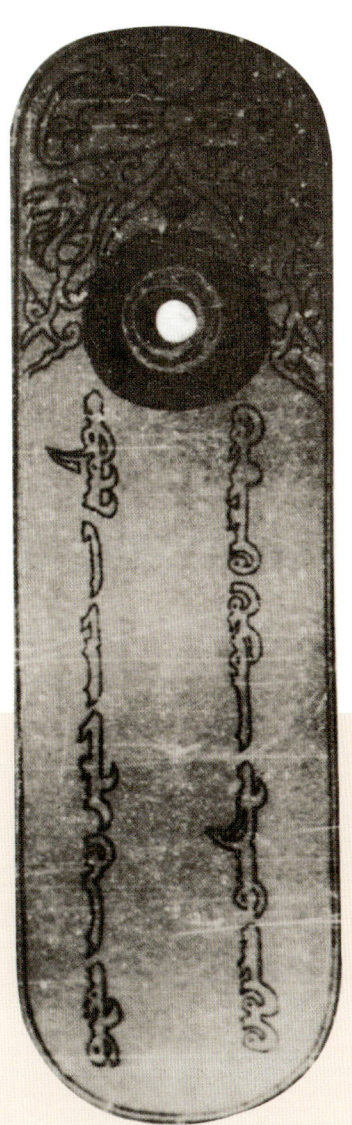

回鹘式蒙古文银质长牌

19世纪上半叶,一位农民在今乌克兰境内发现一枚回鹘式蒙古文银质长牌,现藏于俄罗斯圣彼得堡博物馆。

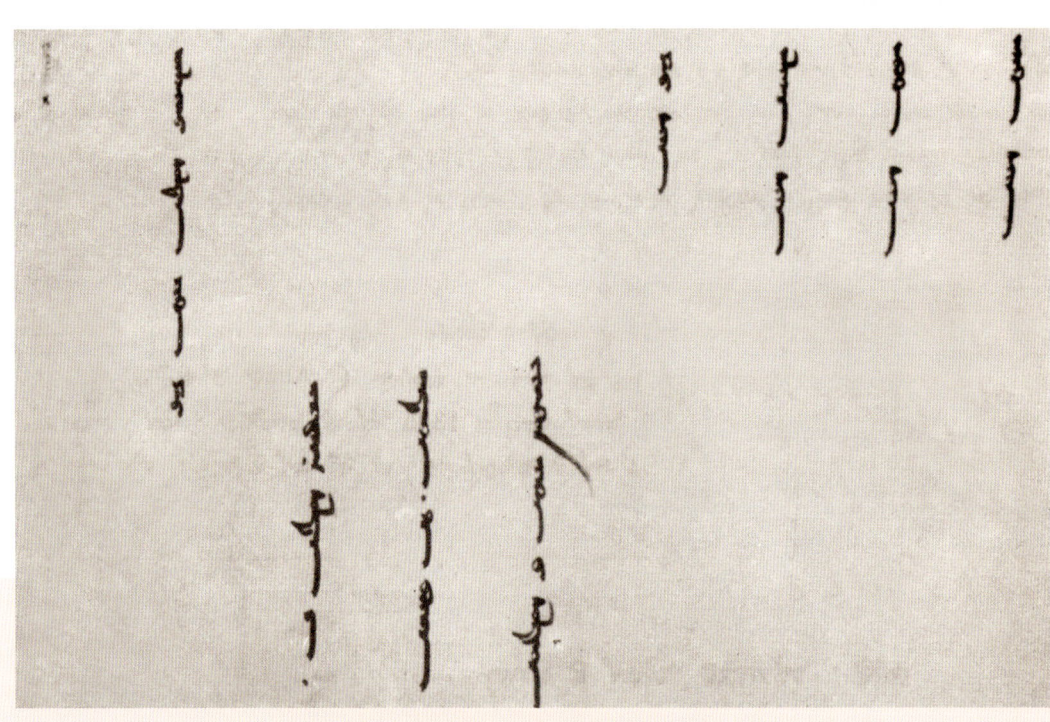

完者笃算端致腓力普书

伊儿汗国完者笃算端汗于1305年致法国国王腓力普的书信,是用回鹘式蒙古文在纸上手写而成的外交文书,共有42行回鹘式蒙古文。现藏于法国国家档案馆。该文书主要记载伊儿汗国和法国之间友好往来的历史,并且要共同抵御外来强敌的侵略。

《入菩萨行经》释

回鹘式蒙古文木刻板文献，现藏于德国柏林图书馆。元代著名翻译家搠思吉斡节儿不仅从藏文蒙译了印度佛经《入菩萨行经》，而且奉至旨，撰写了一部解释该书的著作《〈入菩萨行经〉释》，1299年秋完成。

云南王阿鲁令旨碑文

　　此碑保存在云南省昆明市西郊玉案山筇竹寺大经堂内。为1340年云南王阿鲁颁给筇竹寺的令旨。回鹘式蒙古文令旨上方有八思巴文碑额,刻有"云南王藏经碑"6个字。碑文的内容是为了谢恩,百姓给云南王阿鲁立此碑。

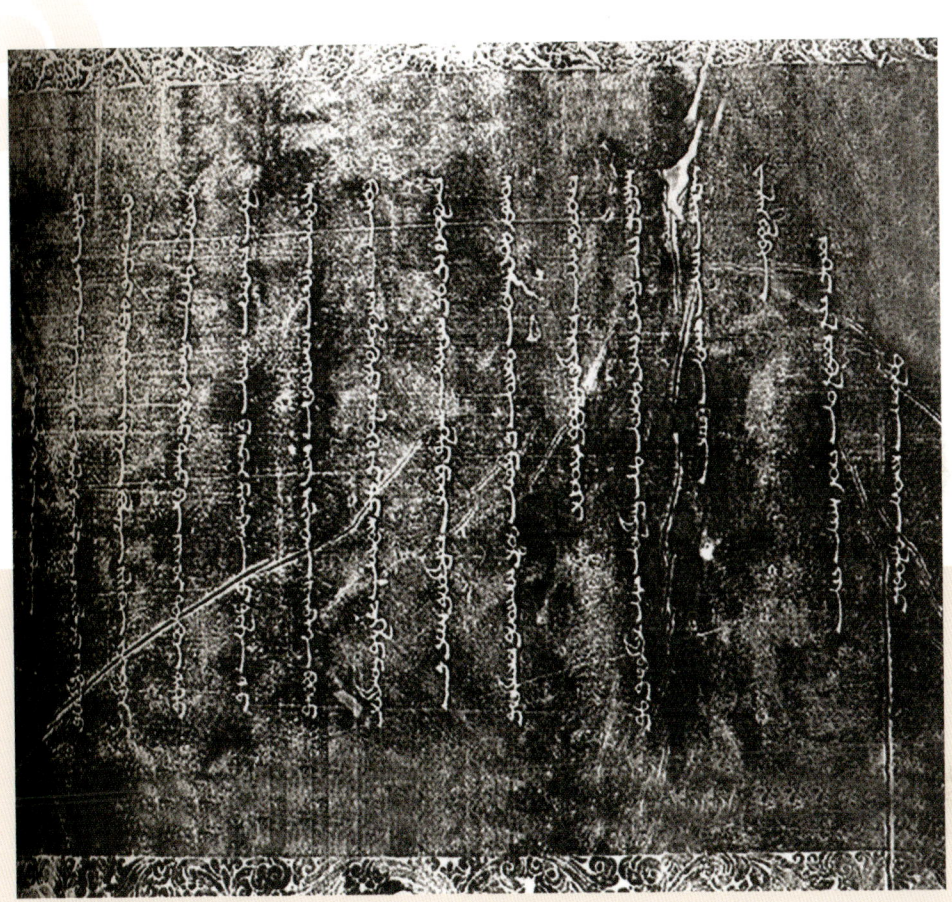

蒙哥汗牛儿年回鹘式蒙古文圣旨

河南省登封市少林寺有一方蒙汉合璧圣旨碑。该碑正面刻回鹘式蒙古文，是蒙哥汗牛儿年圣旨，共有15行80多个单词，其上方碑额刻有"圣旨碑"三个汉字。该圣旨原本是一道口谕，是蒙哥汗派遣秃鲁黑台、不花二人，委任少林寺长老为都僧省，并命令他管领汉、畏兀儿、西番、河西各族和尚。该圣旨颁布于牛儿年（1254）腊月初七。

宁夏达鲁花赤甘州海牙等所立石碑两行回鹘式蒙古文

在宁夏回族自治区中卫市境内曾有一尊石碑，刻有汉文铭文。这汉文铭文末尾又刻了两行回鹘式蒙古文。从汉文碑文中可以了解到，石碑由甘州海牙等官员所立。回鹘式蒙古文首行写着"鼠年至正八年孟秋十七……"字样。由此可见，石碑立于元顺帝至正八年（1348）。

《孝经》

北京故宫博物院图书馆藏有一本汉蒙合璧木版《孝经》。该书从语言风格上看，明显是元代的译作，是14世纪初回鹘式蒙古文珍贵的文献之一。

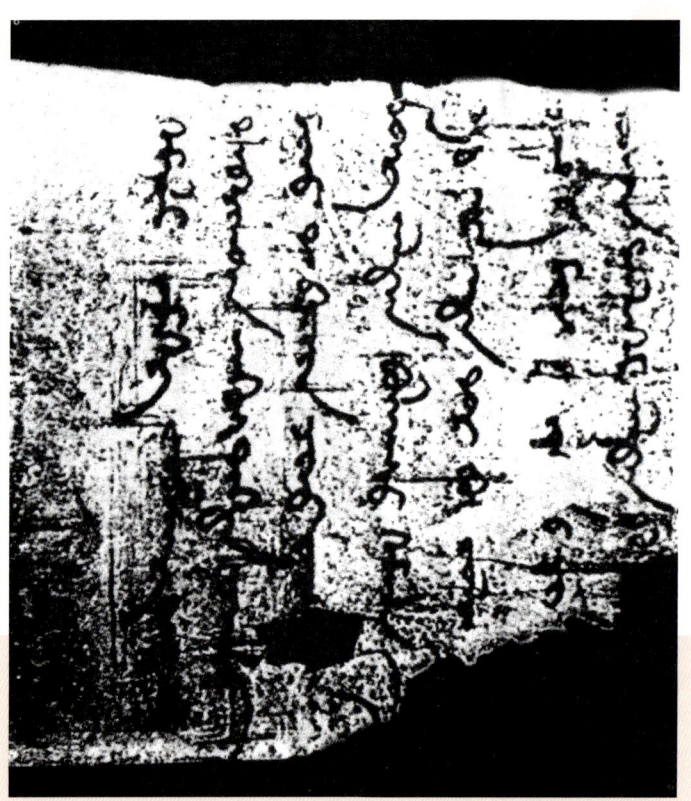

金帐桦皮书

金帐桦皮书是在桦树皮上，用回鹘式蒙古文书写文稿的中期蒙古语文献。经研究认为是13世纪末14世纪初的文献，并称之为"金帐桦皮书"。藏于俄罗斯圣彼得堡艾尔米塔什博物馆。

《索勒哈尔乃传》

20世纪初，德国考察队从中国新疆吐鲁番挖掘出这部文献的一些残页，现藏于德国科学院东方研究所图书馆。为14世纪初蒙古文文献，并且根据其阿拉伯文译本将其命名为《索勒哈尔乃传》，也称之为《亚历山大传记》。是古代马其顿亚历山大皇帝传记的蒙古文译本。

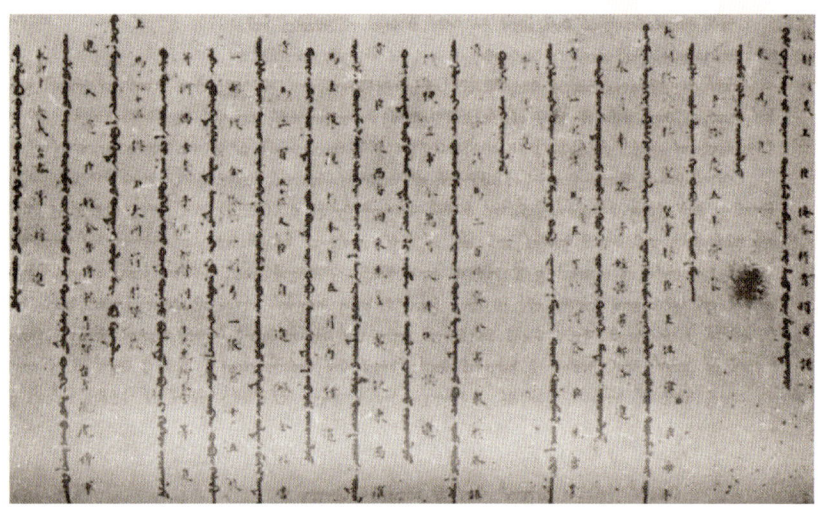

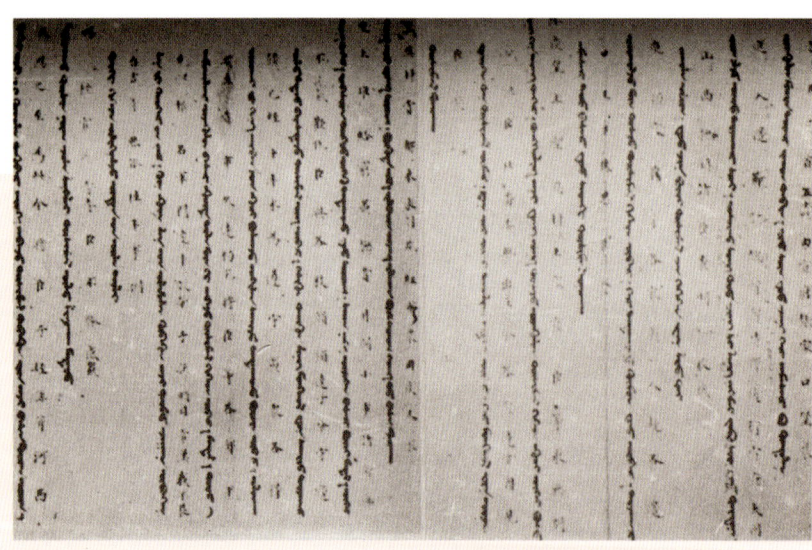

阿勒坦汗奏疏

汉蒙对照文献，现藏于俄罗斯科学院亚洲博物馆。阿勒坦汗于1580年把此奏折呈递给明神宗朱翊钧，奏疏中记录了贡马事由及数量。奏折先用汉文写成，后译成蒙古文，其蒙古文书写形式和所译单词反映了使用回鹘式蒙古文的中期蒙古语的一些特点。

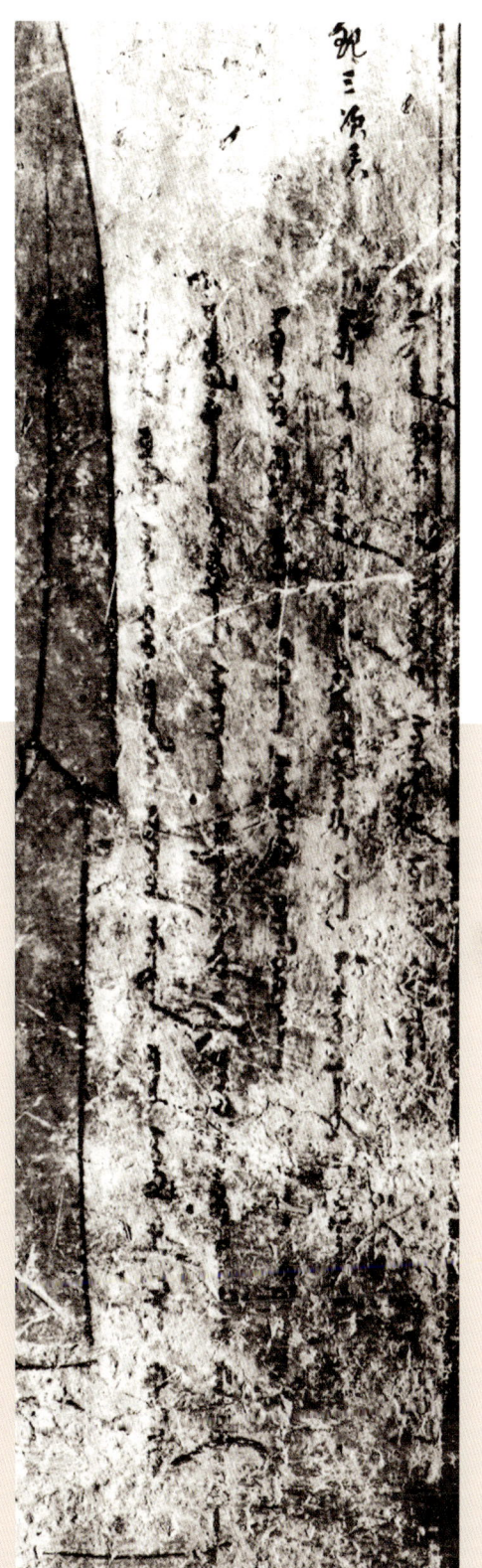

敦煌石窟区蒙古文题记

敦煌地区石窟、佛塔、墙壁上书写的蒙古文题记的总称。这些蒙古文题记，基本产生于大蒙古国早期。书写方式有毛笔墨书、朱书以及硬器刻划等，其中前者居多。其文种有回鹘式蒙古文和八思巴文两种。目前，在敦煌石窟区考察所掌握的蒙古文题记共有35条。

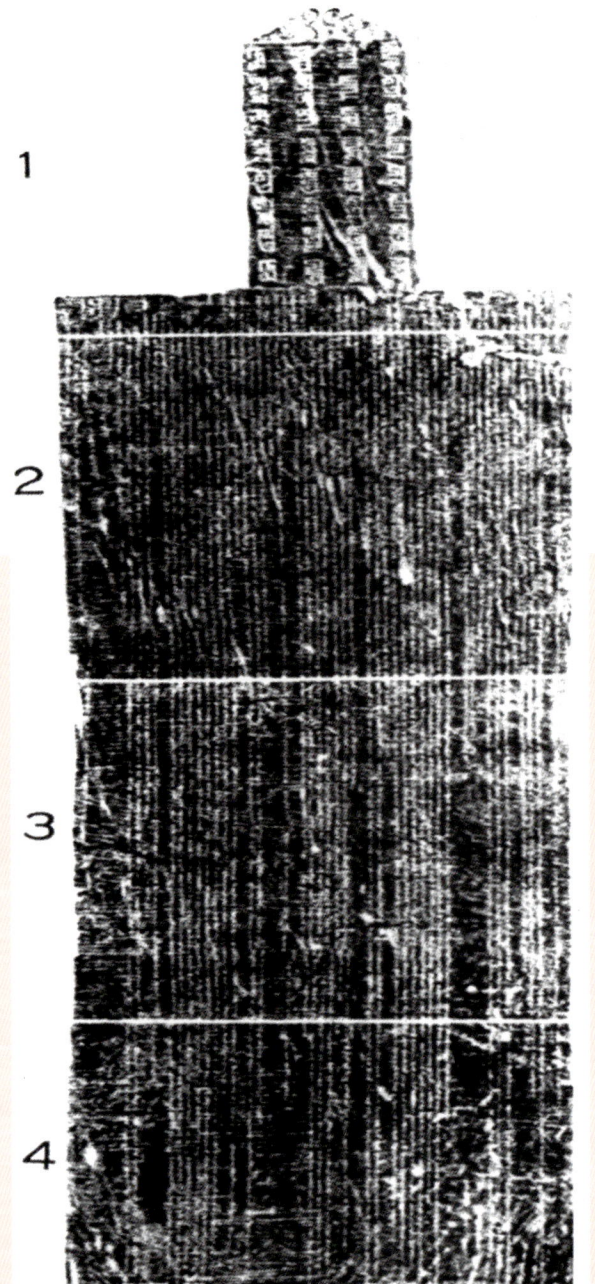

张应瑞碑文

张应瑞碑文是蒙汉对译的一尊碑刻文,简称"张氏先茔碑"。此碑坐落在内蒙古赤峰市翁牛特旗梧桐花乡国公府村北国公山阳,汉白玉碑面。碑阴面刻有57行回鹘式蒙古文,碑阴碑额用八思巴文刻写汉文全称,共四行。是目前所知蒙汉对译碑文中最大者。此碑于元朝元统三年(1335)奉妥懽帖睦尔皇帝的旨意敕赐立碑。

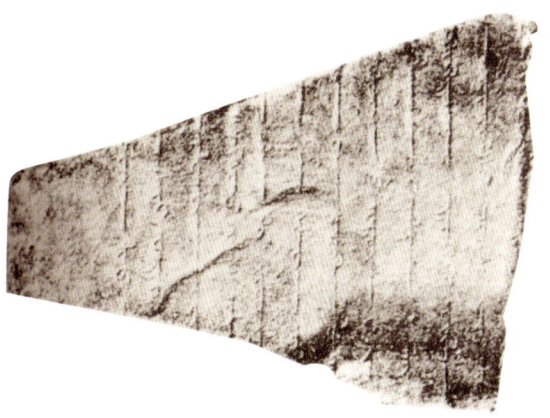
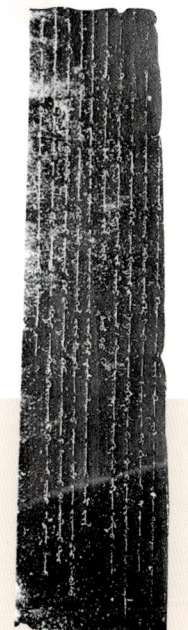
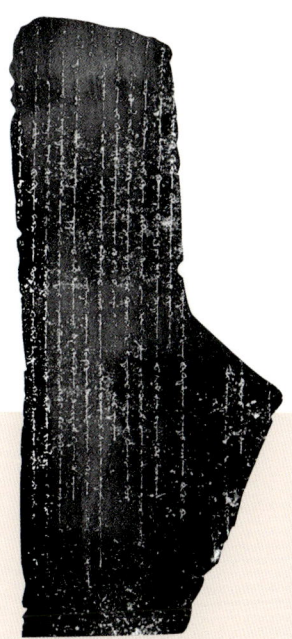
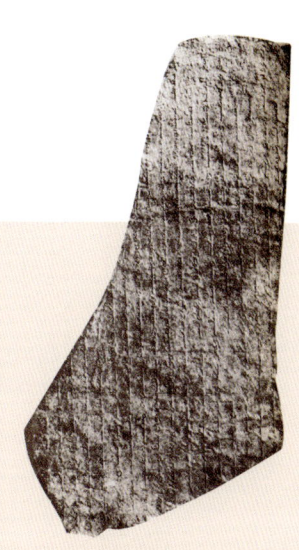

兴元阁碑文

蒙古国前杭爱省哈剌和林遗址出土的回鹘式蒙古文碑文。学术界先后找到该碑的四块残石。此碑是元至正六年（1346）奉元顺帝妥懽帖睦尔皇帝之命修建兴元阁时立的。现已发现的四块残石是该碑的一部分。

明代敕文及奏疏蒙译本

《高昌馆课》（现藏于北京图书馆，共四册）的第四册，收入了明朝皇帝的敕文、官方文告等，均为蒙汉文对照。《高昌馆课》中的蒙古文是用汉语的语序逐字直译而成的，所以不易看懂其内容。是反映中期蒙古语特点的重要文献之一。

八思巴文文献

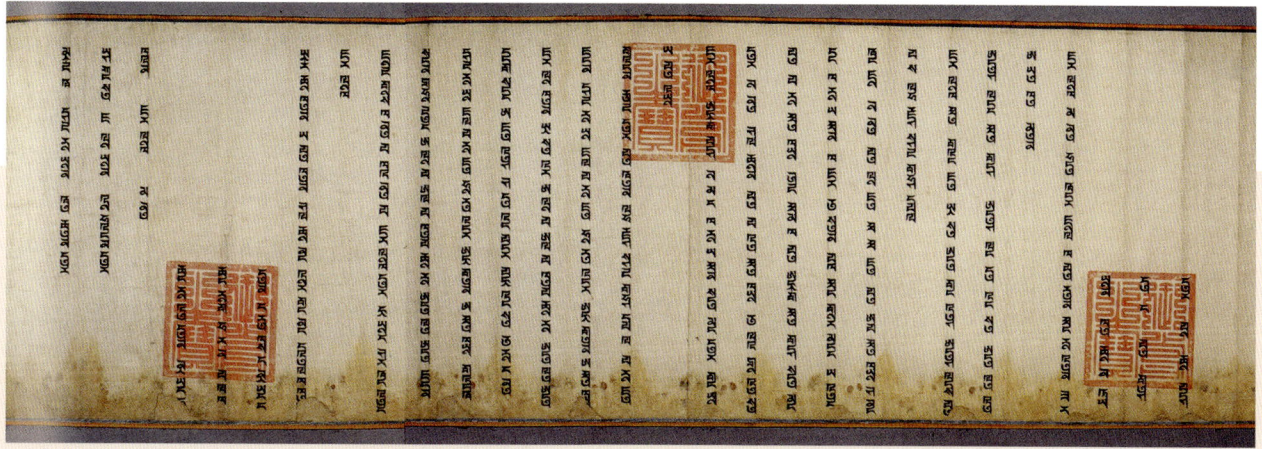

薛禅皇帝牛年圣旨

八思巴文圣旨，是由薛禅皇帝（元世祖忽必烈）牛年赐予僧人拉洁·僧格贝的圣旨。共存29行。原件藏于西藏自治区文物局。

海山怀宁王蛇年令旨（1305）

八思巴文令旨，是由元顺宗答剌麻八剌的长子海山怀宁王，1305年赐予霞鲁寺的古香·多吉旺曲·扎巴坚赞为该寺的善圣观世音佛灯供油的令旨。现存西藏自治区文物局。

普颜笃皇帝南华寺圣旨

八思巴文圣旨,元仁宗普颜笃皇帝赐予元韶州路南华寺和广州路南华戒院(福心)弘辩慈济大师的圣旨。由于残缺不全,无法确定确切年代。现存于广东省韶关市曲江区南华寺。

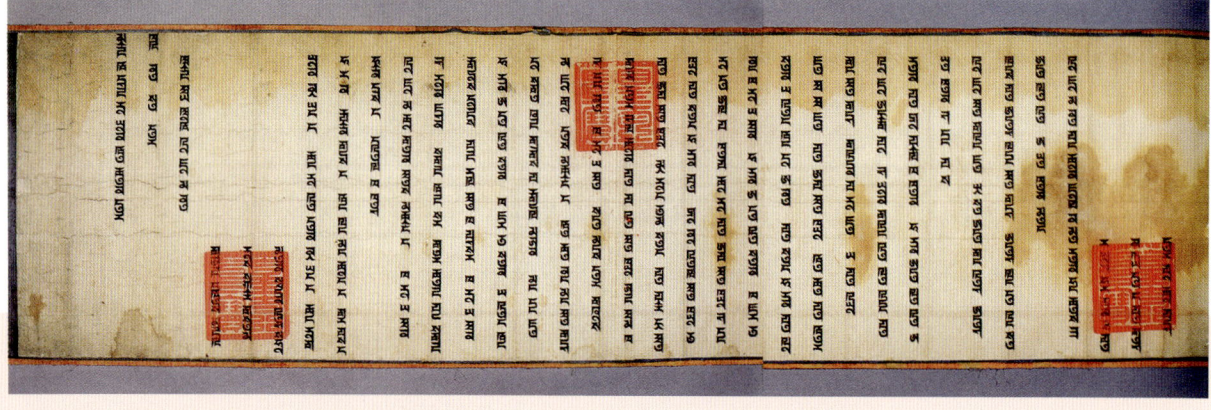

答吉皇太后猴年懿旨（1320）

八思巴文懿旨，是由元顺宗答剌麻八剌的遗孀答吉妃子卫向藏阿里三路宣慰司宣谕的，是关于由古香·多吉旺曲·扎巴坚赞管理麻其格主寺所属仁钦岗康萨等以及保护其寺院权益的懿旨。原件现存于西藏自治区文物局。

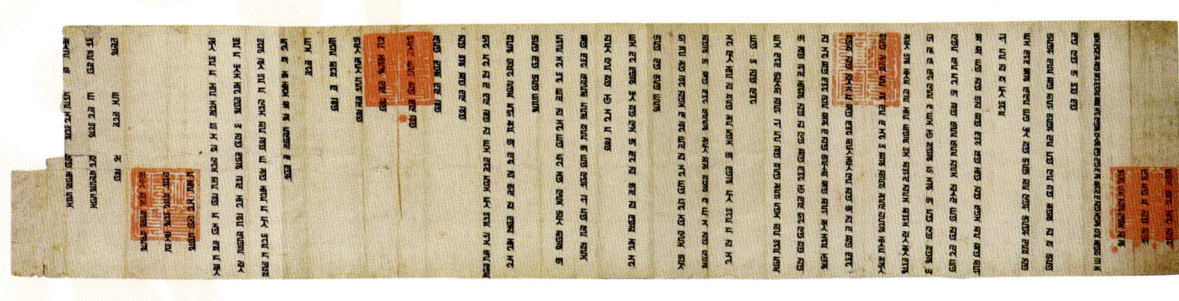

也孙铁木儿皇帝鼠年圣旨（1324）

八思巴文圣旨，是由也孙铁木儿皇帝鼠年泰定元年（1324）赐予元朵甘思类乌齐寺的和尚们的圣旨。现存于西藏自治区档案馆。

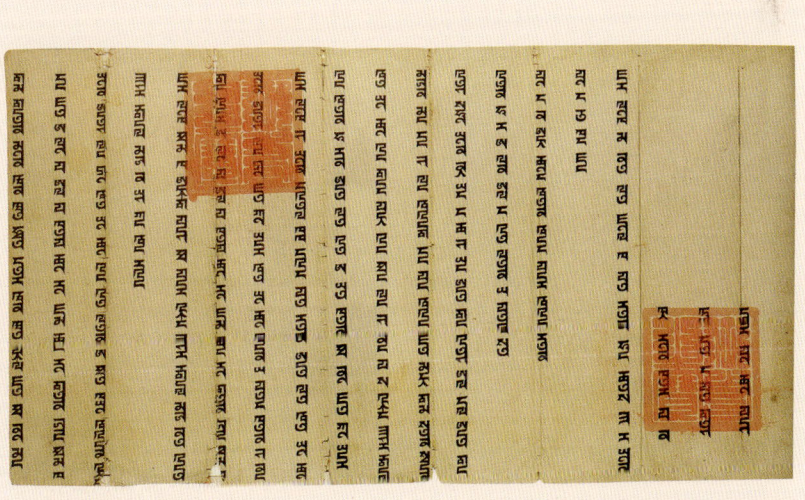

也孙铁木儿皇帝龙年圣旨（1328）

八思巴文圣旨，是由也孙铁木儿皇帝1328年颁给斡节儿坚赞的圣旨。原件今存于西藏自治区档案馆。

妥懽帖睦尔皇帝鸡年圣旨（1345）

八思巴文圣旨，是由妥懽帖睦尔皇帝赐予西藏公歌曲寺贡觉桑布管辖的真格廊仁青比罗巴、隆嘎等溪卡牧人的圣旨。原件现存于西藏日喀则市档案馆。

妥懽帖睦尔皇帝虎年圣旨（1362）

八思巴文圣旨，是委任云丹坚赞为察翁格奔、布诺布尔地方招讨司招讨使的圣旨。原件今存于西藏自治区档案馆。

《蒙古字韵》

八思巴文与汉文合璧典籍，是一部以八思巴字标记汉字字音的韵书。伦敦大英图书馆藏《蒙古字韵》是现存的唯一一册抄本。元至大元年（1308）在大都重新刊行。

《百家姓》

八思巴文百家姓。元顺帝至元六年（1340）郑氏积城堂刊本《事林广记》百家姓。此书藏于北京大学图书馆。

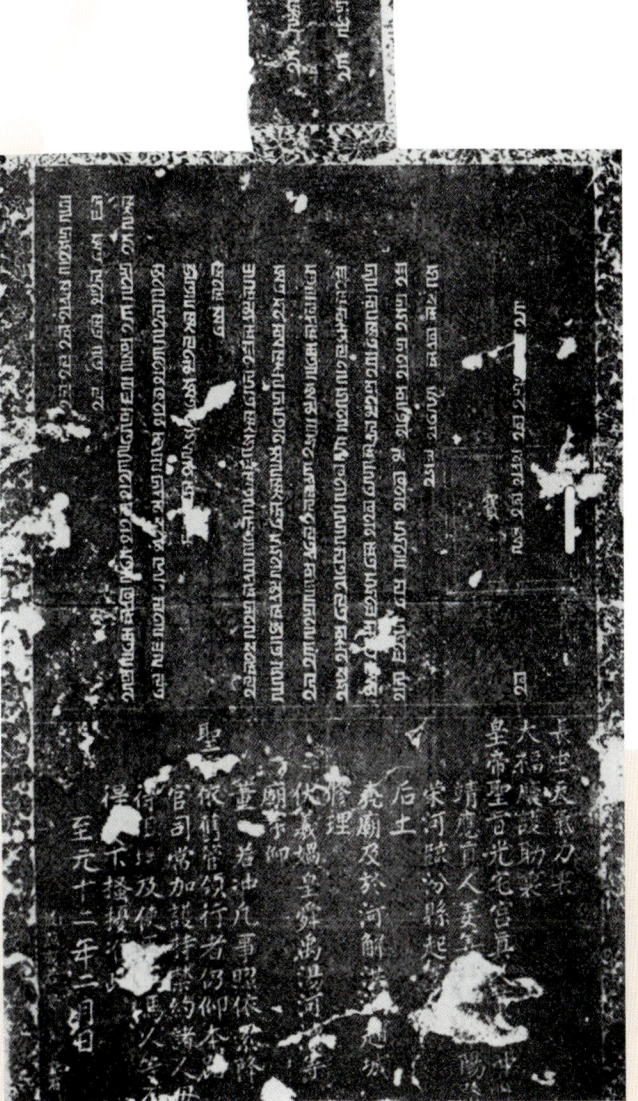

龙门神禹庙圣旨碑

八思巴字与汉字合璧碑文，两面刻，碑阳为元至元十二年（1275）圣旨，上截14行八思巴字，下截汉文圣旨正书。该碑原在山西与陕西交界处的黄河龙门口禹王庙，现存陕西省韩城市。

薛禅皇帝牛年圣旨碑

八思巴文圣旨碑。赐予太原府石壁寺安僧录的八思巴文圣旨,有22行八思巴字。原碑石现存山西省交城县石壁山玄中寺。碑文附有元代白话汉译文。

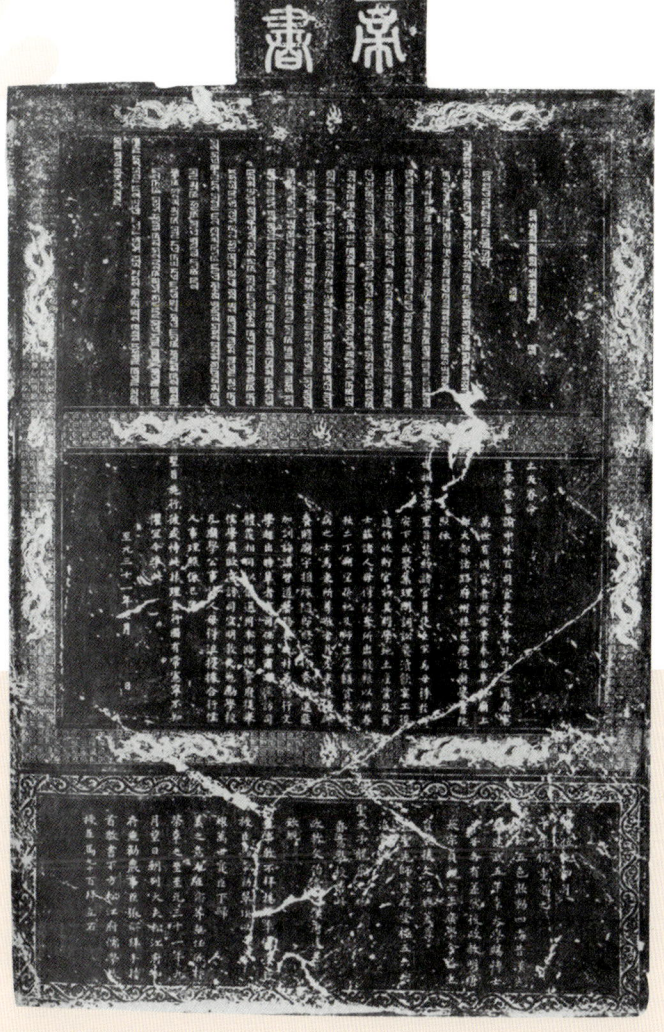

孔子庙学圣旨碑

八思巴文与汉文合璧圣旨碑。两截刻,第一截为诏书,上八思巴字,下汉字正书。第二截为题记汉字正书元世祖至元三十一年(1294)九月。共存八思巴字22行。碑额为汉字篆书。碑石立于江苏省松江。

加封孔子制

　　八思巴文与汉文合璧碑石。其上为14行八思巴字，下为14行汉字正书，刻于元大德十一年（1307）九月。实物今藏河北定县。

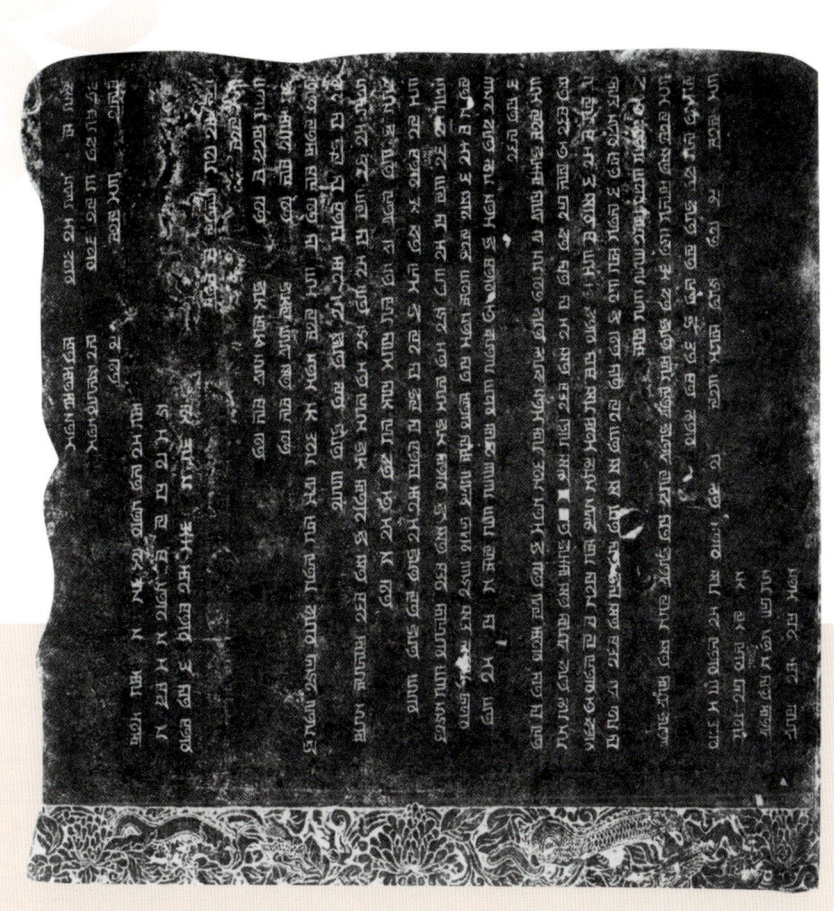

普颜笃皇帝牛年圣旨碑（1313）

八思巴文与汉文合璧碑文。是赐予元彰德路林州宝严禅寺、太平禅寺住持五松振吉祥长老的圣旨。碑阳分上下两部。上部为八思巴文圣旨，共30行，下部为元代白话汉译文。碑阴为刻有元荼罕官人言语。此碑原立于河南省宝严寺，现不知去向。

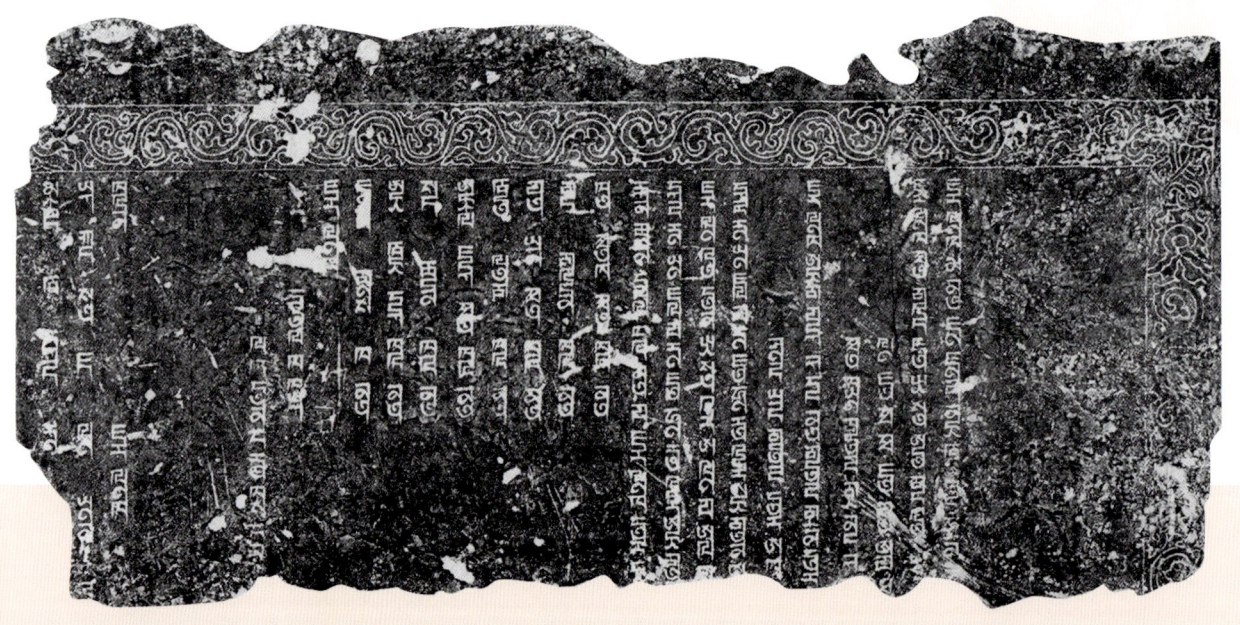

妥懽帖睦尔皇帝马年圣旨碑（1342）

八思巴文圣旨碑。是赐予成都青羊宫的先生们的圣旨。刻有此圣旨的石碑已残，仅存上半部。现存四川省博物馆。

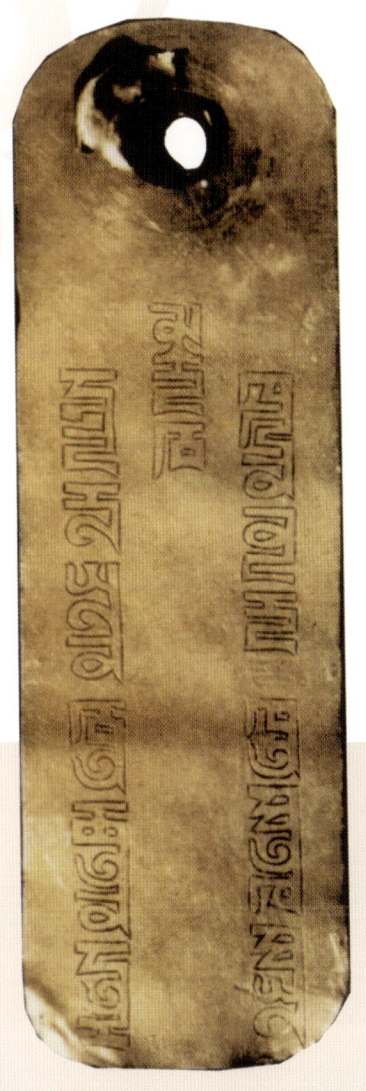
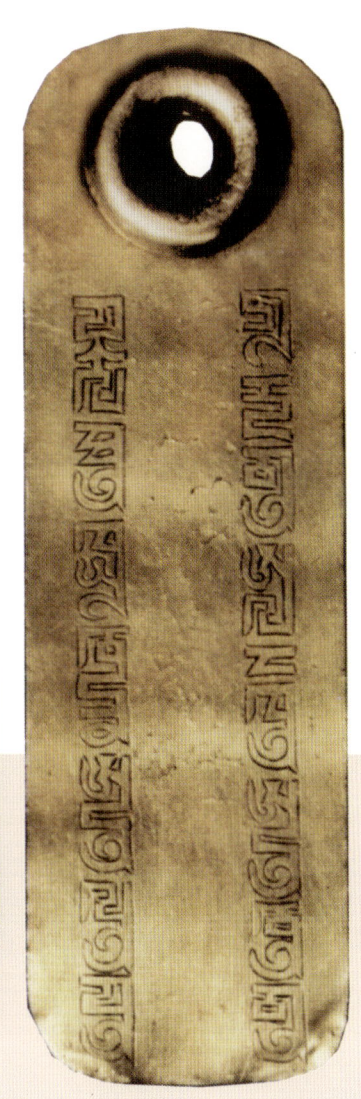

索伦金质长牌

元代八思巴文金质长牌，20世纪末发现于内蒙古兴安盟科尔沁右翼前旗。该金牌的文字内容与米奴辛斯克银牌内容完全相同。金牌正中间一行为始读行，左为第二行，右为第三行，反面左为第四行，右为第五行。现存于内蒙古大学民族博物馆。

玉册

加上皇太后尊号玉册：八思巴字与汉字相间，玉册原物未见，仅存拓片。

立皇后玉册：用八思巴字拼写蒙古语，四行，字体极为工整，行间为正书汉字。拓本现存于北京大学图书馆。

汉文文献

至元譯語，猶江南事物紺珠談也，當今所尚莫貴乎此，分門析類，附於紺珠談之後，以助時語云。

天文門

天曰騰急里
月曰撒剌　　　　日曰納剌
星曰忽多　　　　新月曰細你撒剌
攢星于呂哥兒　　七星朵羅阿不干
雲曰奧連　　　　風曰克
（今日呼魯）　　雨曰忽剌

《蒙古译语》

用汉字拼写蒙古语的汉蒙对照词典，又称《至元语译》。所收词目分天文、地理、君官、马鞍、军器、五谷、饮食等20个门类，按照汉蒙顺序自上而下书写。用汉字拼写蒙古语的方法不同于《蒙古秘史》。

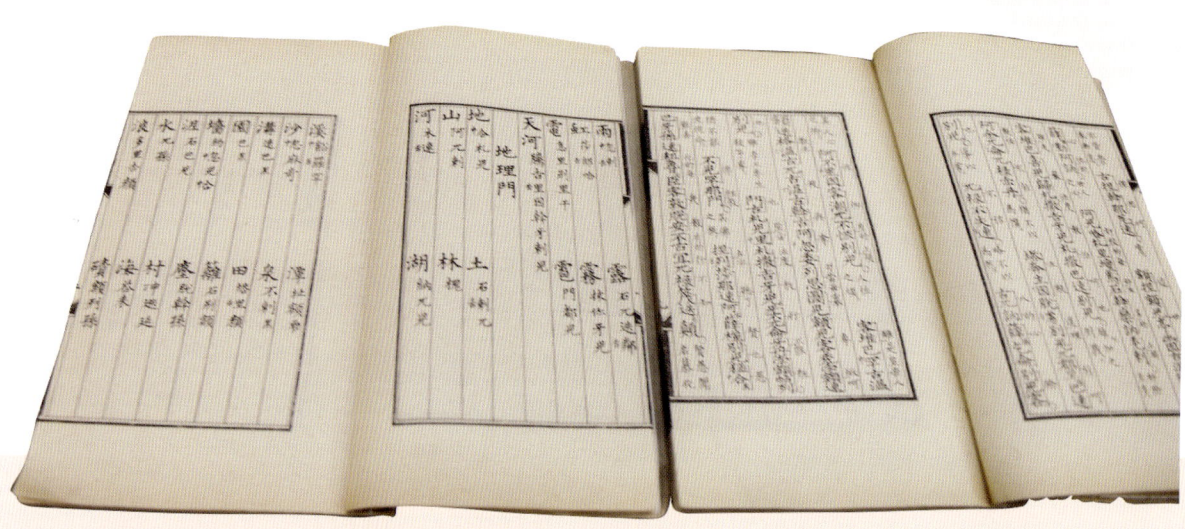

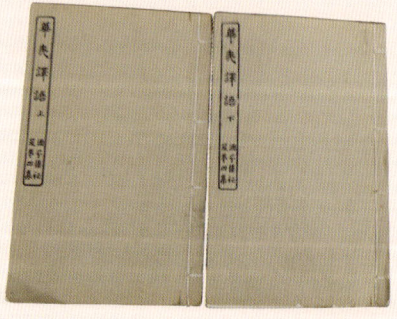

明洪武年间木刻版《华夷译语》

用汉字拼写蒙古语的汉蒙对照词典。火源洁、马莎亦黑等编，明洪武二十二年（1389）出版。分为上、下册，其上册为词典部分，下册为书信部分。词典部分共收录了845条词语，分成17个门类。书信部分是用汉字拼写蒙古语的奏疏、诏书等共12篇。

盧龍塞略卷之十九

福唐郭造卿建初著　男應寵纂

譯部

譯上

夷俗詳于史傳矣。今不能有以異也。自勝國以前。郡縣有司治之。入大明為藩衛。其時貊道半夏道矣。倘不置之羈縻。視廣寧、宣寧有異哉。今雖與華隔。而異言異文矣。然其性不可

《译部》

　　用汉字拼写蒙古语的汉蒙对照分类词典。郭造卿著。《译部》共收录词目 1300~1400 条，分上、下两卷，16 个门类。词目自上而下书写，词目之间不换行，也无间隔空格。

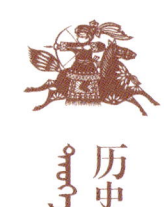

历史

自 1206 年成吉思汗建立大蒙古国至今，在蒙古族的历史上发生过很多重大历史事件。蒙古人创制了自己的文字之后，各种形式的史学著述相继问世，有些著作一直流传至今。以《蒙古秘史》《蒙古黄金史》《蒙古源流》最为著名，这三部著作被称为蒙古族的三大历史巨著。其中，《蒙古秘史》被联合国教科文组织确定为世界著名文化遗产。

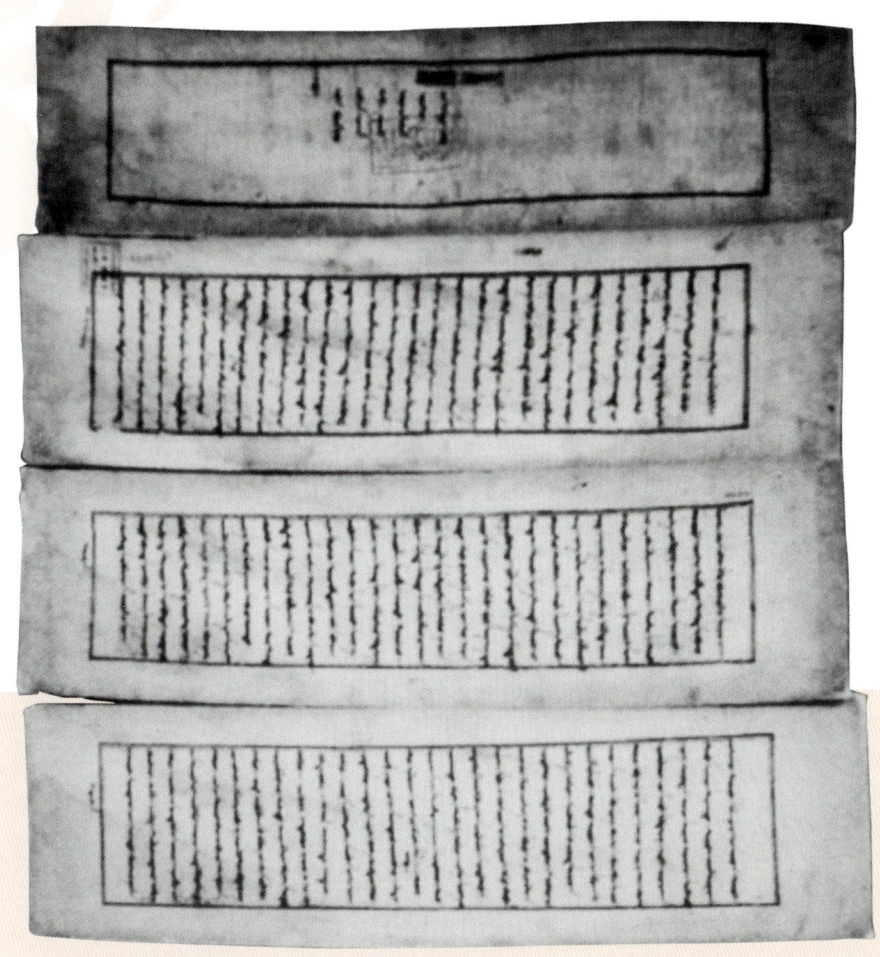

清初竹笔手写本《十善福白史经》

14世纪，忽必烈时所制定的有关政教并行的规章、制度、法律汇编。清初竹笔手写本，梵夹装。

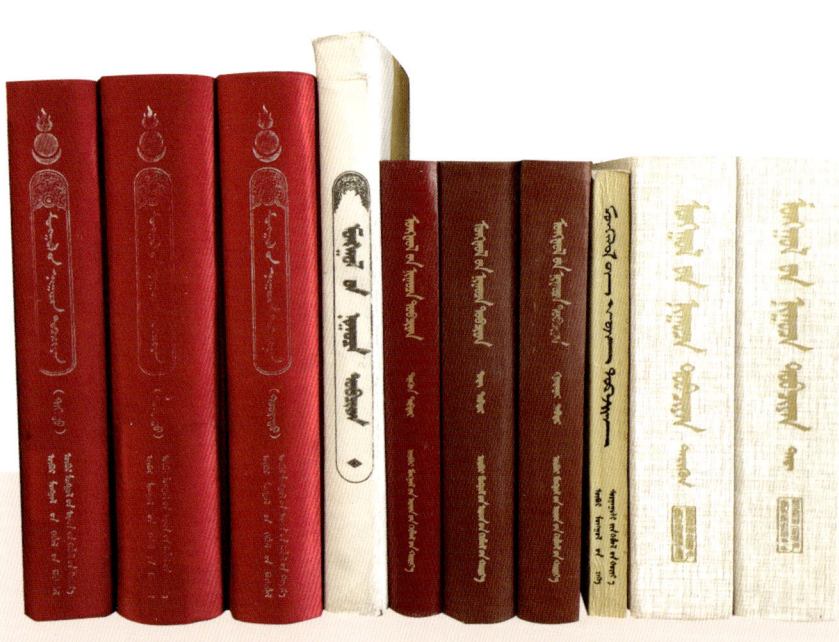

《蒙古秘史》

《蒙古秘史》是用汉字音写蒙古语的史书，又称《元朝秘史》。本书采用了编年史的体例、传记文学的手法等形式，从蒙古民族的起源，一直叙述到13世纪40年代的蒙古族历史。此书最初的畏吾体蒙古文版本没留存下来，现存版本是明代汉字音写蒙古语本。《蒙古秘史》以其特有的历史价值、文学价值、文献价值和文化价值，引起世界研究热潮。

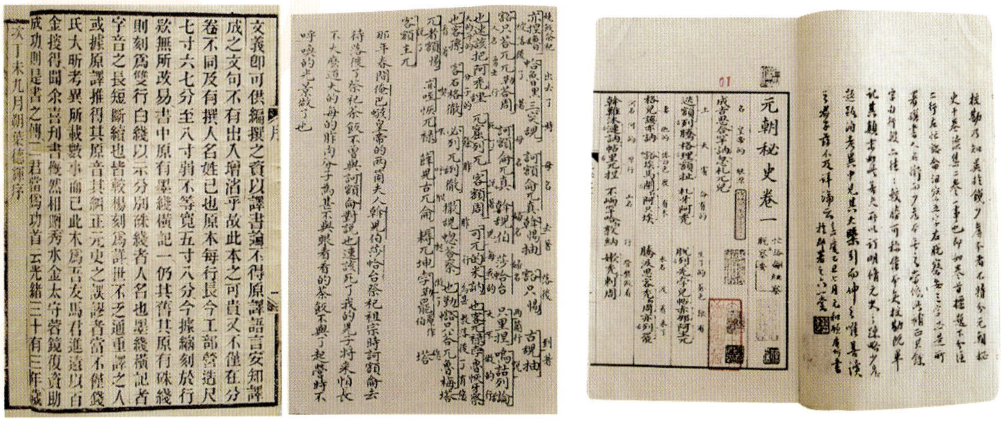

第二章 蒙古族文献

《蒙古秘史》三种版本

从右起：《四部丛刊》本、《永乐大典》本、"叶德辉"本。

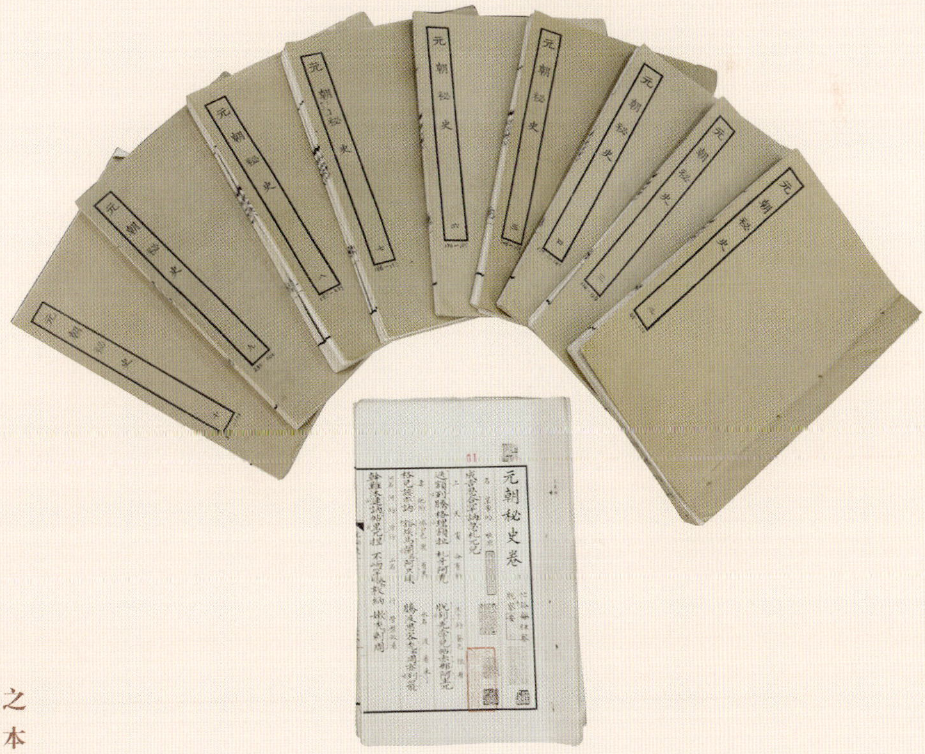

《元朝秘史》之《四部丛刊》本

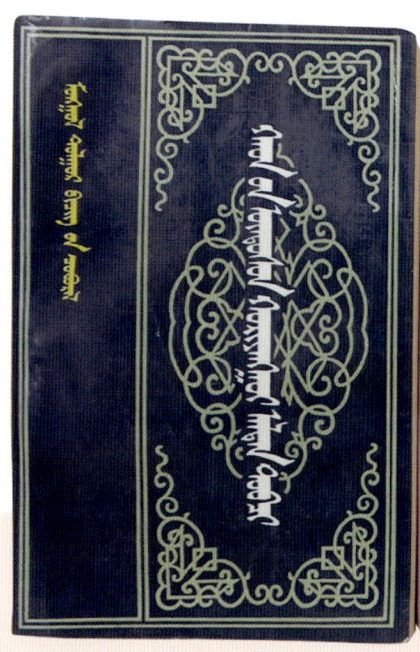
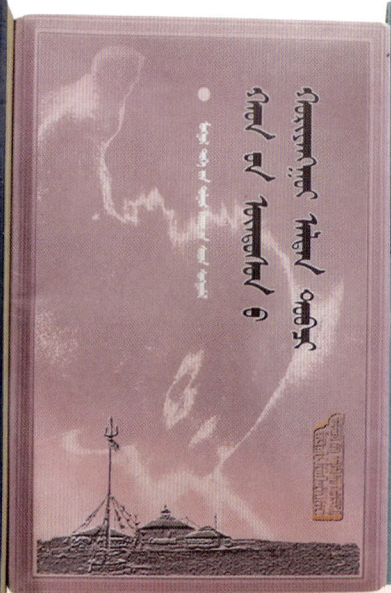
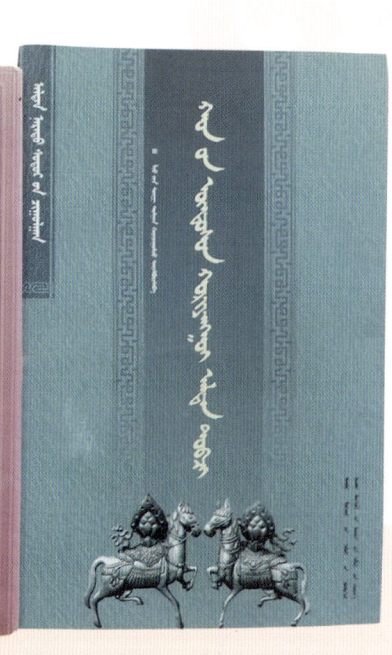

《诸汗源流黄金史纲》

作者佚名，成书于17世纪初。一部简明的蒙古编年史，是继《蒙古秘史》后又一部集中反映蒙古历史的重要著作。从古老年代写起，一直写到林丹汗继位，主要记述了14世纪初的历史，是研究明代蒙古的主要史料之一。

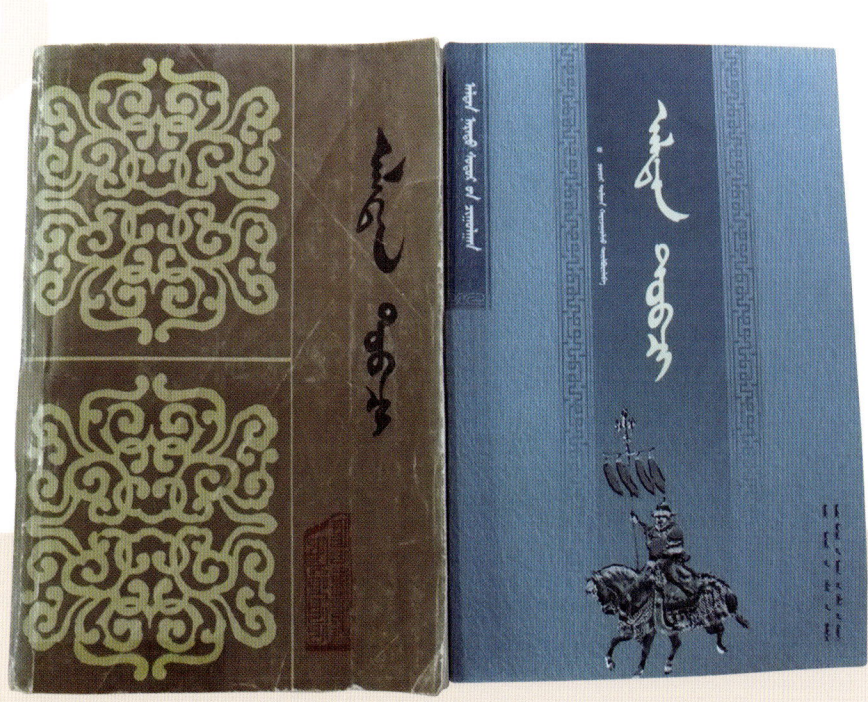

《黄金史》

也称《罗·黄金史》，罗卜桑丹津著，约成书于1643年后，但也有其他说法。其主要讲述了从孛儿帖·赤那到林丹汗的历史。

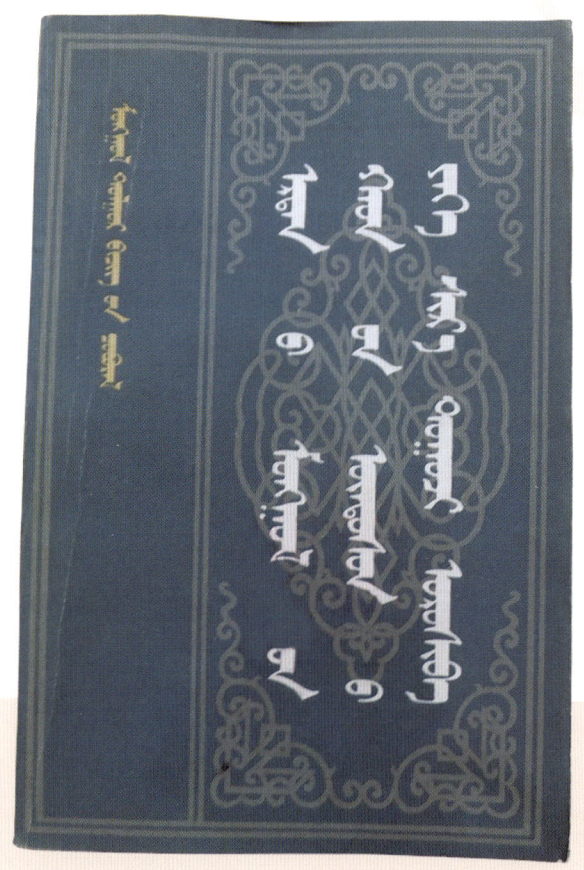

《大黄册》

全称《古代蒙古诸汗源流大黄册》,蒙古史编年体著作,拓巴台吉著。约成书于1643—1662年间。为蒙古史研究的重要史料,有多种手抄本传世。

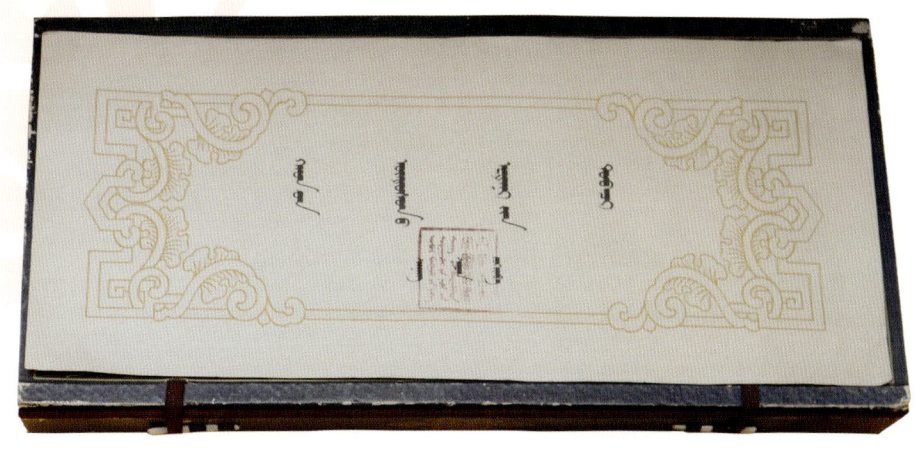

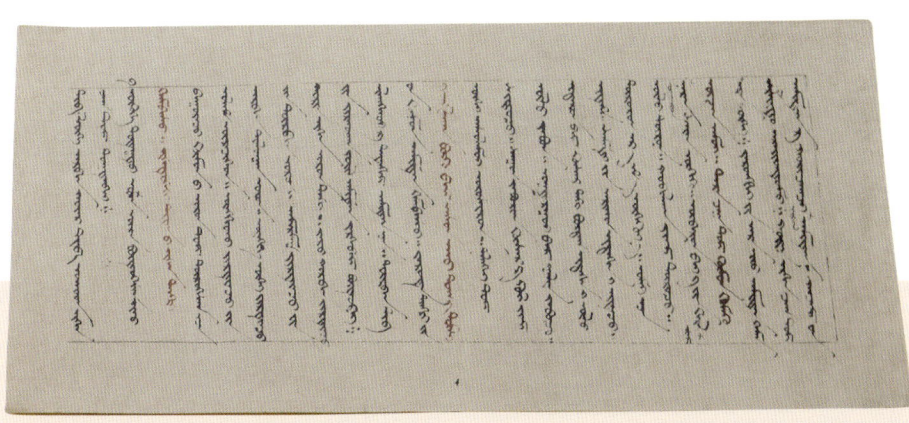

《蒙古源流》

《蒙古源流》原书不分卷,清代蒙古族萨囊彻辰撰,成书于清康熙元年(1662),是一部编年体史书。全书上溯蒙古部落的崛起及成吉思汗王统的起源,并与印度、西藏诸王世系联系到一起,下述元至清初蒙古的历史文化及佛教传播,历述元、明两代蒙古各汗的事迹。《蒙古源流》版本多、流传广,仅蒙古文抄本和木刻本就有30多种。现藏于我国的呼和浩特、北京、沈阳等地,有的版本还藏于蒙古、俄罗斯等国。

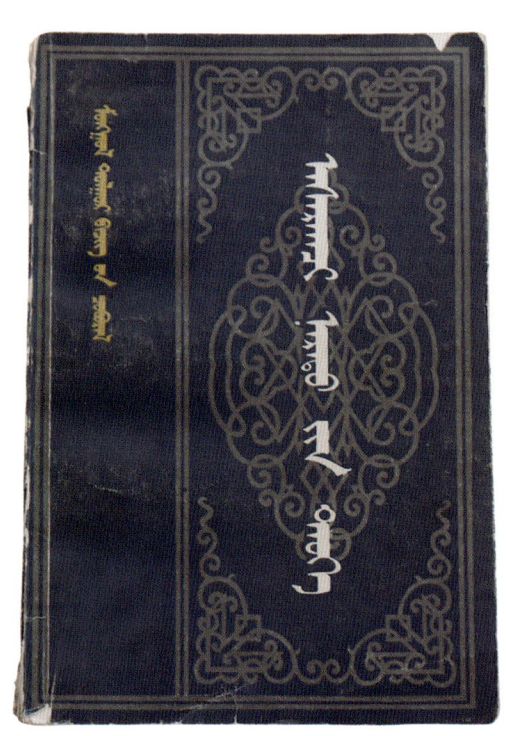

《阿萨拉格齐史》

蒙古文历史文献。喀尔喀蒙古人占巴著，1677年成书。第一部分主要记述成吉思汗及其黄金家族的历史；第二部分简述了妥懽帖睦尔到达延汗时期的蒙古史；最后部分是喀尔喀的来源以及达延汗第九子及其后裔的世系谱。

《恒河之流》

蒙古编年史著作，乌珠穆沁人衮布扎布著，1725年成书。主要叙述了蒙古可汗、王公的主要世系及其在清代的分布情况。手抄本现被圣彼得堡东方学研究所图书馆收藏。

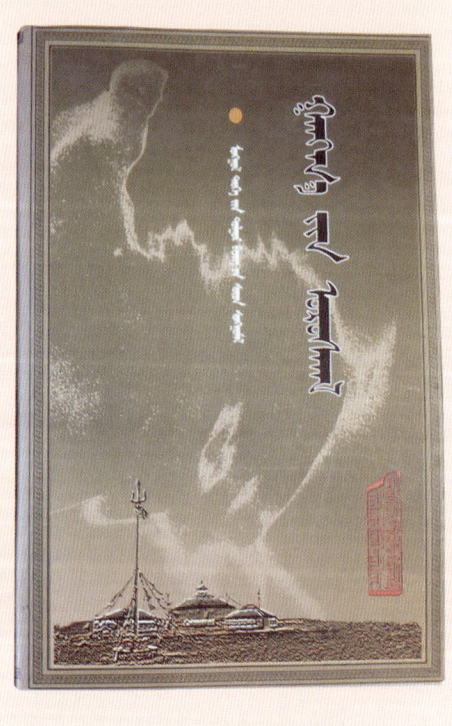

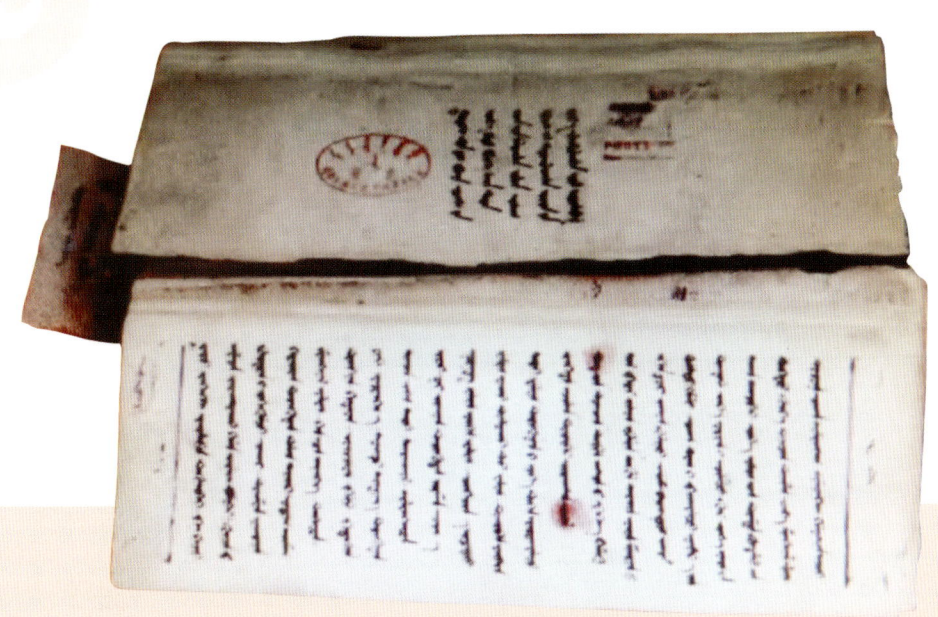

《金轮千辐》

蒙古编年史,由清代扎鲁特部的高僧固什·答里麻著,成书于1739年。全书共6册,主要叙述了黄金家族的家族系谱,是研究14世纪至17世纪蒙古族历史的重要史学著作。手抄本藏于丹麦哥本哈根、俄罗斯的圣彼得堡和我国内蒙古社会科学院。清乾隆三十五年(1770)的竹笔写本,现藏于内蒙古社会科学院图书馆。

《水晶鉴》

蒙古编年史著作，清代乌拉特部蒙古人金巴道尔吉著，1846-1849年成书，全书共三卷。第一卷是关于宇宙和人类的起源以及印度、西藏诸高僧的记载；第二卷是关于中国历史、地理方面的记载；第三卷是关于蒙古史方面的记载。是研究蒙古史和佛教史的重要著作。

《水晶珠》

蒙古文历史文献。全称《大元国水晶珠》，清代昭乌达盟巴林右翼旗协理台吉拉喜彭斯克著。成书于1775年，全书五卷，共十册。

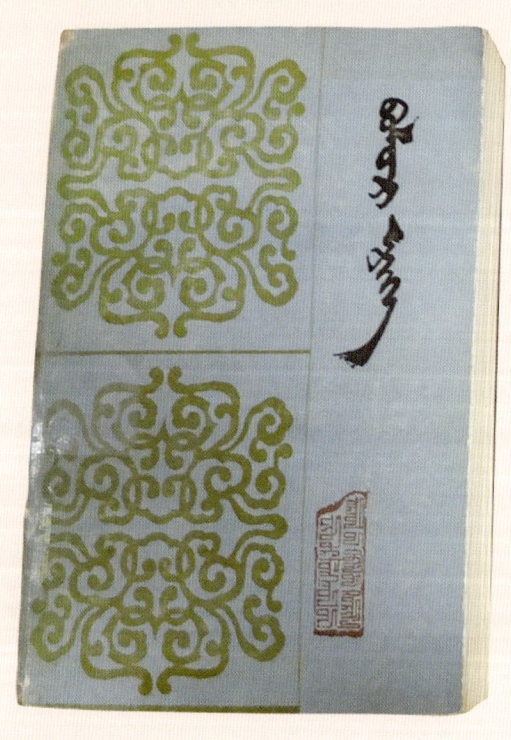

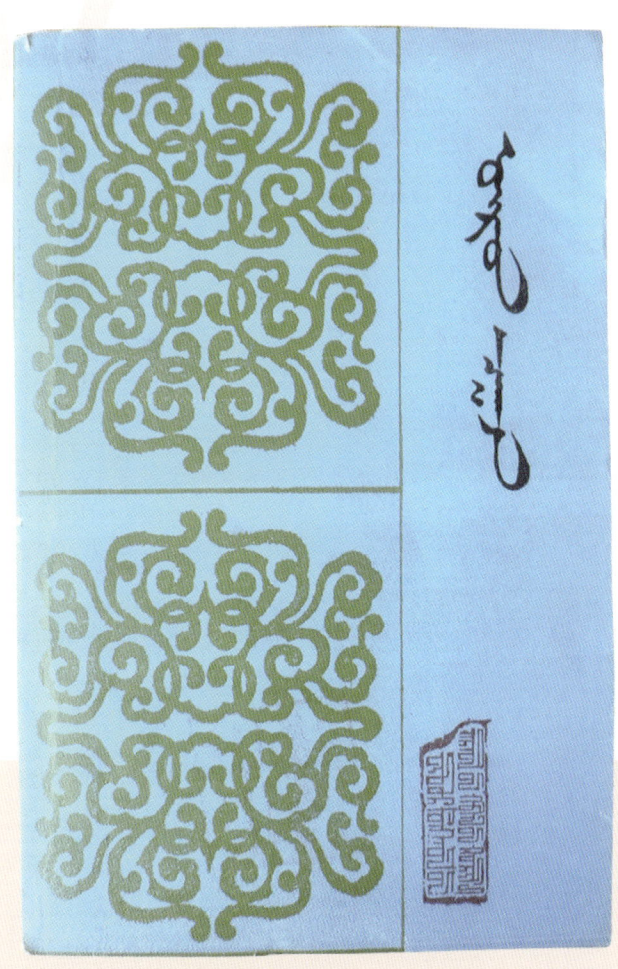

《卫拉特法典》

1640年，卫拉特联盟规定121条规则，被后人称为《卫拉特法典》。法典旨在巩固封建主对劳动人民的统治，喀尔喀三部与卫拉特四部之间的关系，建立共同抵御外族势力的同盟。是用回鹘式蒙古文书写的17世纪的地方性法典，现存的是托忒蒙古文抄本。

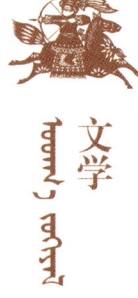

文学

蒙古族文学历史悠久，早期有神话传说、英雄史诗、歌谣和祝赞词等。随着各民族之间的文化交流，汉族古典文学和藏族民间文学对蒙古族文学影响日深，产生了如《蒙古秘史》《格斯尔》《江格尔》等蒙古族文学作品。鸦片战争前后，尹湛纳希父兄，以作品的丰富多样、体裁的新颖和独创，揭开了近代蒙古族文学的序幕。

清康熙五十五年（1716）
北京木刻版《格斯尔》

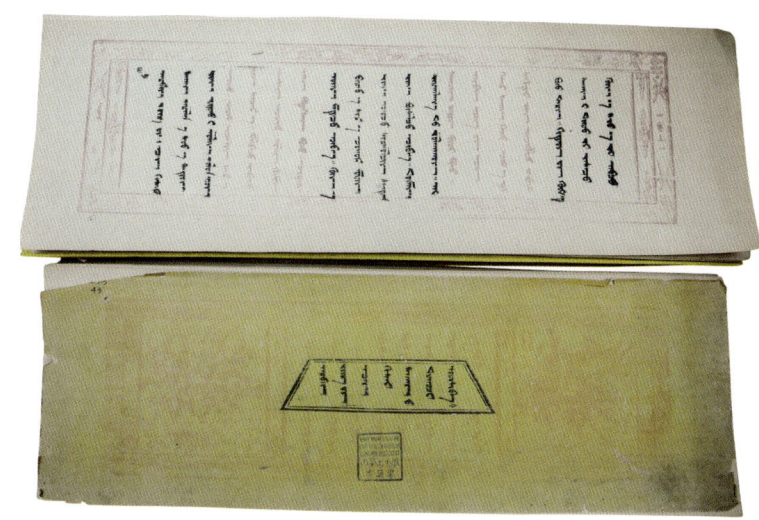

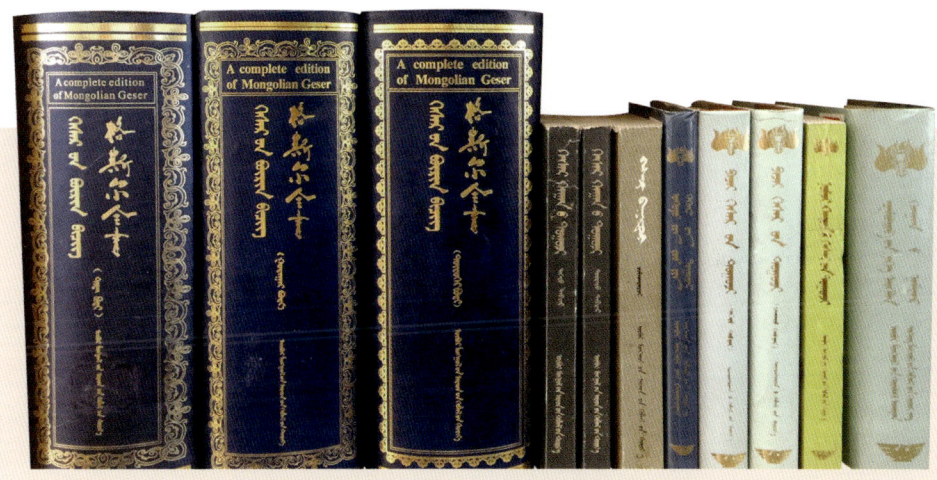

《格斯尔》

又称《格斯尔传》，蒙古族传记体裁的英雄史诗。从民间口头创作到定型的书面文学，大约到明清以后才以各种手抄本和木刻本广为流传，从而形成了多种不同的版本。《格斯尔传》描写了玉皇大帝的次子、威震四方的圣主格斯尔降生人间和为民消灾除害的英雄事迹。

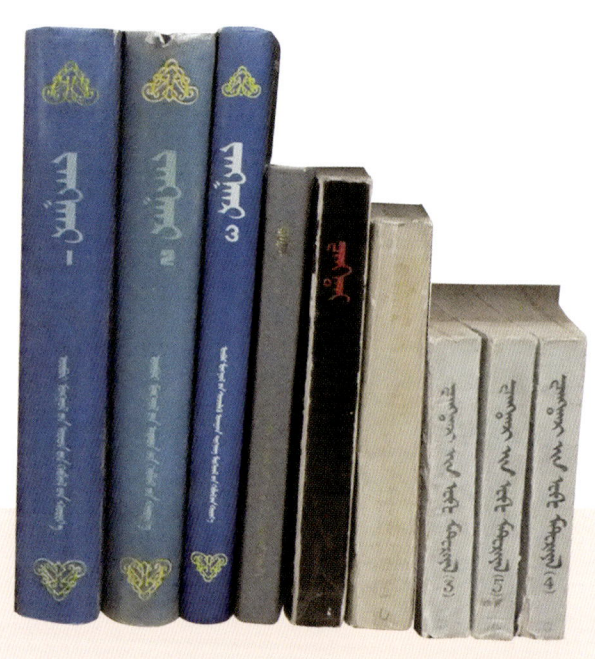

《江格尔》

蒙古族英雄史诗,被誉为中国少数民族三大史诗之一。作品主要描写了江格尔的身世和他的光辉业绩。最早约十二三世纪产生于四部卫拉特蒙古地区,后流传于其他蒙古族地区。最初为口耳相传,大约在明代以后才用托忒蒙古文写定,但真正意义上的搜集出版是从19世纪初才开始。2006年,国务院批准《江格尔》列入第一批国家级非物质文化遗产名录。

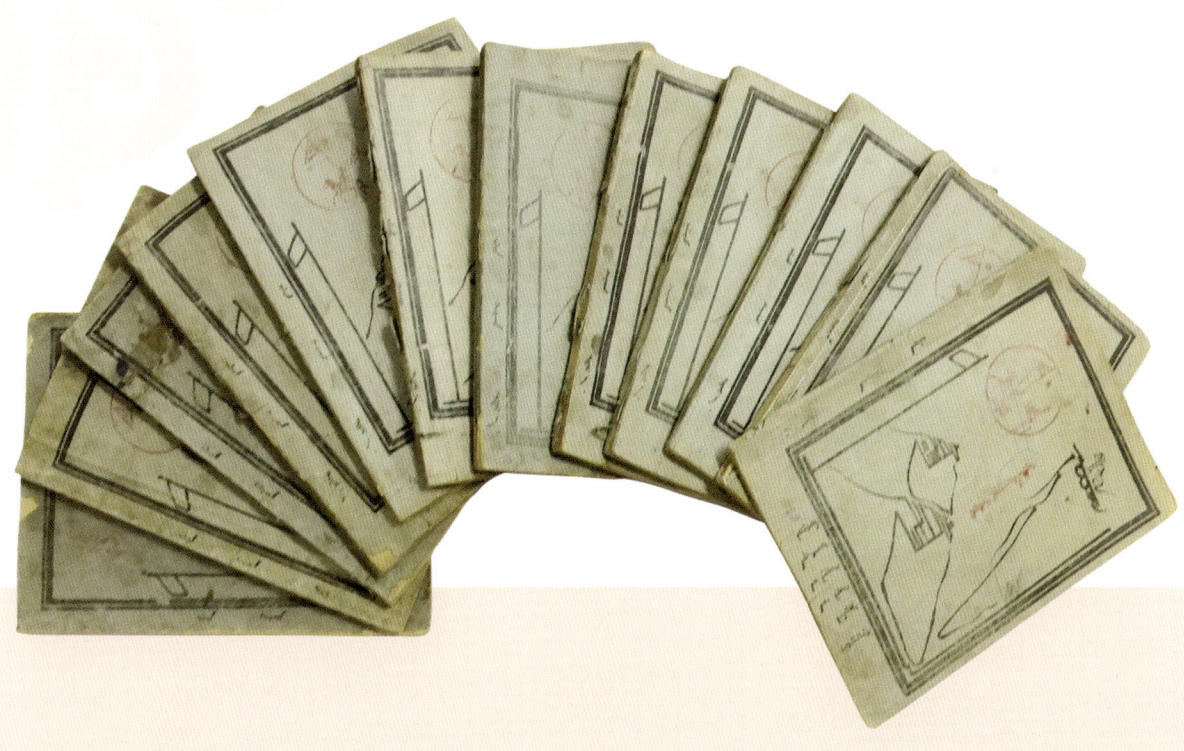

《青史演义》

又称《大元盛世青史演义》,章回体长篇历史小说。前八回由尹湛纳希之父旺钦巴勒所写,后来由尹湛纳希续撰。成书于1830—1891年间,现存共69回。其结构规模宏大,叙述了从成吉思汗降生到窝阔台继位后的历史,描写了蒙古民族在成吉思汗率领下逐步崛起的英雄伟业。此版本为开鲁蒙古文学会石印本。

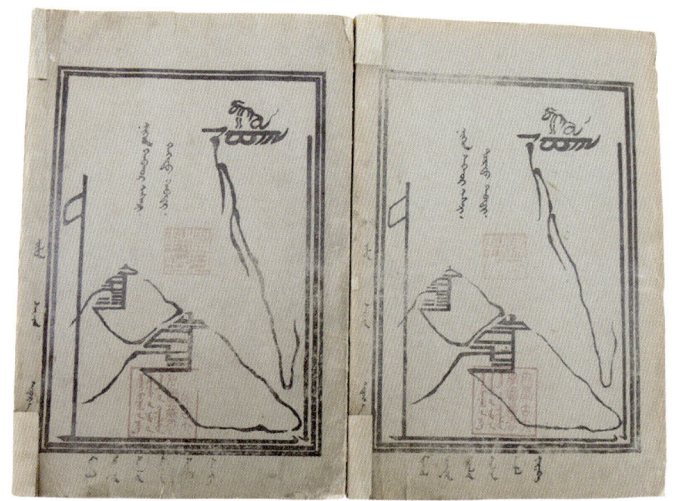

《一层楼》

清末蒙古族文学家尹湛纳希的著作。约成书于19世纪70年代。作品描写了贡侯之子璞玉和他的表姐卢梅、琴默、盛如之间的爱情故事。此版本为开鲁蒙古文学会石印版。

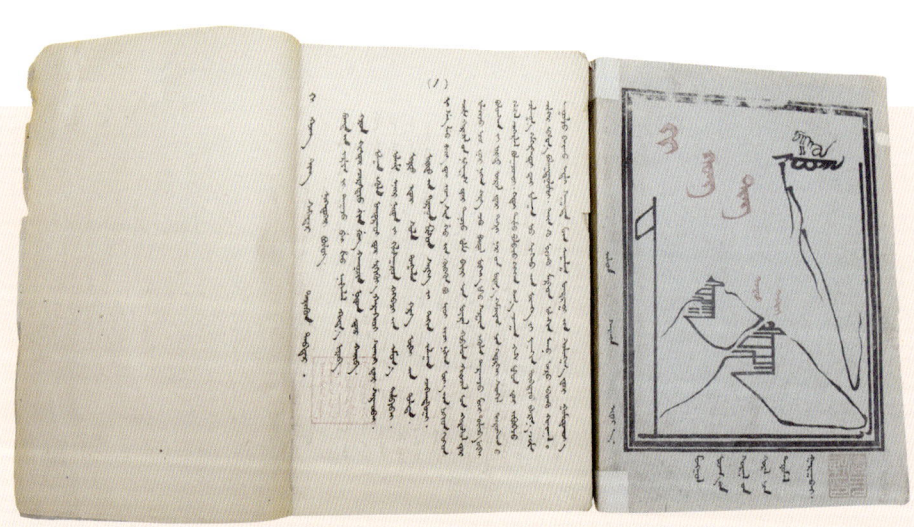

《泣红亭》

清末蒙古族文学家尹湛纳希用蒙古文写的长篇小说，与《一层楼》是姊妹篇。主要描写了卢梅、琴默、盛如在包办婚姻逼迫下的不同遭遇。此版本为1939年的开鲁蒙古文学会石印本。

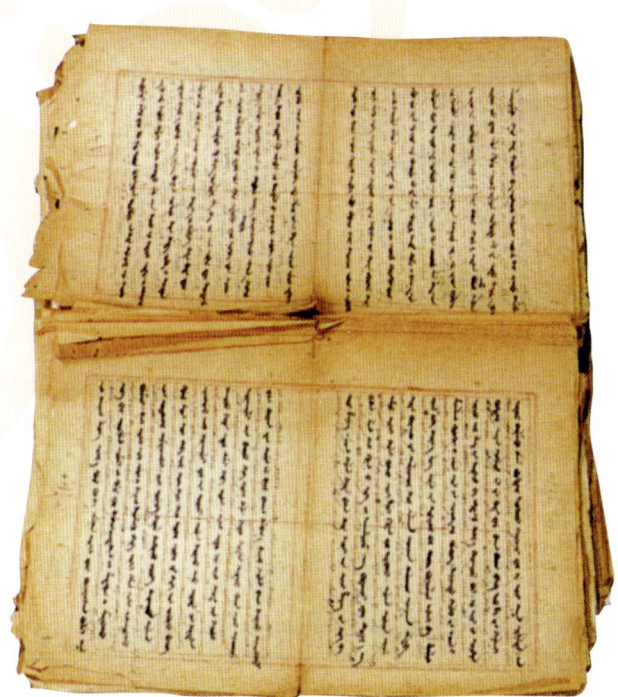

《红云泪》

清末蒙古族文学家尹湛纳希作品，成书于1863年，是一部以作者自身经历的悲剧性婚事为素材的长篇小说。作品主要描写了如玉和紫淑、赤云的爱情故事。此为尹湛纳希毛笔手稿，现藏于内蒙古自治区社会科学院图书信息中心。

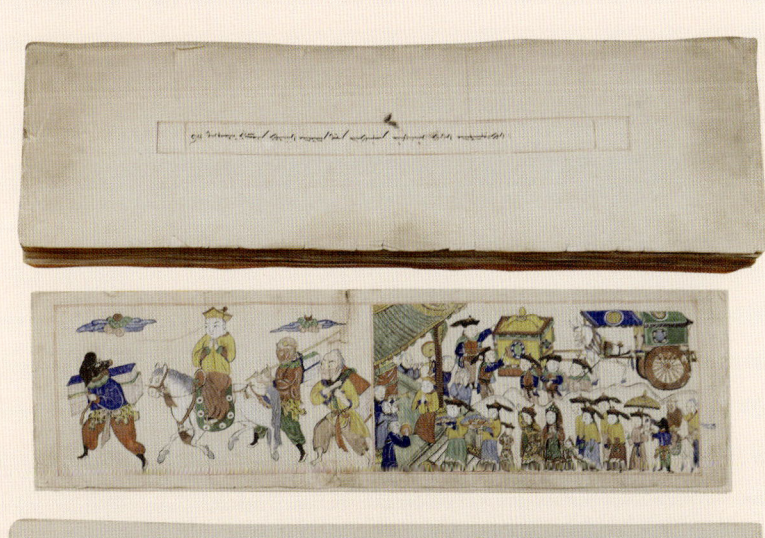

托忒蒙古文竹笔抄本《西游记》

清嘉庆十八年（1813）托忒蒙古文竹笔抄本《西游记》。于1976年获自新疆巴音郭楞蒙古自治州，现藏于内蒙古大学图书馆。

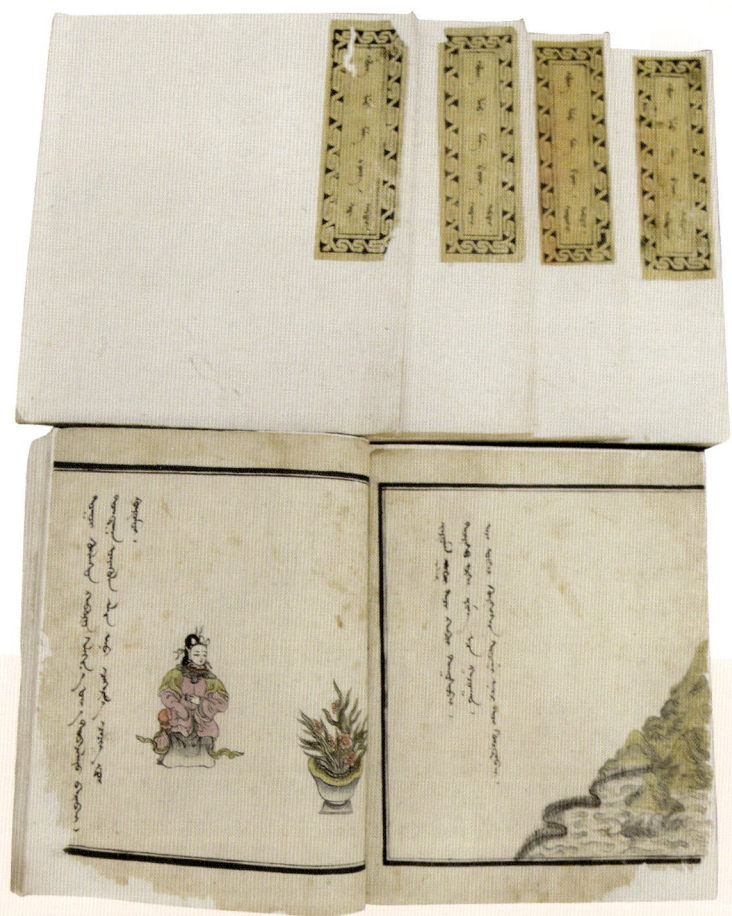

清代末期毛笔写本《新译红楼梦》

　　哈斯宝蒙古文译注，清代末期毛笔写本，1958年获自辽宁省北票市。

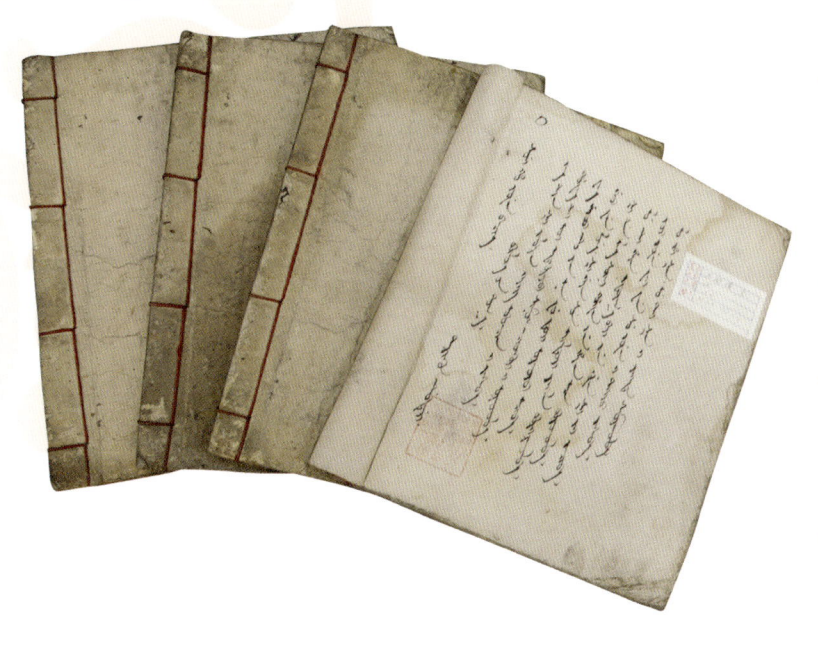

《水浒传》蒙古文手抄本

我国古典小说四大名著之一。明朝施耐庵著,清代中后期被译成蒙古文,以手抄本形式流传。这是清代毛笔写本。

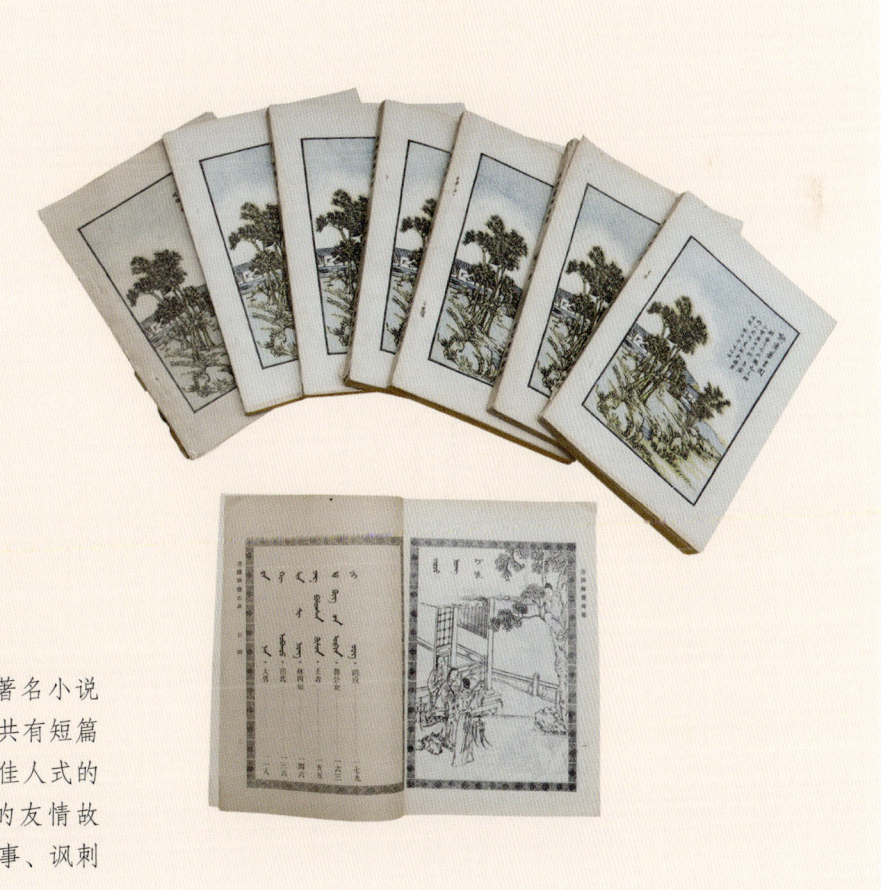

《聊斋志异》蒙古文译本

简称《聊斋》,清代蒙古族著名小说家蒲松龄著,特睦格图译。全书共有短篇小说491篇,其主要内容有才子佳人式的爱情故事、人与人或非人之间的友情故事、不满黑暗社会现实的反抗故事、讽刺不良品行的道德训诫故事。

宗教

16世纪下半叶,蒙古土默特部阿勒坦汗迎进了宗喀巴的藏传佛教格鲁派。此后,在明、清两朝的支持和提倡下,藏传佛教在蒙古地区兴盛起来。与此同时掀起翻译佛教文献的浪潮,因此,出现了《甘珠尔》《丹珠尔》等宗教文献的蒙古文版。

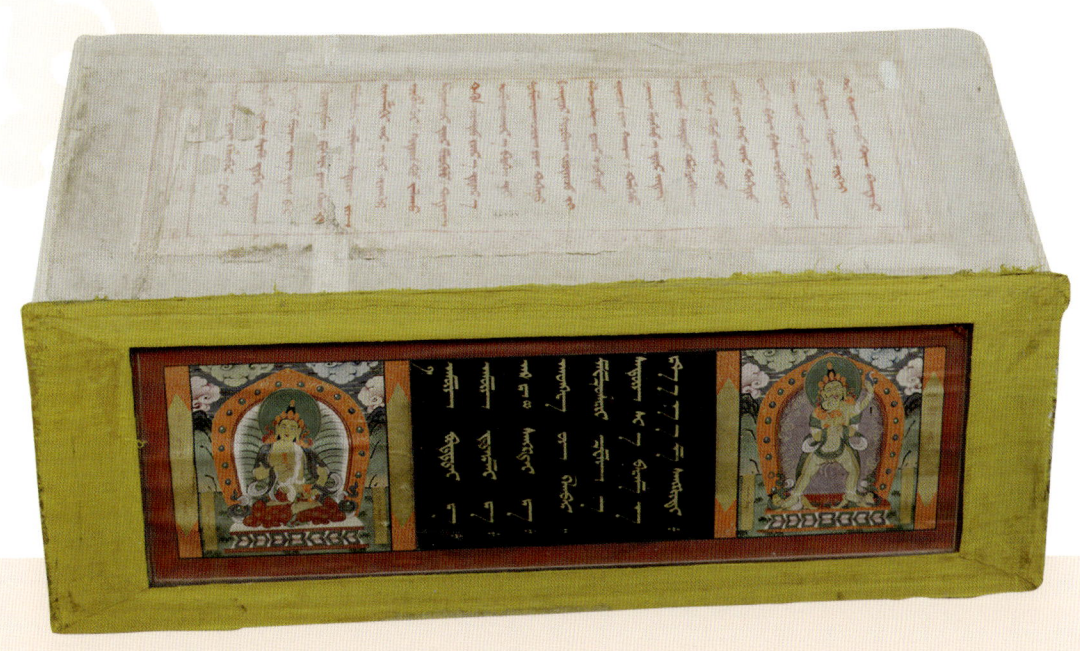

蒙古文版《甘珠尔》

《甘珠尔》内容涉及佛学、哲学、文学、艺术、医学、工程等领域，是总汇藏民族本土文化知识的百科全书，现存178部。1717—1720年间，全国各地蒙藏知名学者和禅师们聚集在多伦寺，将1683年北京刻朱印本藏文《甘珠尔》经校对补译，由北京嵩祝寺刊行。该刻本109卷。现藏于内蒙古图书馆、内蒙古大学图书馆、内蒙古社会科学院图书信息中心各一套。

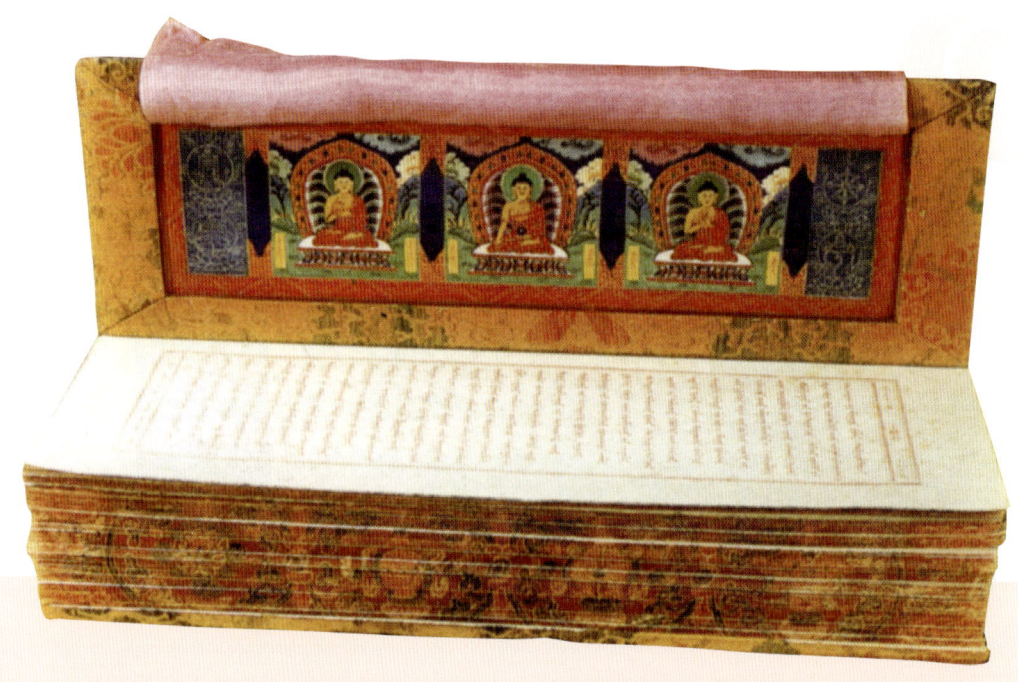

蒙古文版《丹珠尔》

《丹珠尔》主要收录的是佛家弟子及后世学者对释迦牟尼语录的注疏。1741—1749年间，以章嘉呼图克图为首的蒙古地区的翻译者翻译并刊行《丹珠尔》经。

翻译的藏文版为1749年北京木刻朱印本，共225卷。

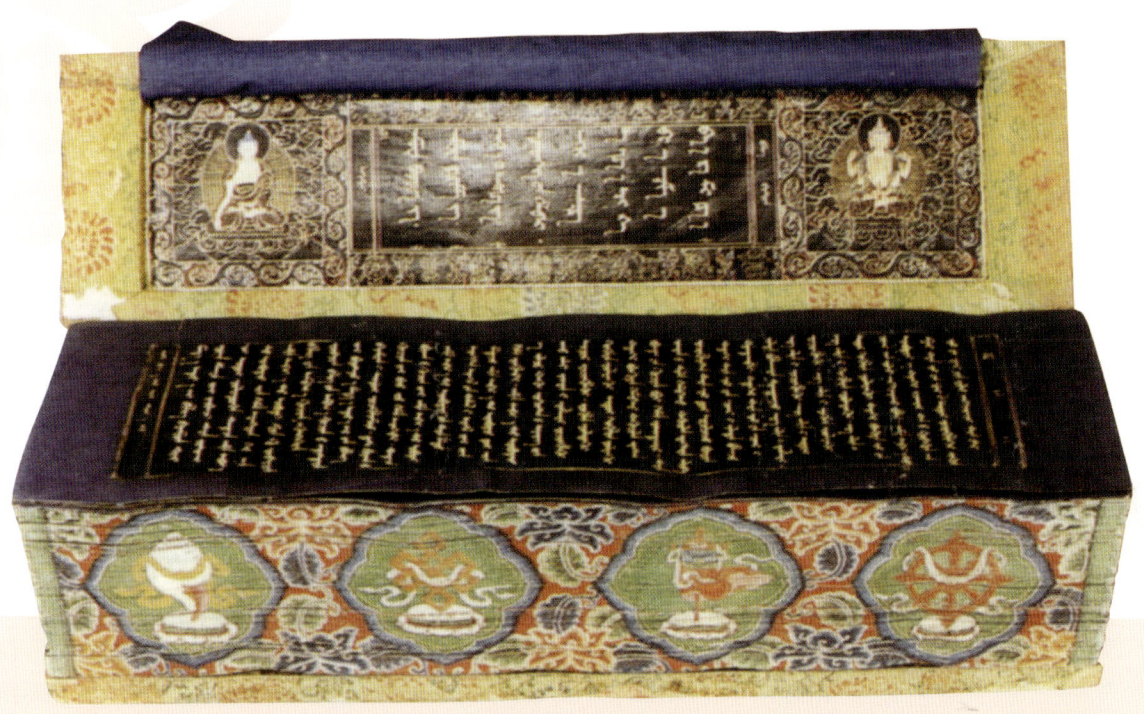

《圣般若波罗蜜多八千颂》

清初金字抄本，共366页，现藏于内蒙古社会科学院。

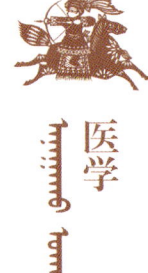

医学

蒙古族医学有悠久的历史。在元代，饮食疗法得到较为系统的总结和发展。元朝忽思慧所著的《饮膳正要》中，记载了大量的蒙古族饮食卫生及饮食疗法的内容。18世纪和19世纪很多蒙医学巨著问世，20世纪以来蒙医学文献有了前所未有的发展。

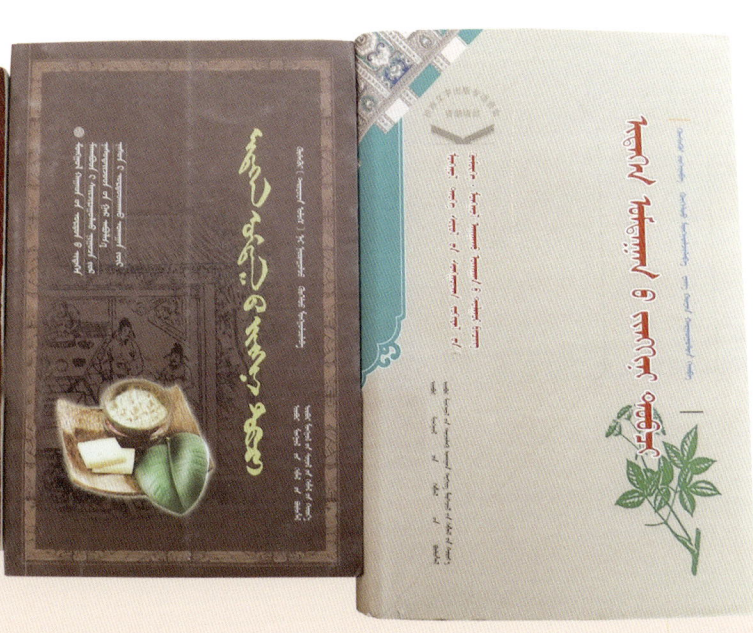

蒙古文版《饮膳正要》

元代宫廷蒙古族营养师忽思慧最早的一部营养学专著。成书于1330年，最初为汉文版。内容包括医疗卫生以及历代名医的验方、秘方和具有蒙古族饮食特点的各种肉、乳食品等。共分三卷，第一卷是诸般禁忌，聚珍品馔；第二卷是诸般汤煎，食疗诸病及食物相反中毒等；第三卷是米谷品、兽品、禽品、鱼品、果菜品和料物等。元代和明代曾两次木刻版印刷，国内无存本。1982年胡和禄译成蒙古文出版发行。

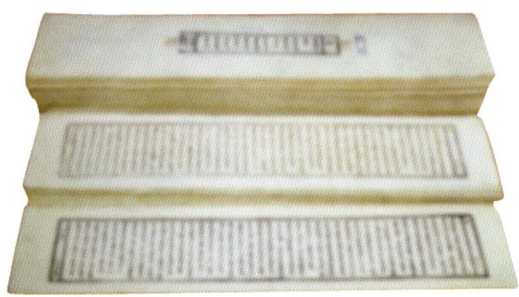

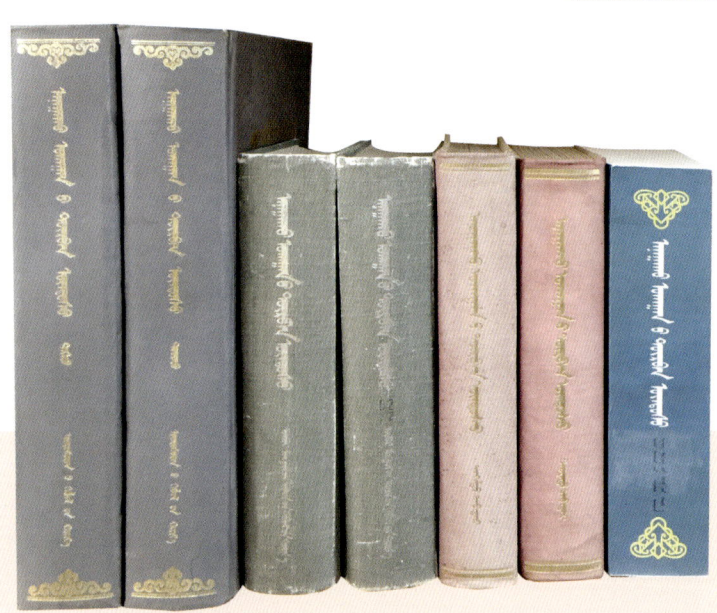

蒙古文版《四部医典》

藏医学经典著作，成书于公元8世纪，宇妥·宁玛元丹贡布撰，共四部。历史上曾出现过多蒙古文译本。现存最早的蒙古文《四部医典》是18世纪由镶黄旗人敏珠道尔吉翻译的北京刻版。

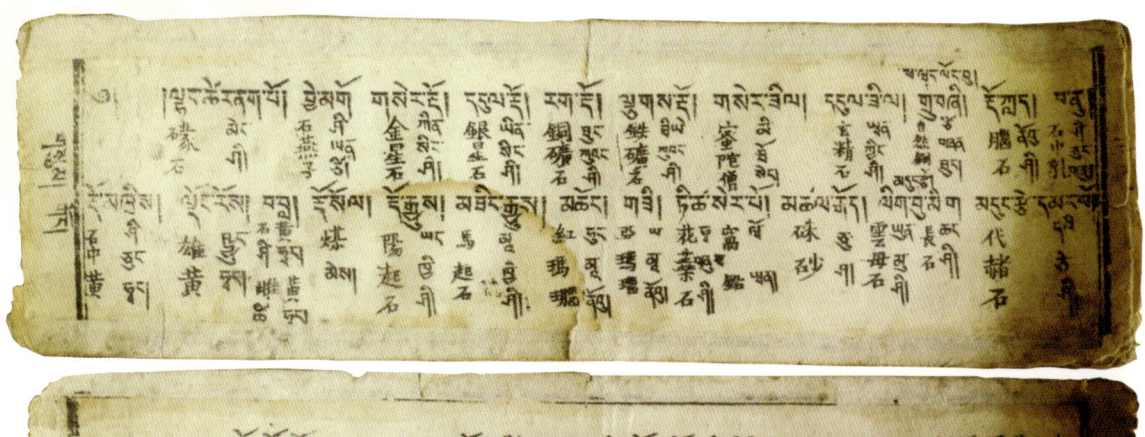

清朝木刻版《必用药剂诸品》

清代蒙医关布扎布著,约18世纪上叶成书。原著为蒙古文,全书由四部分组成。第一部为必用诸品,是一部实用的临床手册;第二部为七珍丹,记载由七味药制成的药丸灵活变换其药引子治疗多种疾病的方法;第三部收录了部分中药药方;第四部为藏汉蒙药名,是藏汉文对照的蒙药名称手册。

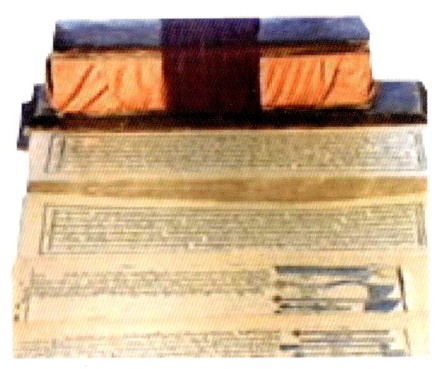

《甘露四部》

蒙医学著作。伊喜巴拉珠尔著,成书于18世纪下半叶。《甘露四部》分别为《甘露之泉》《甘露医法从新》《甘露点滴》《甘露略要》,第一部是理论性著作,后三部是临床学专著。

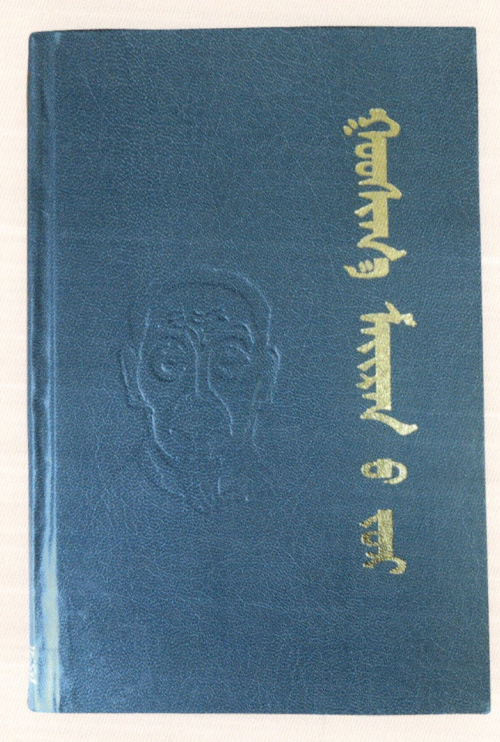

《高世格梅林方》

高世格著,此书由上、下两部分组成,共收录了575种方剂。内容包括五官科、妇科、儿科、外科等单方250余种,下部收录了常用方剂294种。

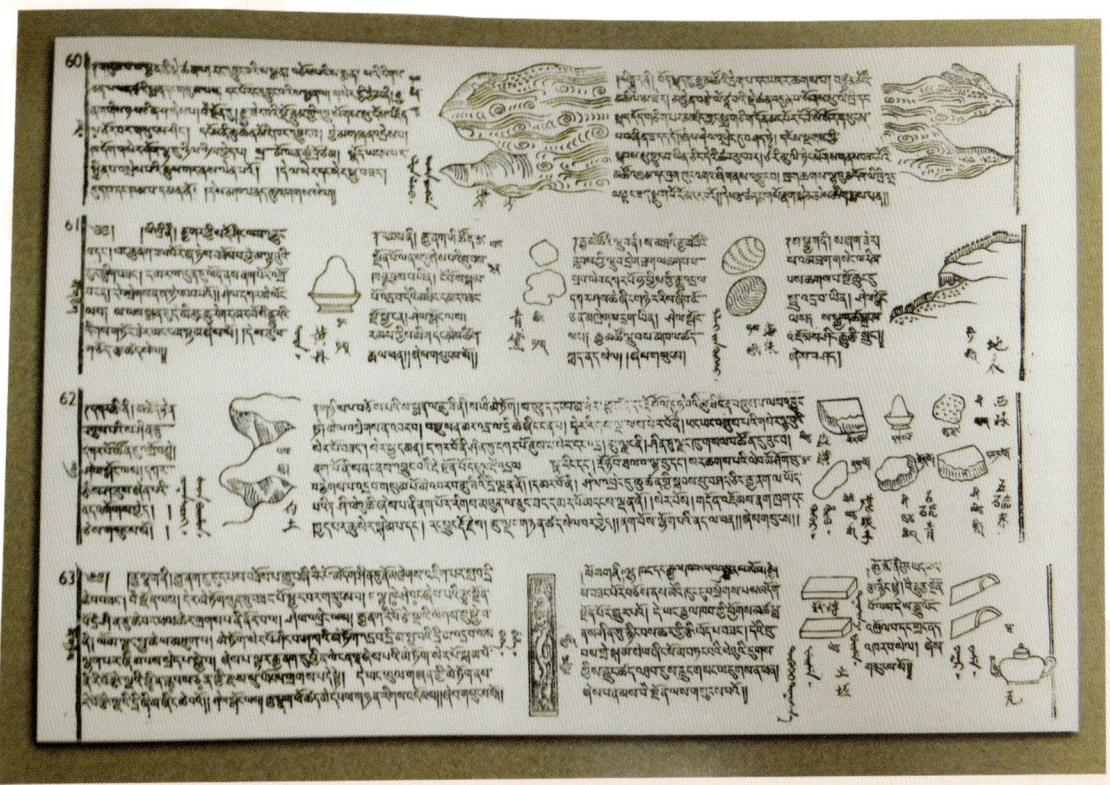

塔尔寺藏文木刻版《蒙药正典》（《美丽目饰》）

蒙古族著名的药学家占布拉·道尔吉著，19世纪蒙古族重要的医学文献。《蒙药正典》图文并茂，全书分四大部分：第一部分介绍了树喻法；第二部分为药物学，共收录了879种药物，用藏、蒙古、汉、满四种文字记载了药物名称，并配有药物插图；第三部分记述了身体各部分划分法及身体关键部位的解剖学内容；第四部分介绍了放血、针灸等疗术。

第二章 蒙医蒙药

蒙医药学是蒙古族传统文化遗产的重要组成部分，也是东方传统医学宝库中的一颗璀璨明珠。蒙医药在其历史发展过程中，不断探索和总结吸收各历史时期形成的医药学经验，逐渐形成了具有自身理论体系和临床实践经验的民族传统医学。蒙医药虽属医学体系，但从它的发展过程和文化内涵来看，它更是蒙古族人民优秀传统文化的结晶。

蒙古族传统医学，简称蒙医学，是蒙古族在长期治疗疾病过程中逐渐积累的独特的医药学理论和治疗方法。蒙医大约在唐代就已经有外科、正骨科、内科、妇科、儿科等专科医生，广泛行医于农牧区和城镇，至元代有了较大的发展，明末清初蒙医理论有了进一步的充实、完善与提高，分科也越来越细。在近代，蒙医各科又有了进一步的发展，取得了很多新的成果。蒙医学的基本理论是阴阳五行、五元学说理论，它包括三根、七素及辨证方法等。三根是指"赫依""希拉""巴达干"；七素是指水谷精微、血、肉、脂、骨、髓、精液。三根和七素之间具有密切关系。辨证方法主要有病因辨证、病位辨证及论病辨证等。

蒙药也有悠久的历史，它的理论主要包括五元、六味、药力、药性、药物功能等内容。五元是指土、水、火、气、空，认为植物发育生长与"五元"有密切的关系。六味是指药物的不同味道，即甘、酸、咸、苦、辛、涩六种味道。蒙医常用药物很广泛，包括植物、动物、矿物及化学制品，但绝大部分还是取自野生植物。

蒙医传统医术、饮食起居、医疗器械及临床用药等颇具特色，并形成了以寒热为主的医药学理论体系和独特的药物配制、使用方法，成为民族传统医学的精髓，为世界医学界所瞩目。

蒙药材

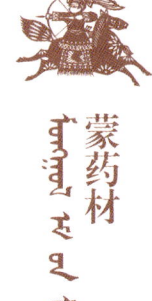

蒙药材大多来源于植物。一般来说,大草原上的药材无污染,药物的有效成分没有受到其他物质的干扰和破坏,所以药效比较好。常用的蒙药材有植物果实种子类、根及根茎类、花叶皮类、全草类、茎木类、动物类、矿石类等。蒙药材根据治疗疾病的不同要求,选择药用部位中有效成分最多的时节进行采摘。

根及根茎类

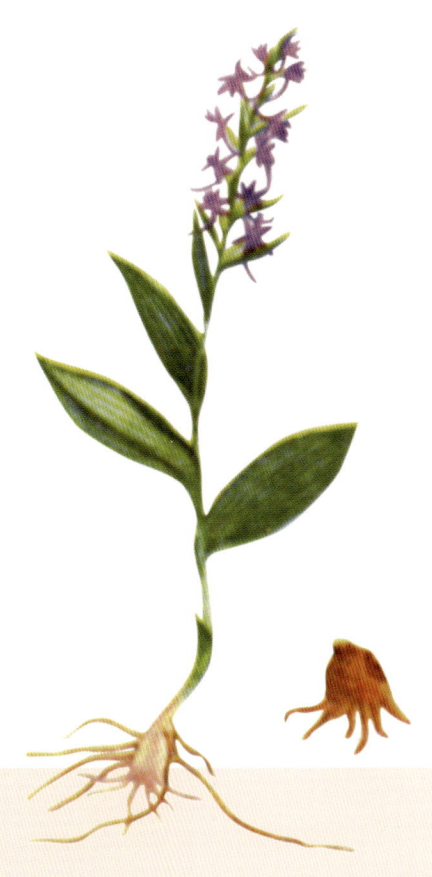

手掌参

蒙古药名"额日和滕乃嘎日",常用蒙药材,兰科植物手参的干燥块茎。手掌形状,表面呈深黄色,生长在高山灌木丛中,夏秋季采收。主要在内蒙古、东北、西北、西南地区分布。主治遗精、滑精、营养缺乏而消瘦无力、腰酸、腿软、阳痿等病症。

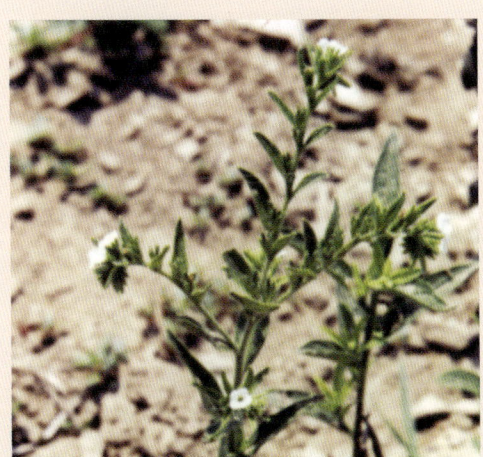

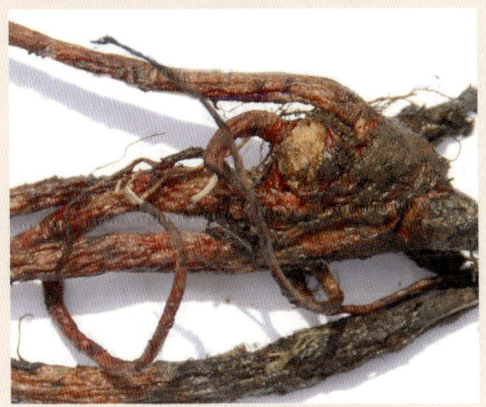

紫草

多年生草本植物,药用来源为新疆紫草或内蒙古紫草的干燥根。春秋季采挖,除去泥沙,晒干。主治肺热咳嗽、震伤型肾热、各种出血等病症。

草乌

毛茛科植物北乌头的干燥块根。秋季茎叶枯萎时采挖，除去须根和泥沙，晒干。生长于山区或丛林地带。主治瘟疫、流感、天花、关节疼痛、肠刺痛、痛风、黄水病。

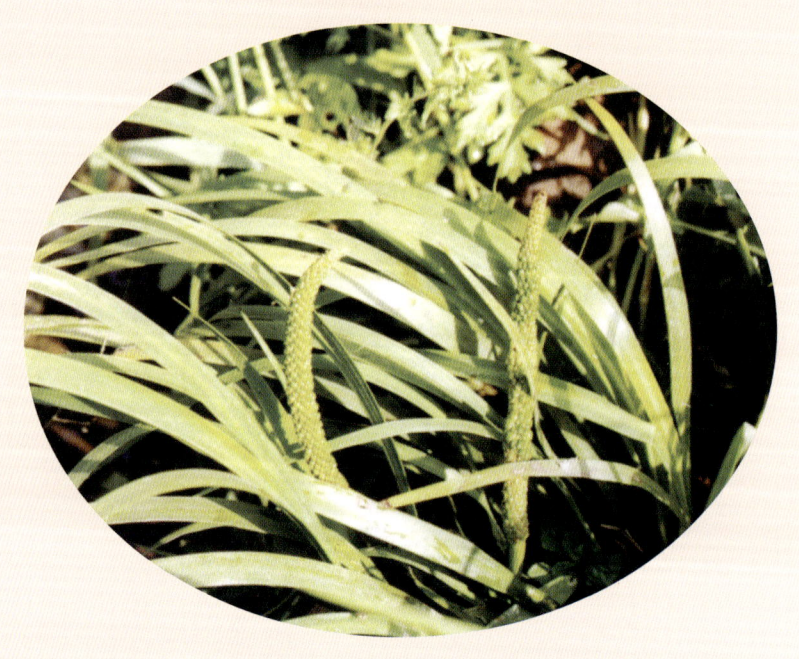

菖蒲

石菖蒲草和水菖蒲草的根茎类蒙药，多年生草本植物。石菖蒲性温味苦，有开胃、调理胃炎、消食、防糜烂、杀黏虫、除黄水之功效。

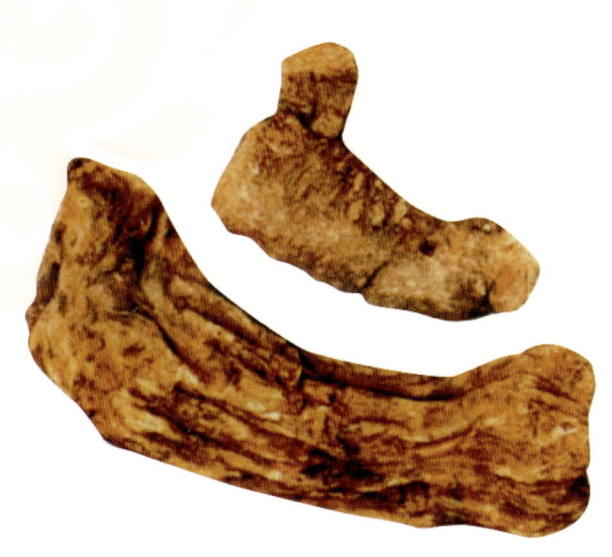

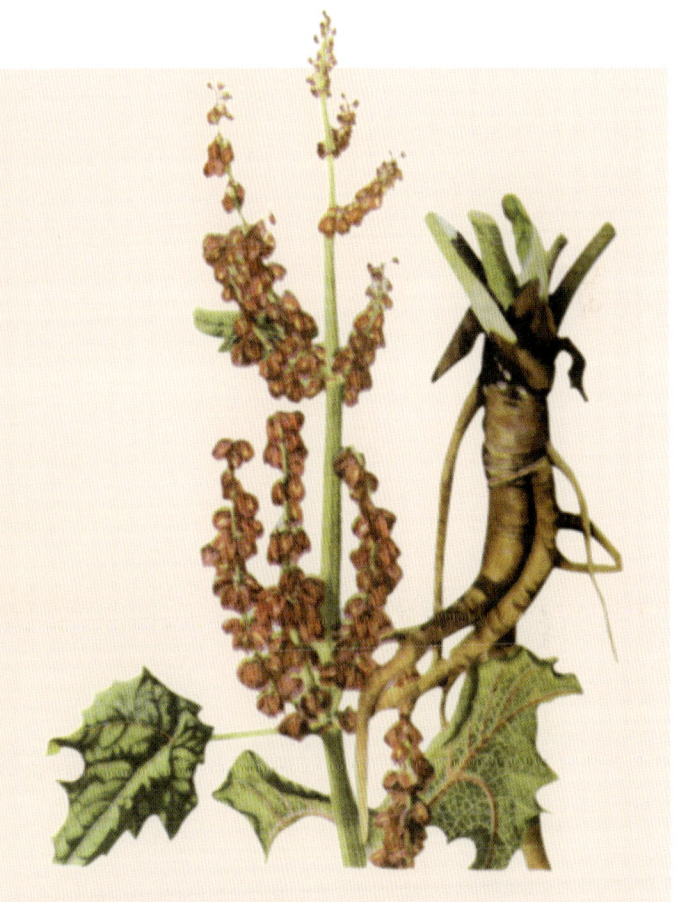

大黄

　　唐古特大黄或药物大黄的干燥根及根茎。呈圆柱形、圆锥形或块片状。分布于湖北、四川、贵州、云南等地。有清热、解毒等功能。主治内热、便秘等。

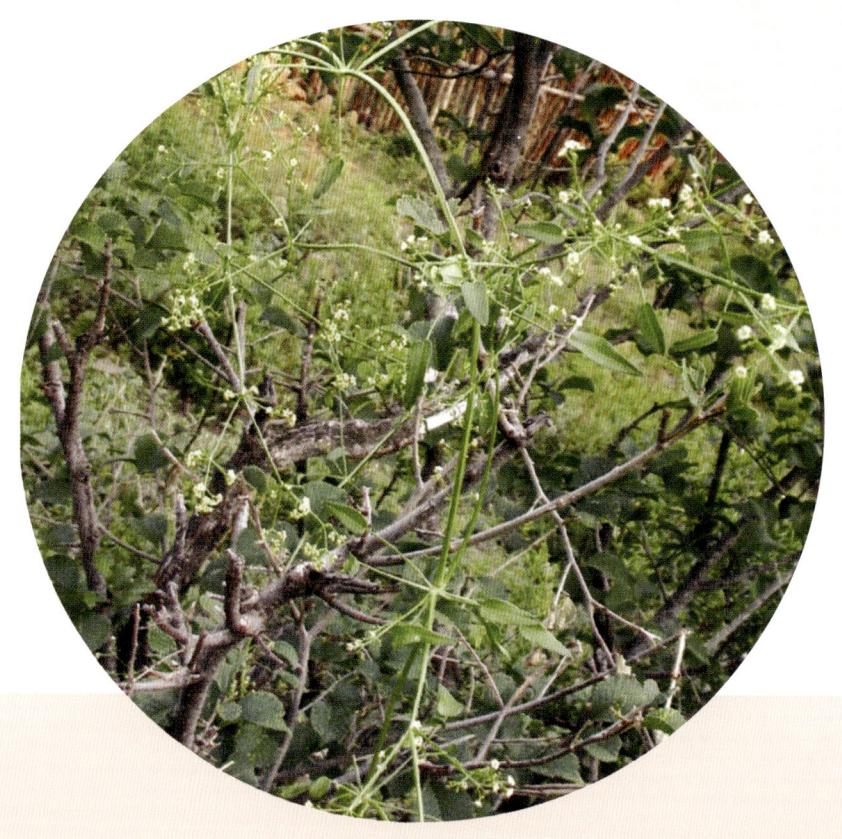

茜草

多年生草本茜草科植物的干燥根及根茎。根呈方柱状，常弯曲或扭曲，分布于全国大部分地区。主治血热、咯脓痰血、麻疹、肠刺痛等。

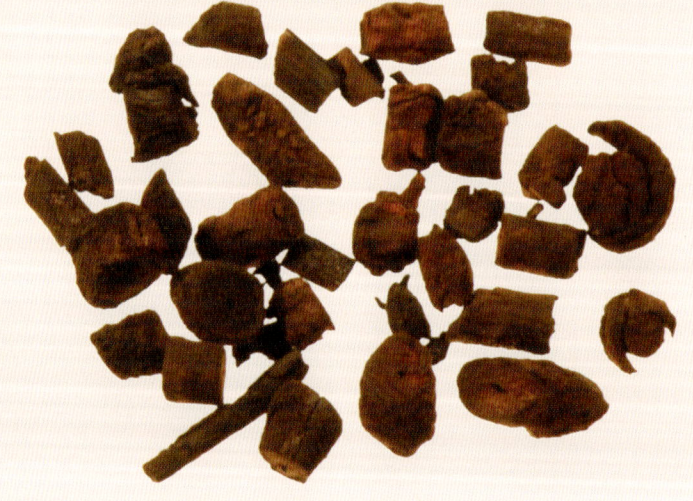

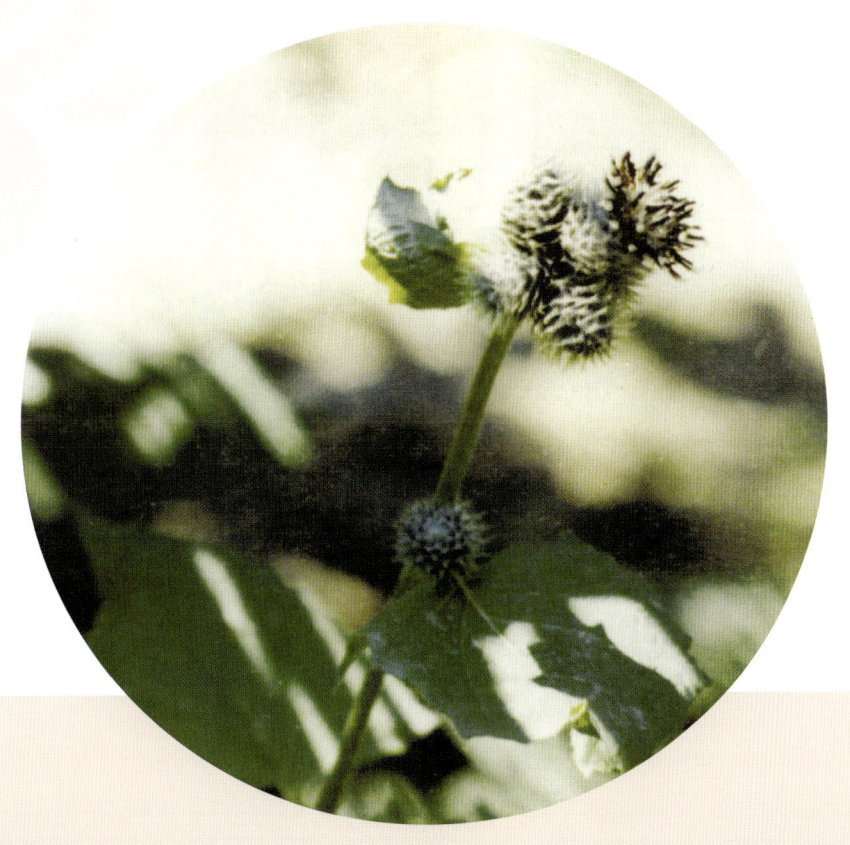

木香

菊科植物木香的根，根圆柱形。生长于高山、凉爽的平原和丘陵地区。花期7～8月份，果期8～10月份。气味芳香浓烈而特异，味先甜后苦。有祛巴达干、破痞、收敛脓痰、防糜烂、平气血象等功效。

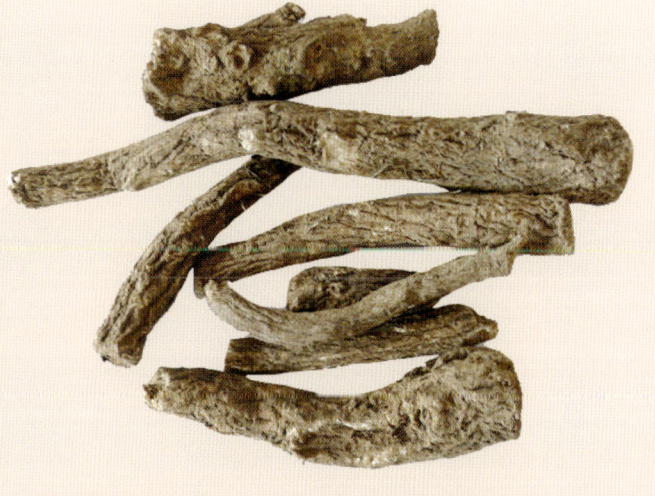

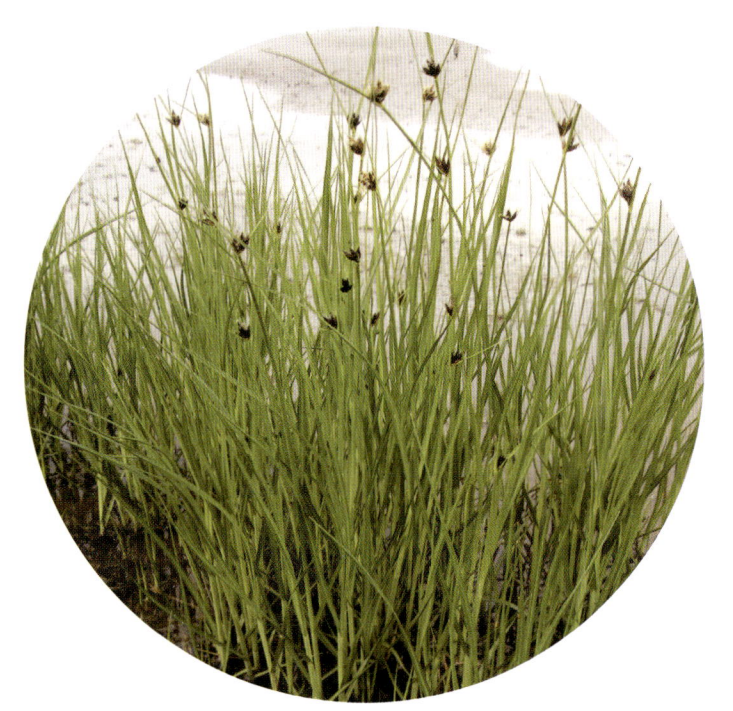

香附

莎草科的多年生草本植物，春秋季采挖根茎，用火燎去须根，晒干。根茎呈纺锤形。在中国广大地区都有分布。有清肺热、平喘、止泻、调经止痛等功效。

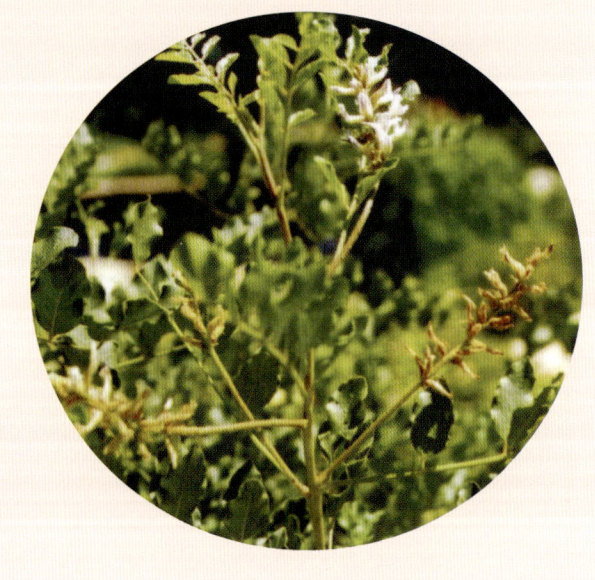

甘草

豆科植物，多年生草本的根及根茎。秋季采挖、晒干，呈圆柱形。有清热、解毒、祛痰止咳等功效。

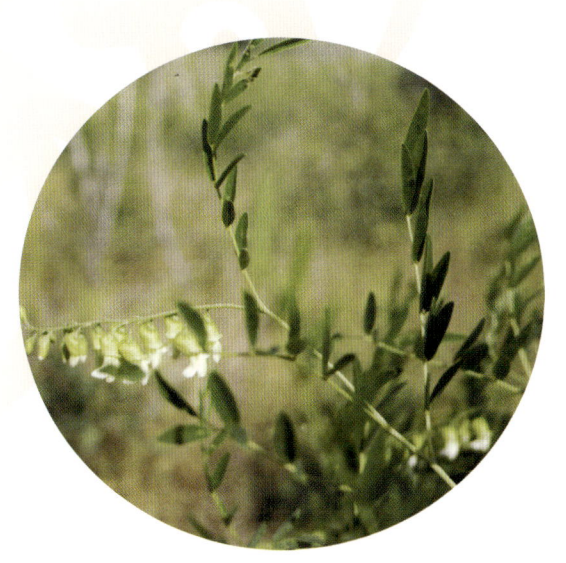

苦参

豆科植物苦参的干燥根。根呈圆柱形，下部常有分枝。春秋季采收，以秋采者为佳。全国各地皆有分布。主治疫热、未成熟热、陶赖、赫如虎、协日乌素病等。

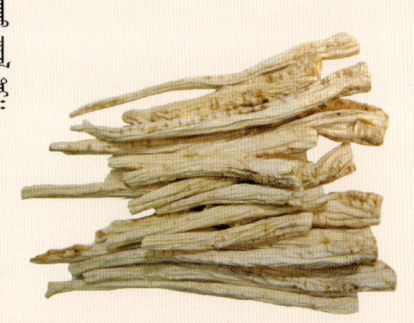

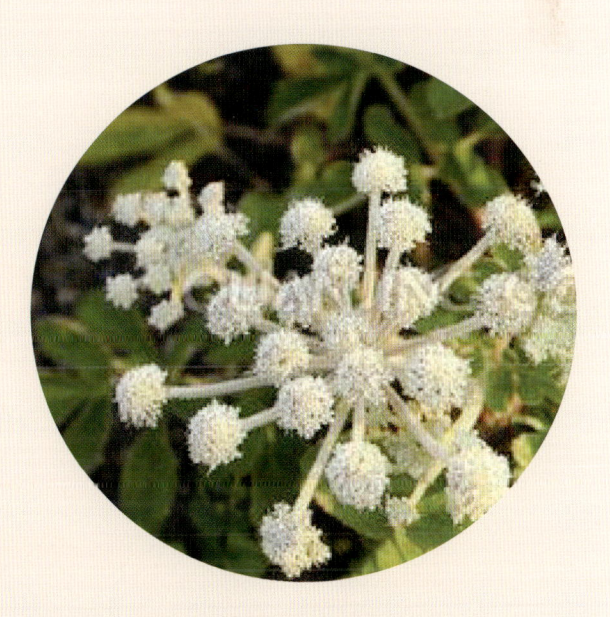

北沙参

伞形科植物珊瑚菜，以根入药，味甘甜。分布于山东、河北、辽宁、内蒙古等地。用于治疗肺燥干咳，虚劳嗽血等症。有清肺热、止咳、润肺之功效。

果实及种子类

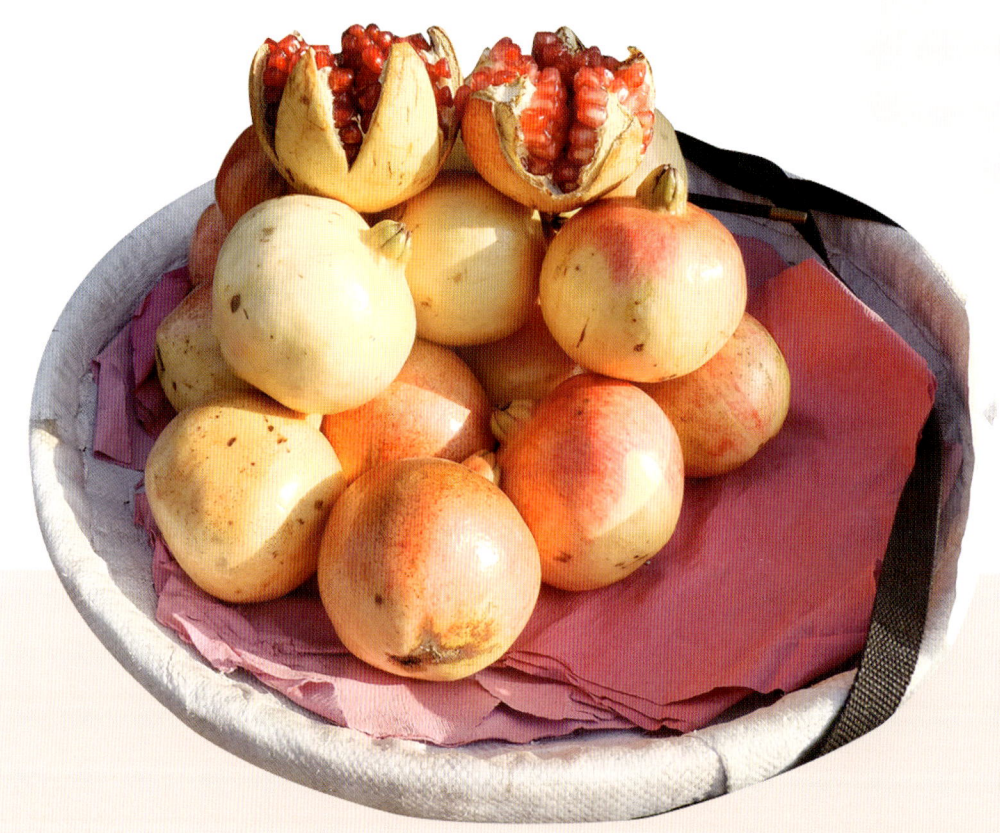

石榴

落叶乔木或灌木,来自西域。味甘酸涩、性温,有入肺、肾、大肠经功效。主治不消化病,恶心,胃胀,肠鸣,嗳气,胃、肺、肾、肝之寒症,食物不消而泄泻。

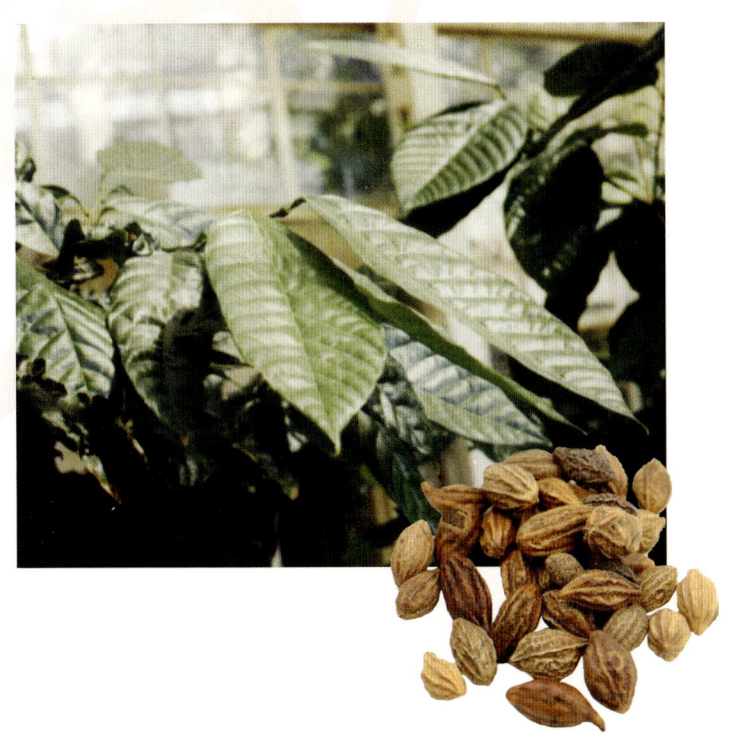

诃子

使君子科植物诃子的干燥成熟果实。核果坚硬，卵形或椭圆形。花期6~8月份，果期8~10月份。有祛三弊所引起的诸疾、调理体素、解毒之功效。

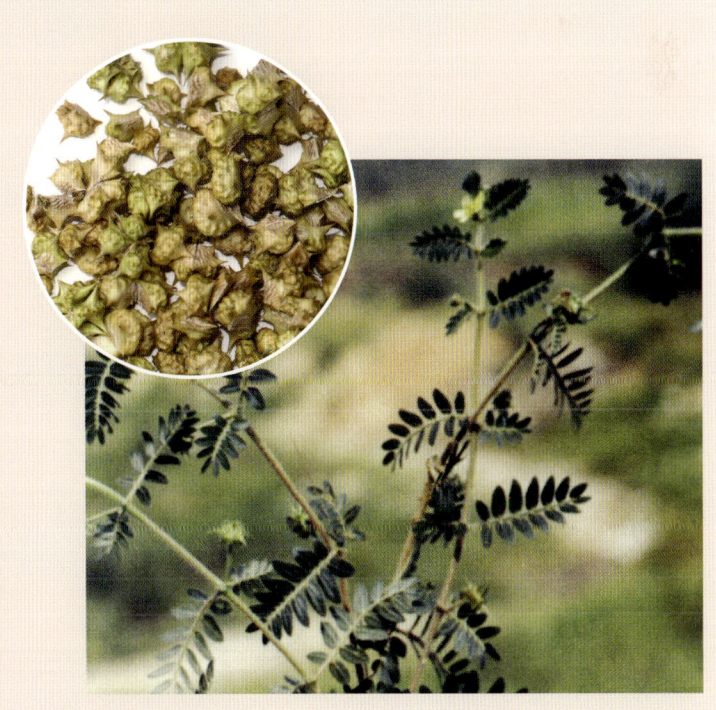

蒺藜

一年生草本植物，蒺藜科植物蒺藜的干燥成熟果实。分布于全国大部分地区。花期5~7月份，果期7~9月份。主治尿频、腰痛、浮肿、水肿、阳痿等。

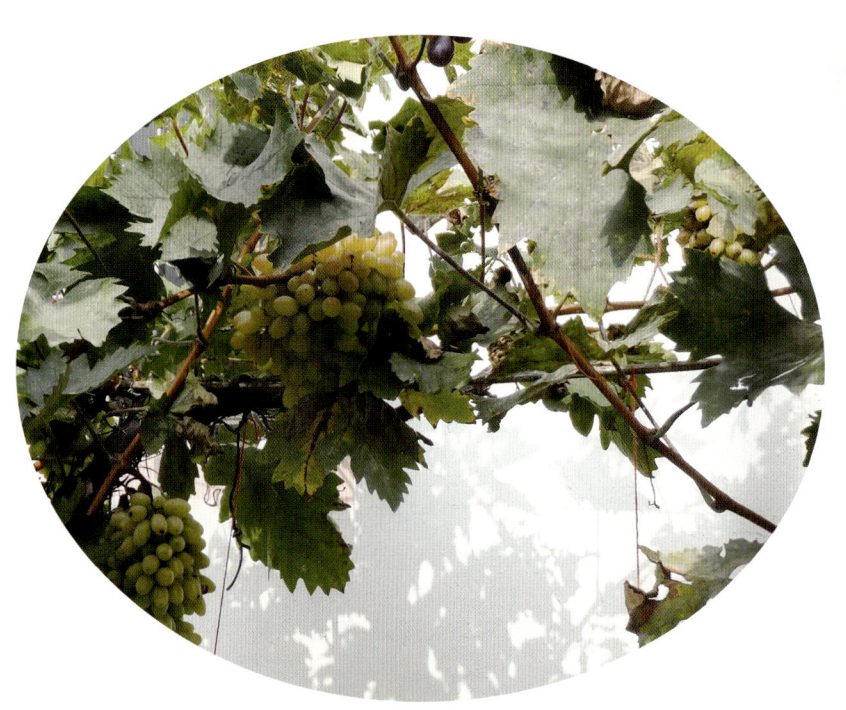

葡萄

葡萄科植物，葡萄的干燥果实。呈圆形、椭圆形。新疆、陕西、山东等地主产，夏末秋初采收，鲜用或干燥备用。有清肺热、止咳平喘、滋补强身等功效。

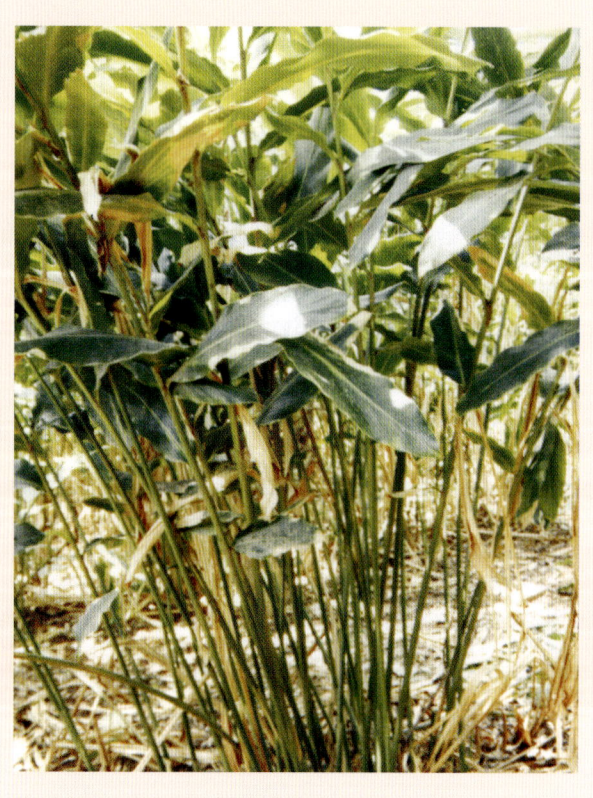

草果

草果属姜科植物多年生草本的干燥成熟果实。云南、广西、贵州等地分布。花期4~6月份，果期6~9月份。有祛脾、胃之寒，消食之功效。

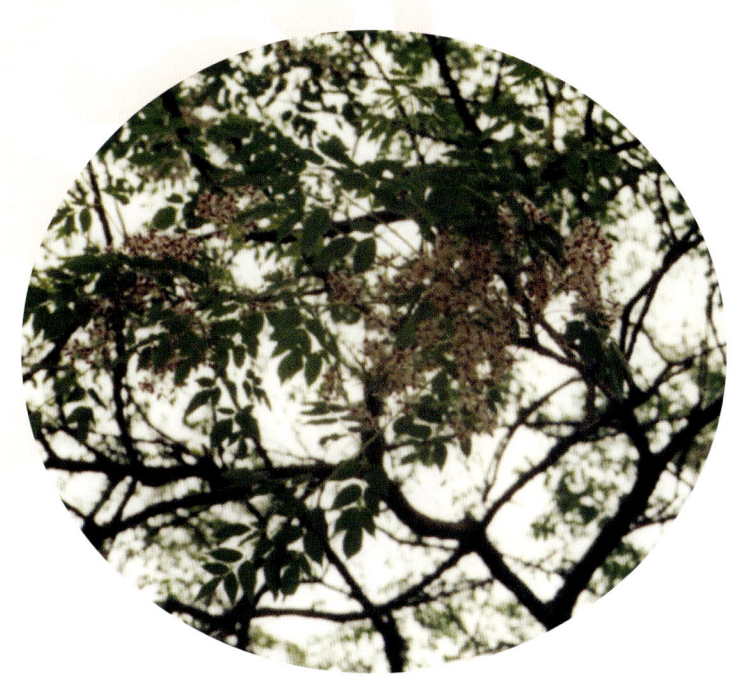

川楝子

楝科落叶乔木川楝的果实。产于中国的南方各地区,花期3~4月份,果期10~11月份。主治热性协日乌素病、巴达干协日、脱发、皮肤瘙痒等病症。

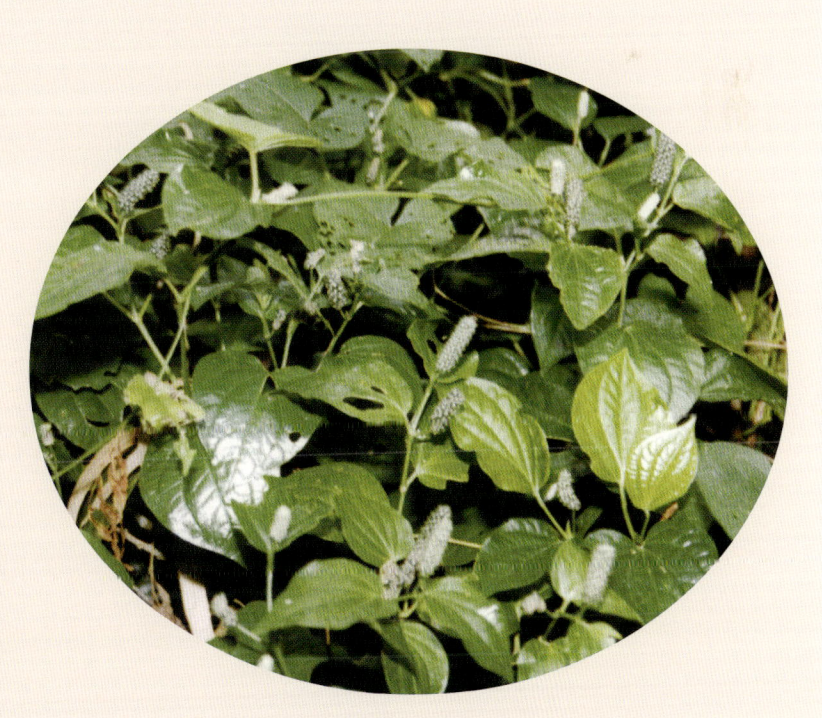

荜茇

胡椒科植物荜茇的干燥近成熟或成熟果穗。呈圆柱形,稍弯曲,由多个小浆果集合而成。主治胃火衰败、不思饮食、不消化病、恶心、腰腿痛、关节痛、失眠等。

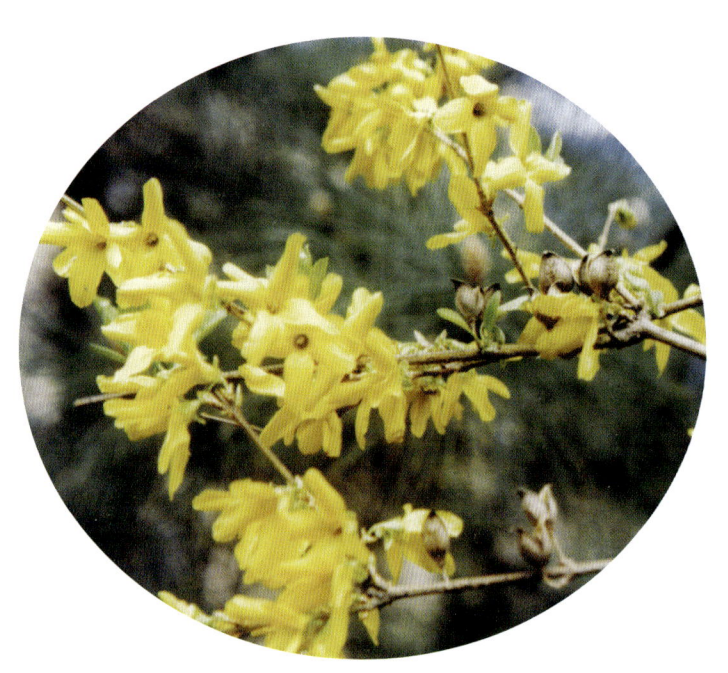

连翘

落叶灌木，木樨科连翘植物。花期3~4月份，果期7~9月份。主治目身发黄、希拉热邪侵于五脏之病，肠刺痛、希拉热引起的腹泻。

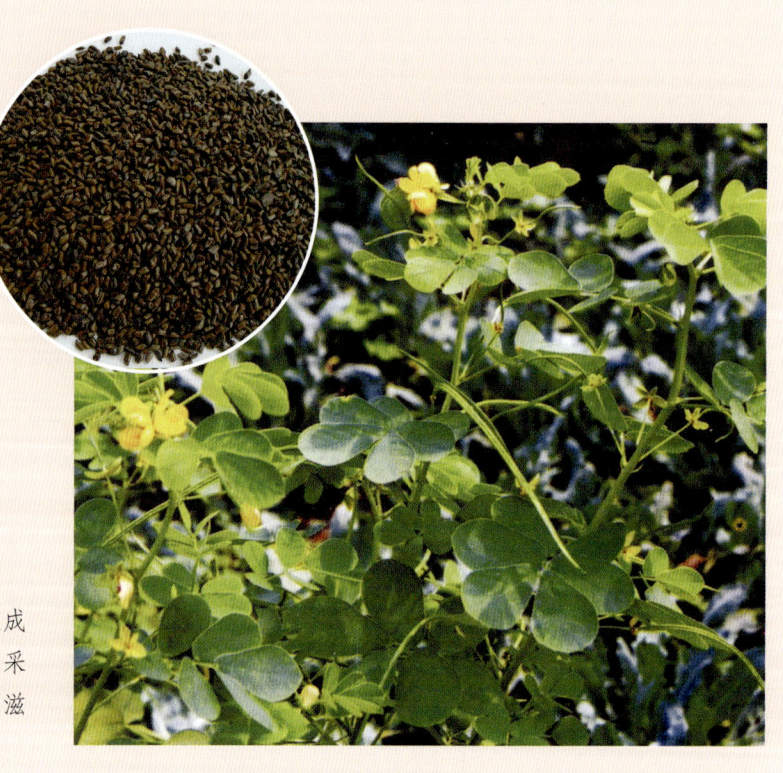

决明子

豆科植物决明或小决明的干燥成熟种子，一年生草本植物。秋季采收，晒干，打下种子。有燥黄水、滋补强壮、明目等功效。

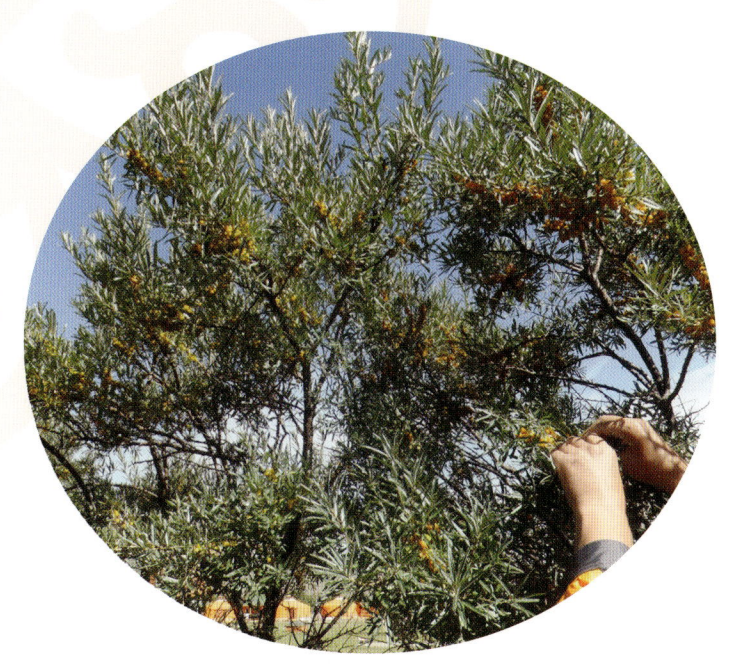

沙棘

落叶灌木或乔木。产于河北、内蒙古、山西等地。花期3~4月份，果期9~10月份。有止咳祛痰、祛巴达干、治巴达干包如病、清血之功效。

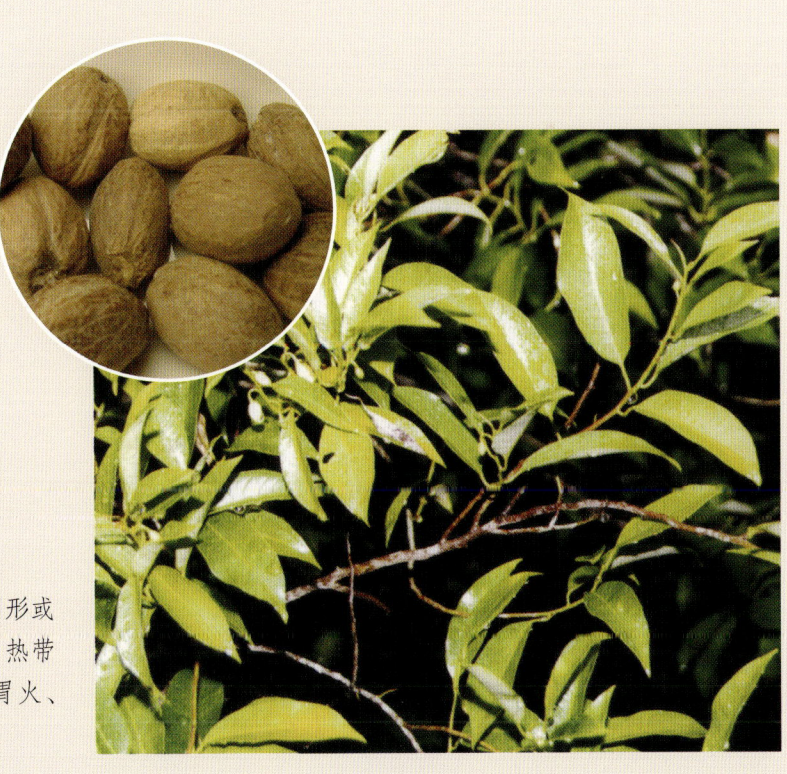

肉豆蔻

属常绿乔木植物。种仁卵圆形或椭圆形，表面灰棕色至暗棕色。热带地区广泛栽培。有抑赫依、祛胃火、消食、开胃之功效。

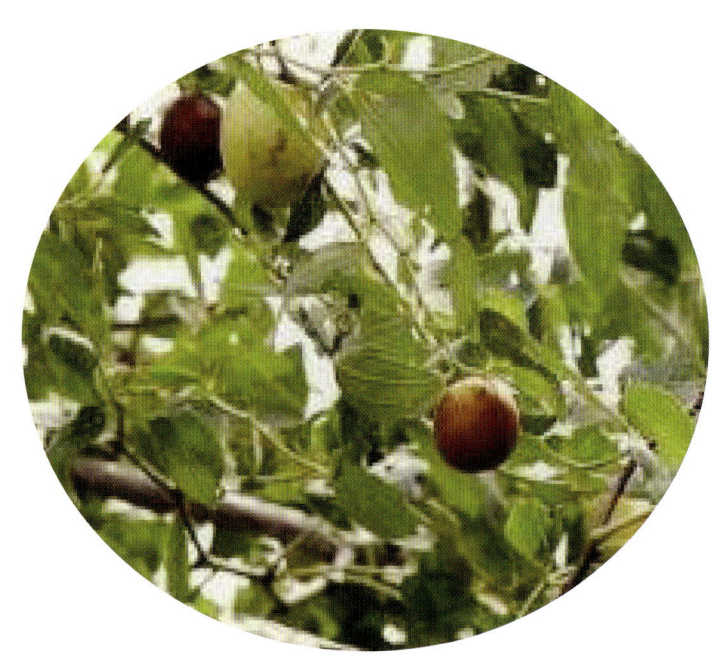

广枣

漆树科植物南酸枣的干燥成熟果实。果实呈椭圆形或卵圆形，表面黑褐色或棕褐色。有改善心功能、清心火等功效。

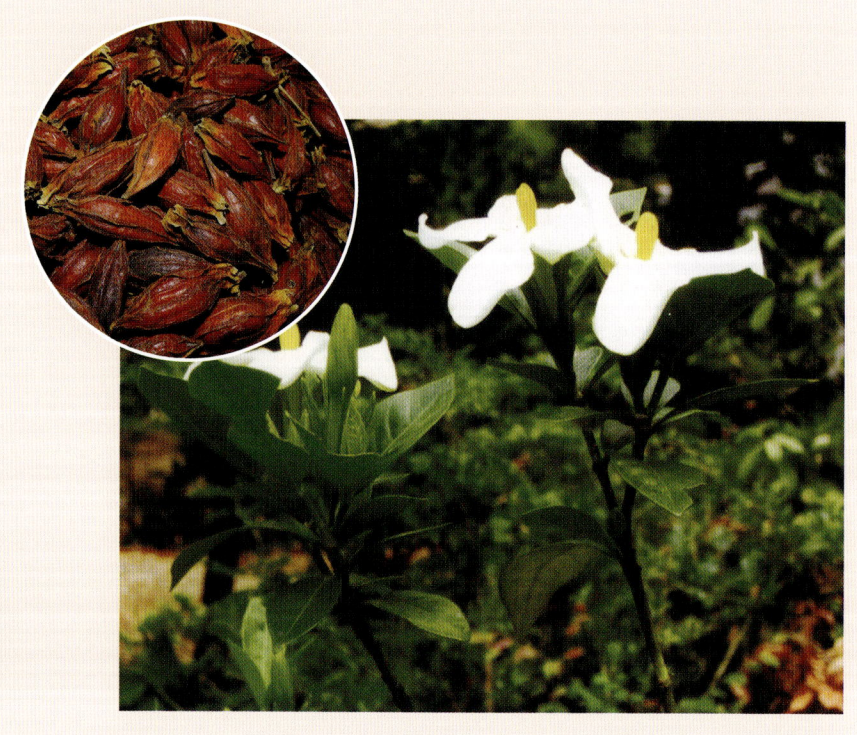

栀子

茜草科植物。果实倒卵形、椭圆形或长椭圆形，表面红棕色或红黄色。主治热病虚烦不眠、黄疸、消渴、目赤、尿血等。

草类

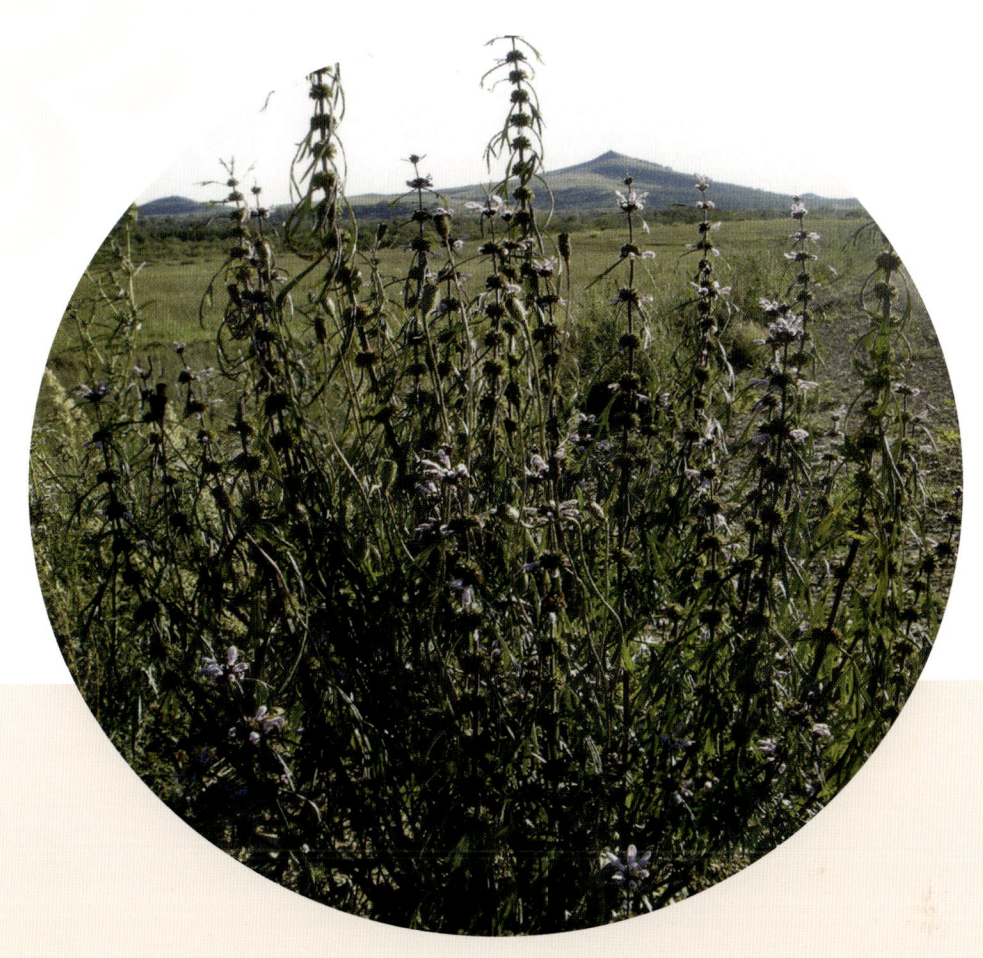

益母草

一年生或二年生草本植物。产于中国各地。花期6~9月份，果期9~10月份。主治月经不调、闭经、痛经、目赤翳障等。

叶子类

枇杷叶

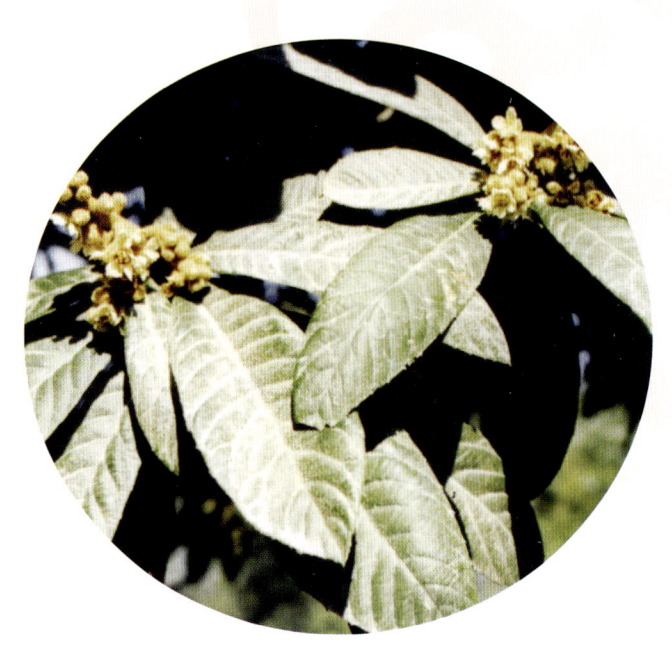

蔷薇科植物枇杷的叶子。中国大部分地区均有栽培。主治肺热咳嗽、气管炎、肾脏及膀胱热、月经不调等。

照山白

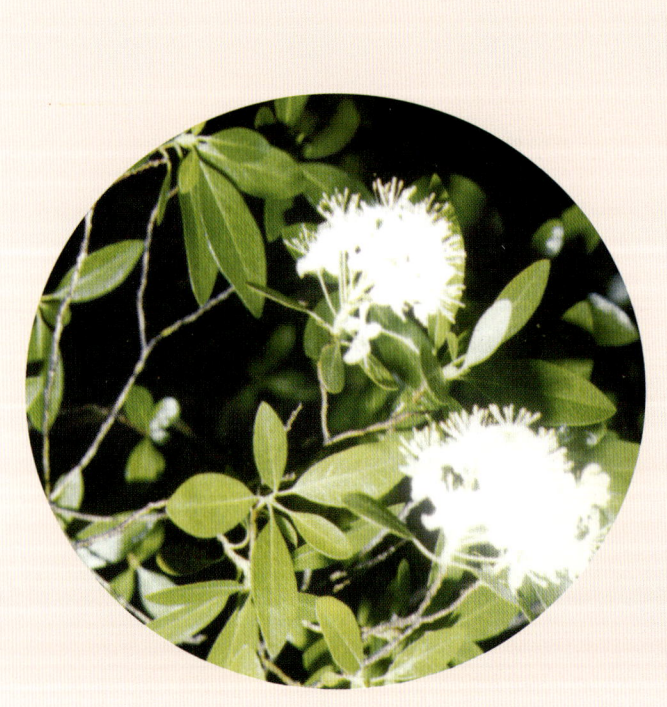

杜鹃花科常绿灌木。生长在山坡灌丛、山谷、峭壁及石岩上,花期5~6月份,果期8~11月份。主治慢性气管炎、胃痛、咳嗽等症。

花类

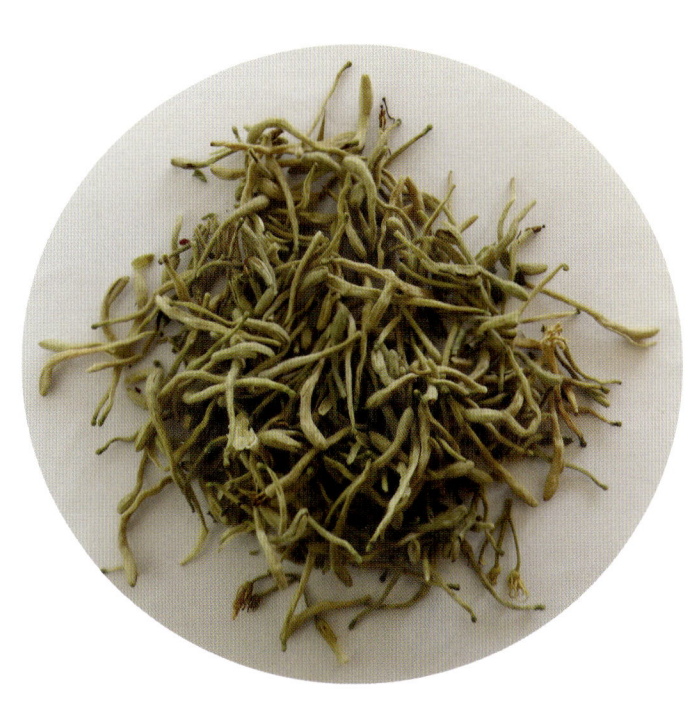

金银花

属多年生半常绿缠绕灌木。生长在山坡灌丛、疏林、村庄篱笆边等地区。主治各种热性病，如身热、发疹、热毒疮痈、咽喉肿痛等疾病。

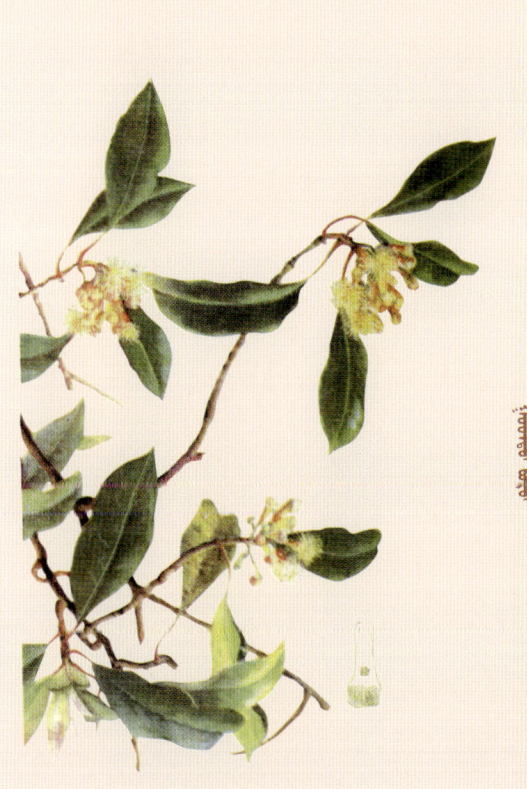

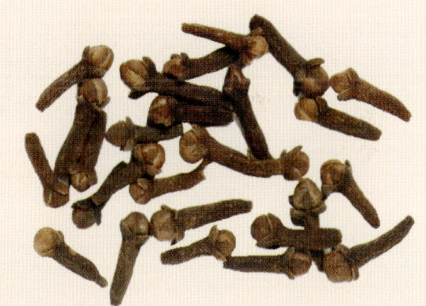

丁香

桃金娘科植物丁香的干燥花蕾。主要分布于亚热带山坡林缘等地。有祛寒、祛胃火、消食、开胃、解毒、利咽之功效。

红花

一年生草本植物，管状。花期通常在6~7月份，果期8~9月份。有调经、活血、清肺热、滋养、止痛、消肿之功效。

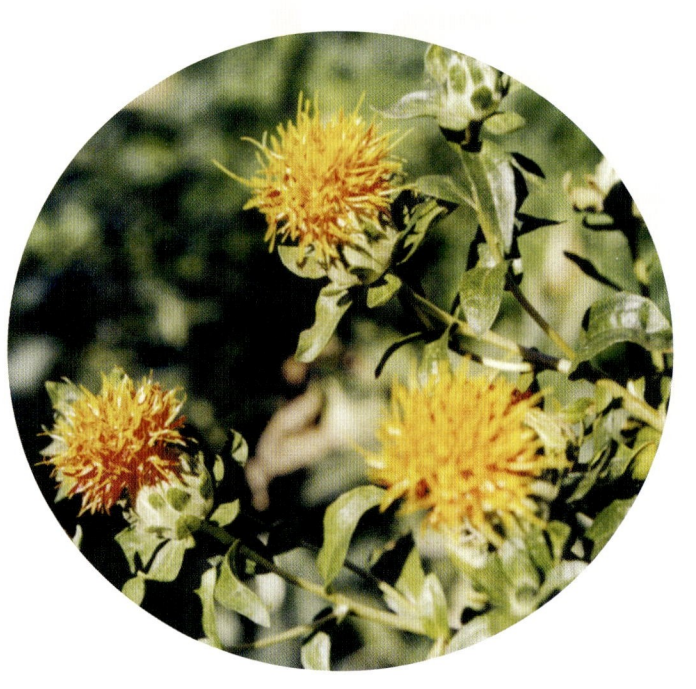

西红花

多年生草本植物，球茎扁圆球形。用于治疗血热、月经失调、头疼等。

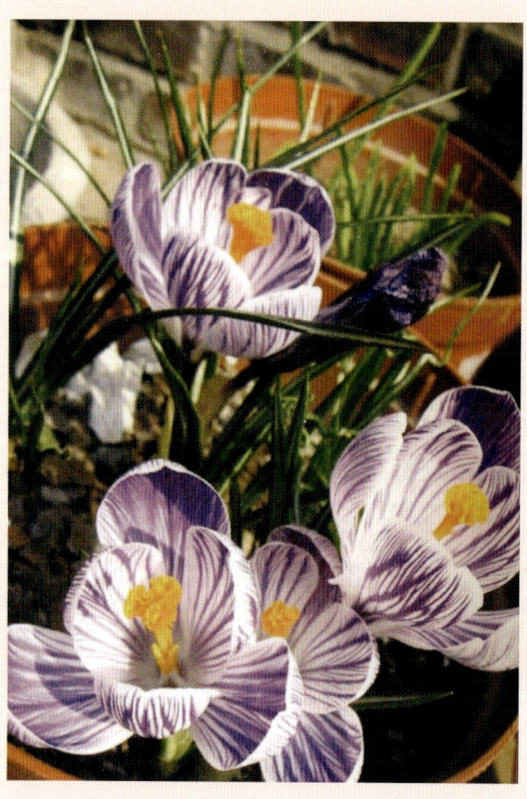

茎市类

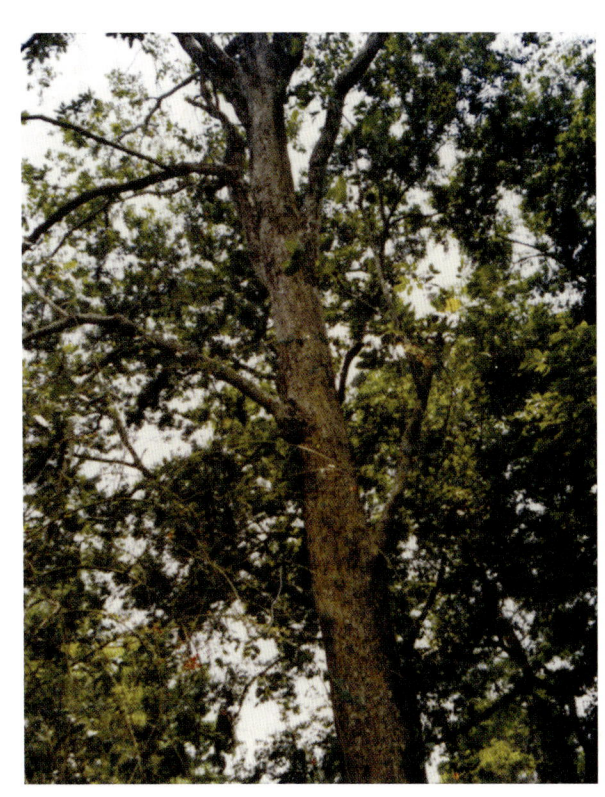

紫檀香

常绿寄生小灌木。圆柱形或稍扁。生于坡地疏林或栽培于庭园。有清血热、平气血不和、消肿之功效。

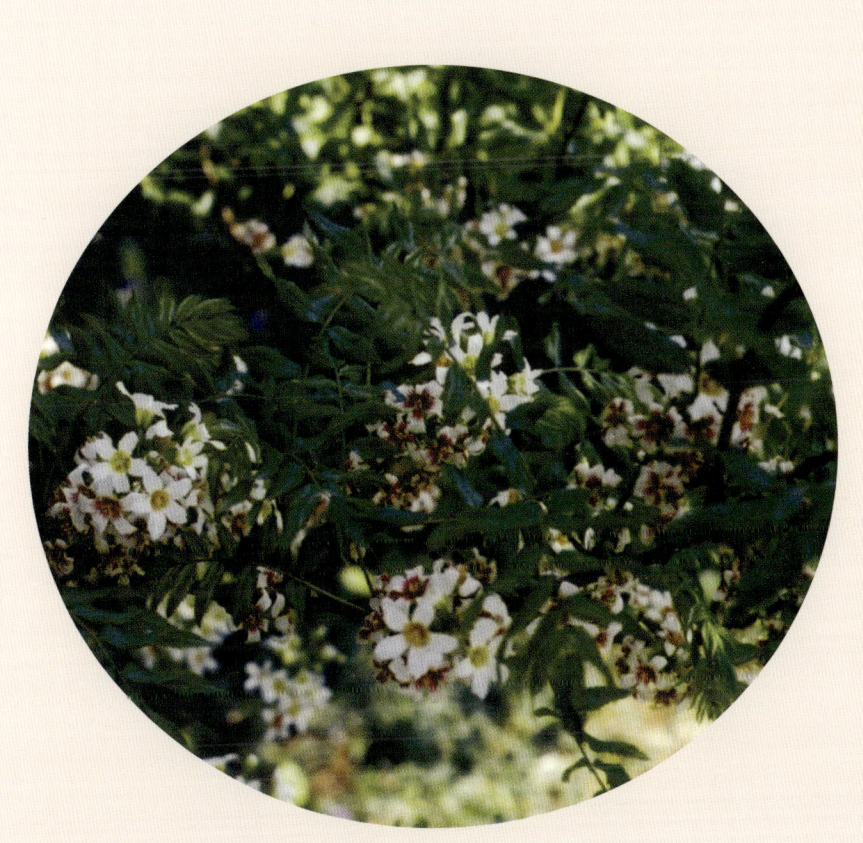

文冠木

灌木或乔木。花期4~5月份，果期7~8月份。生长于山坡、沟谷间。有祛风除湿、消肿止痛、燥黄水、清热之功效。

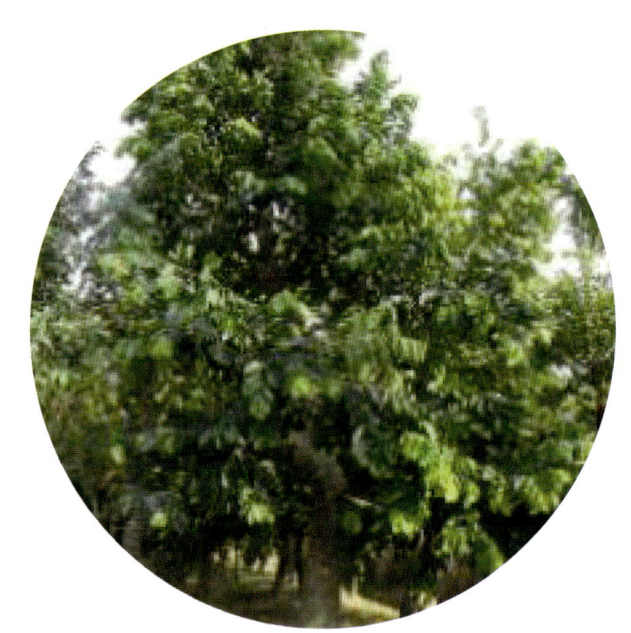

山沉香

木犀科山沉香。分布于内蒙古等地，花期5~6月份，果期6~9月份。有抑赫依、清热、止痛、利呼吸之功效。

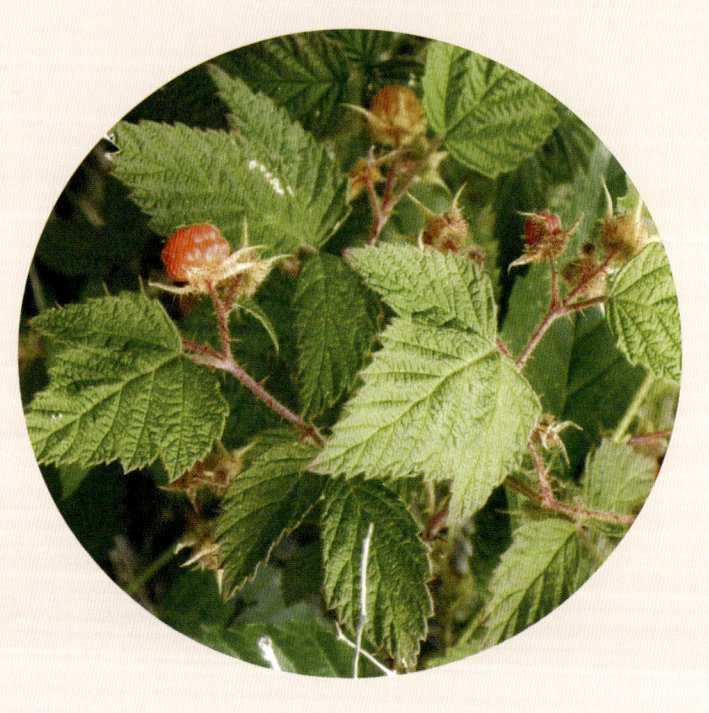

悬钩子木

悬钩子木是蔷薇科植物库页悬钩子的干茎枝，蒙医常用药材。主治瘟疫、感冒、燥热咳嗽、气喘热等病。

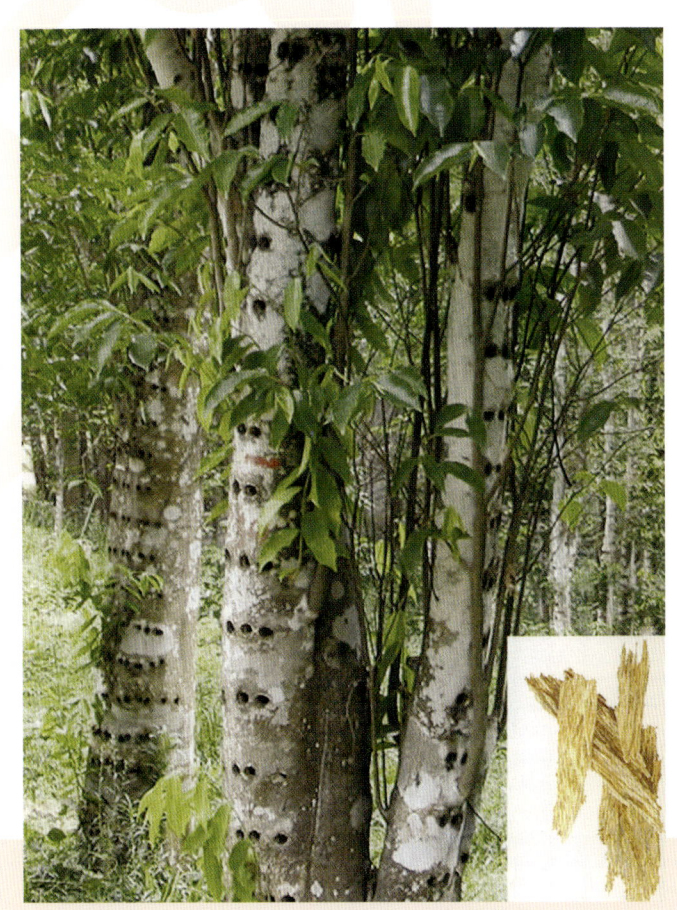

沉香

常绿乔木。野生或栽培于热带地区，花期3～4月份，果期5～6月份。用于治疗胸刺痛、赫依性心刺痛、胸闷、气短。

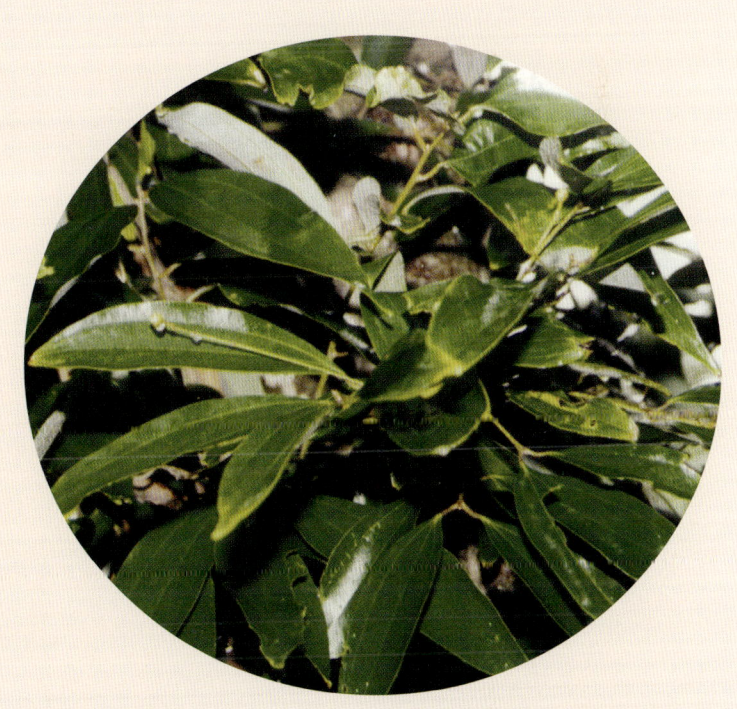

肉桂

樟科常绿乔木。花期5～7月份，果期至次年2～3月份。主治胃肝赫依病、寒性病。

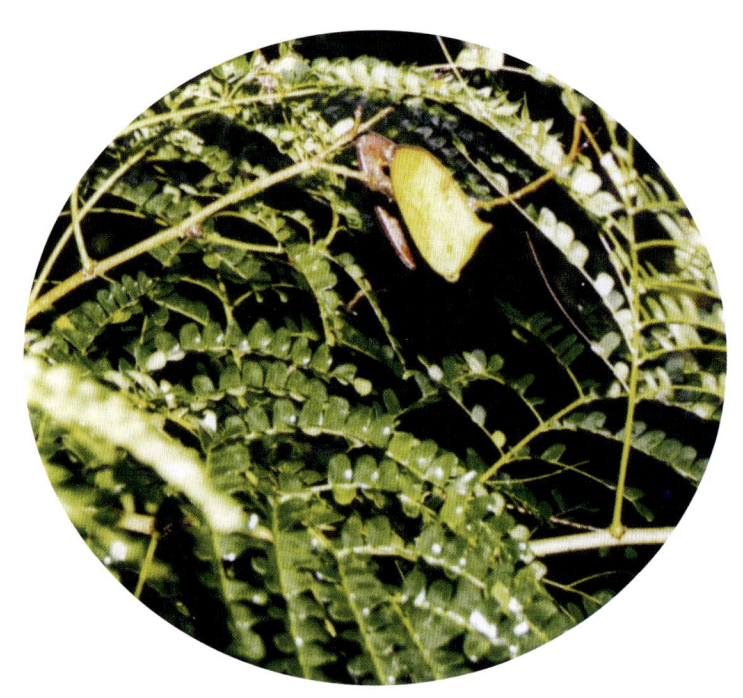

苏木

豆科苏木属植物苏木的干燥心材。花期5~10月份,果期7月份至翌年3月份。分布于广西、广东、四川等地。主治血热型头痛、目赤、产后发热、闭经、月经不调、痛经等。

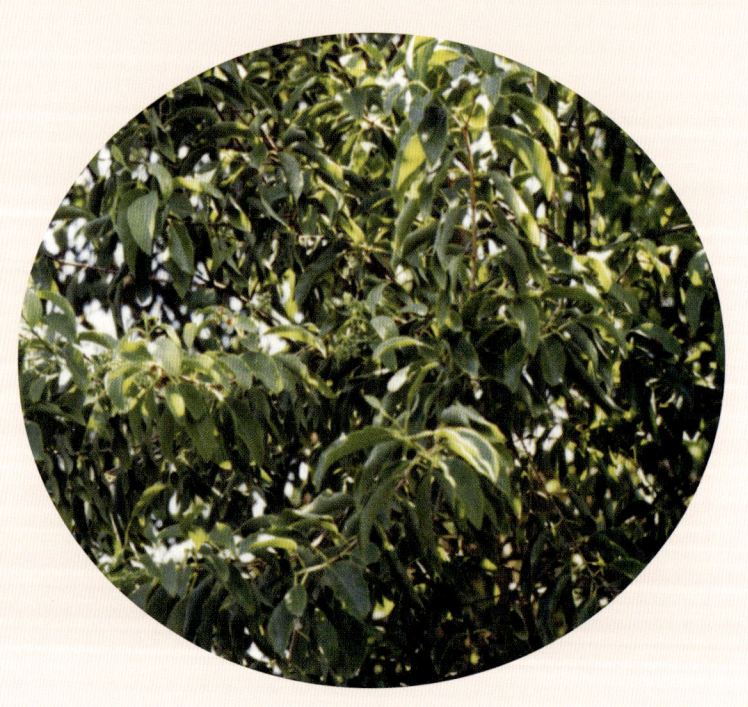

檀香

常绿小乔木。花期5~6月份,果期7~9月份。用于治疗肺热、咳嗽、胸痛、气短、心悸等。

动物类

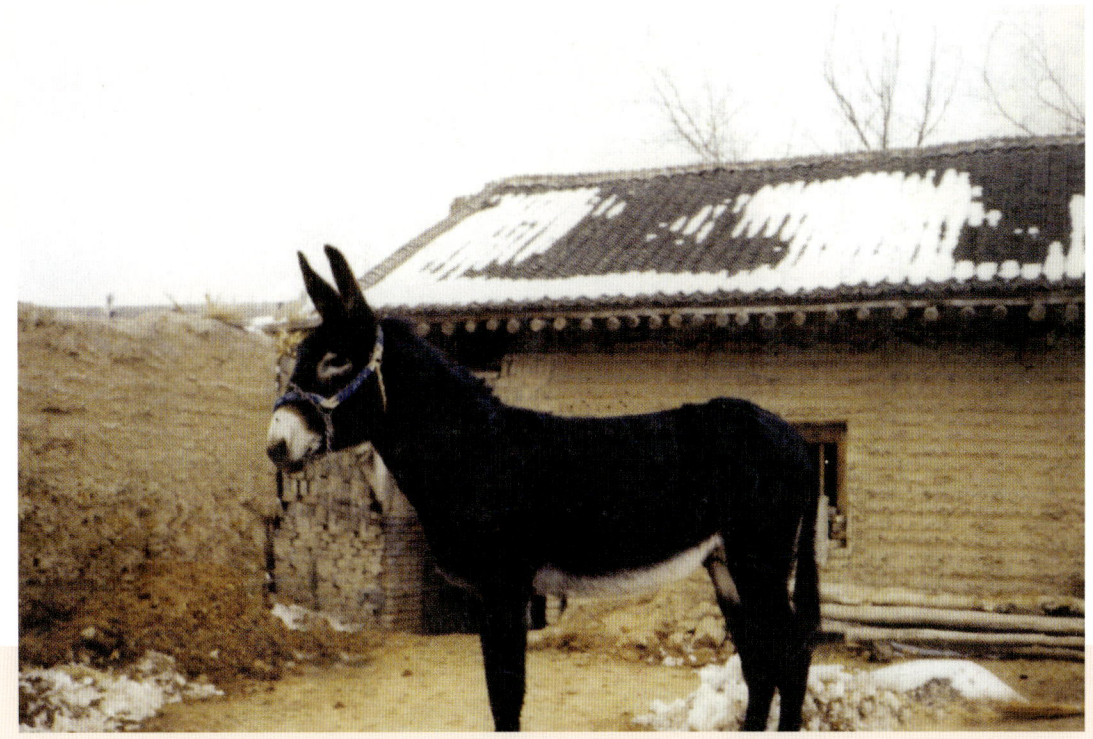

驴血

马科动物驴的晾干的血。驴血是大小不等的不规则块状，大者成块，小者为粒，灰褐色。主治关节协日乌素病、痛风等。

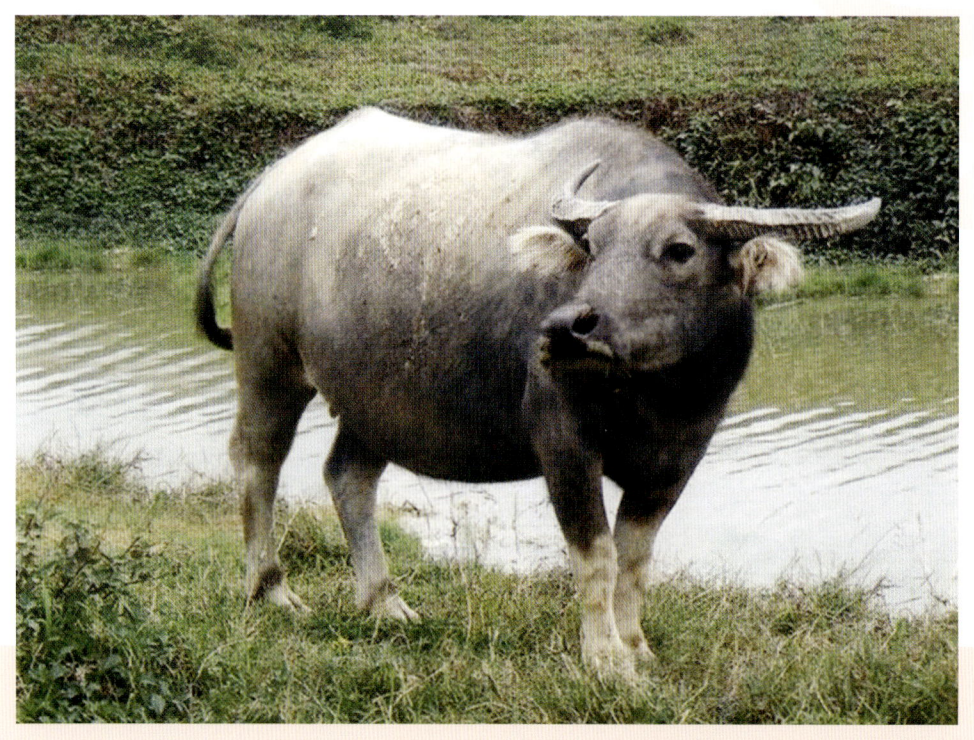

水牛角

牛科动物水牛的角。味苦、性凉。有燥脓血、燥黄水、消肿等功效。

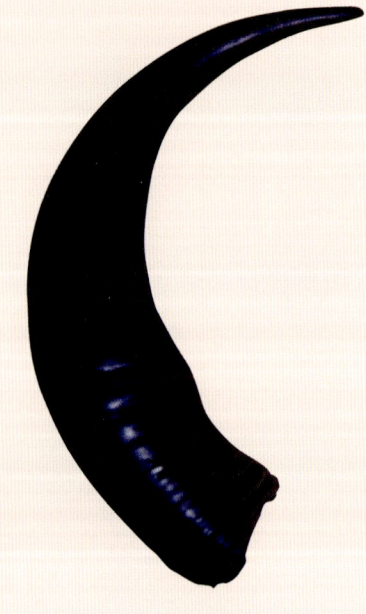

螃蟹

螃蟹科动物中华绒螯蟹的干燥全体。全身有坚硬的甲壳，背面黑绿色，腹面色较浅。主治尿闭、膀胱结石、水肿等。

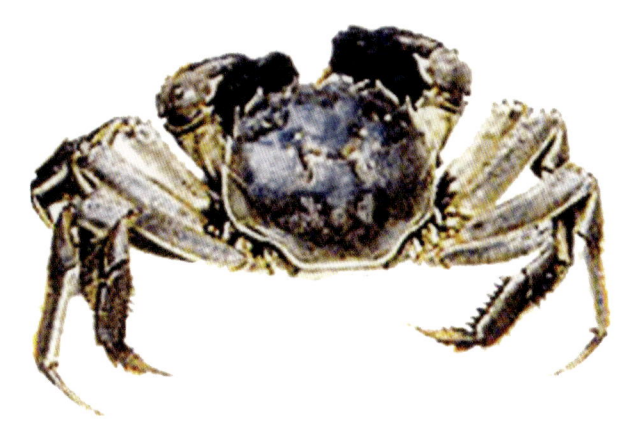

鹿茸

鹿科动物梅花鹿或马鹿的雄鹿未骨化密生茸毛的幼角。夏秋两季锯取鹿茸，经加工后，阴干或烘干。主治肾虚、遗精、腰痛、阳痿、月经不调、胸部受伤等。

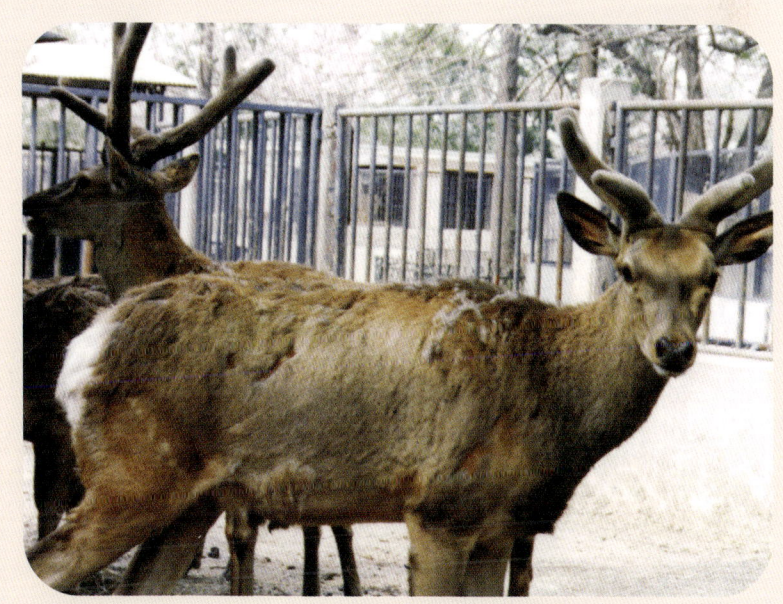

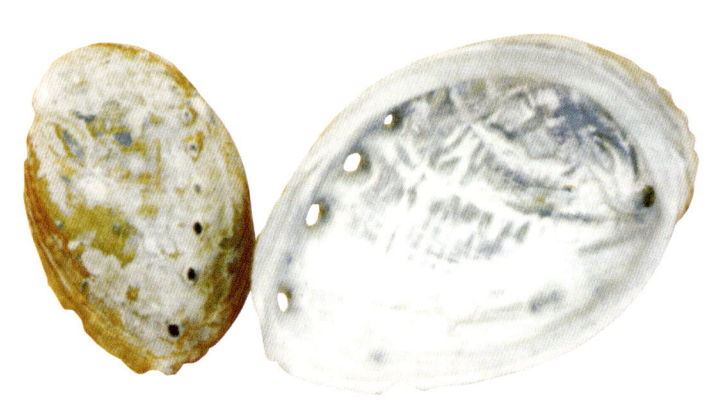

石决明

鲍科动物杂色鲍、皱纹盘鲍、耳鲍、羊鲍等的贝壳。夏秋季捕捉。主治白脉病、脑伤、协日乌素病、眼翳白斑、骨折等。

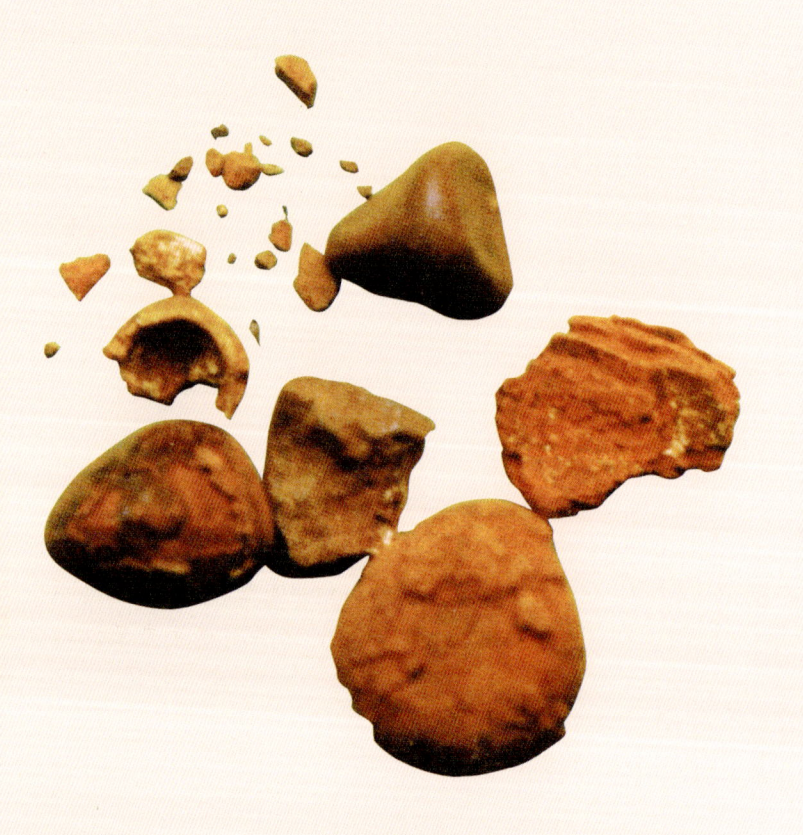

牛黄

牛科动物牛的干燥胆结石。在胆囊中产生的称"胆黄",在胆管里产生的称"管黄",在肝管中产生的称"肝黄"。主治疫热、肝胆热、肝痛、高烧昏迷、神志不清等。

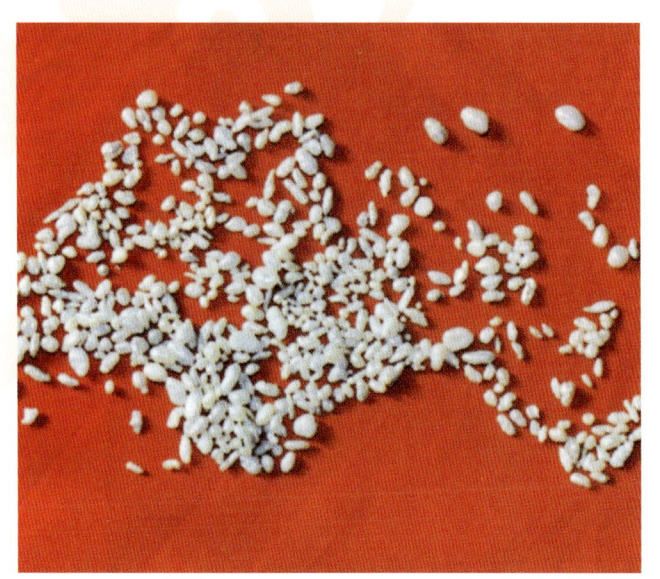

珍珠

珍珠贝科动物马氏珍珠贝、蚌科动物三角帆蚌等双壳类动物受刺激形成的珍珠。呈球形、长圆形、卵圆形或棒形。有安神、定惊、明目消翳、益脑、解毒等功效。

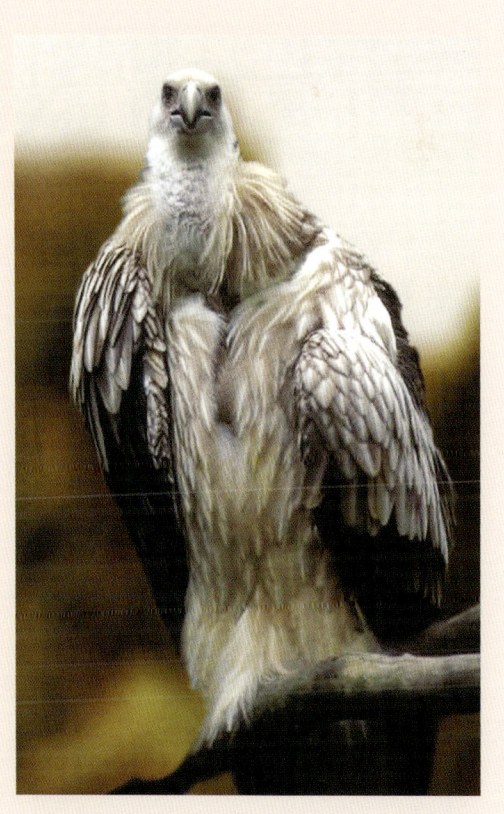

秃鹫粪

鹰科动物胡兀鹫的粪。秃鹫粪全年均可采收，采得后除去杂质，晒干。在青藏高原常见。主治消化不良、铁垢、巴达干、包如病等。

矿物质类

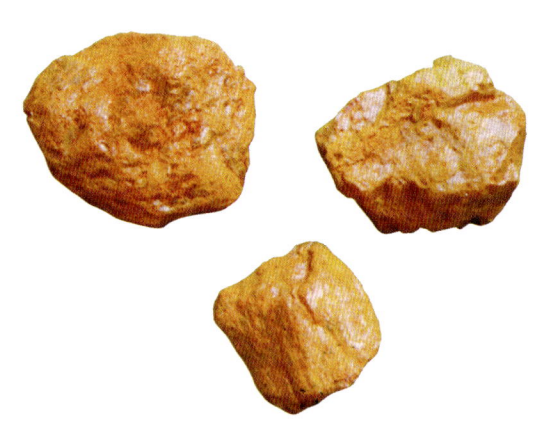

雄黄

硫化物类矿物雄黄的石块，雄黄单斜晶系。分布于湖北、湖南、云南等地。主治疮疡、白喉、炭疽、疥癣、脓疱疮。

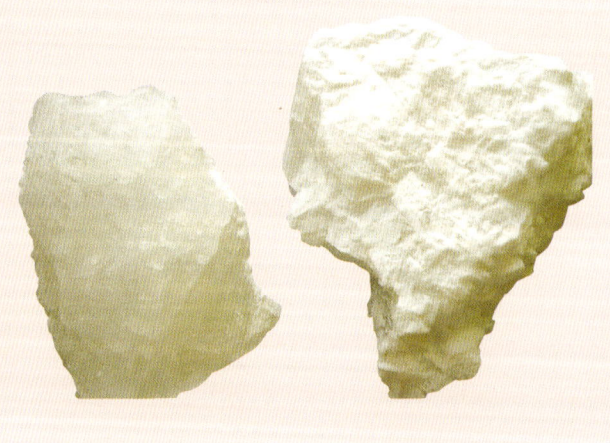

碱花

湖边生成的一种主含碳酸钠的分枝状结晶。碱花主产于吉林西部及内蒙古东部地区。主治不消化病、痧症、便秘、妇女血症、腹胀、嗳气、中毒等。

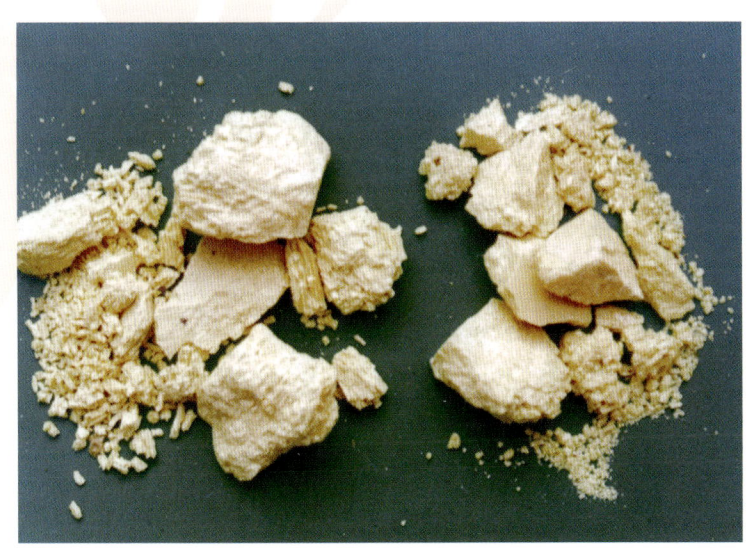

硫黄

自然元素类矿物硫族自然硫黄。分布于内蒙古、陕西、四川等地。主治协日乌素病、疥癣、秃疮等病。

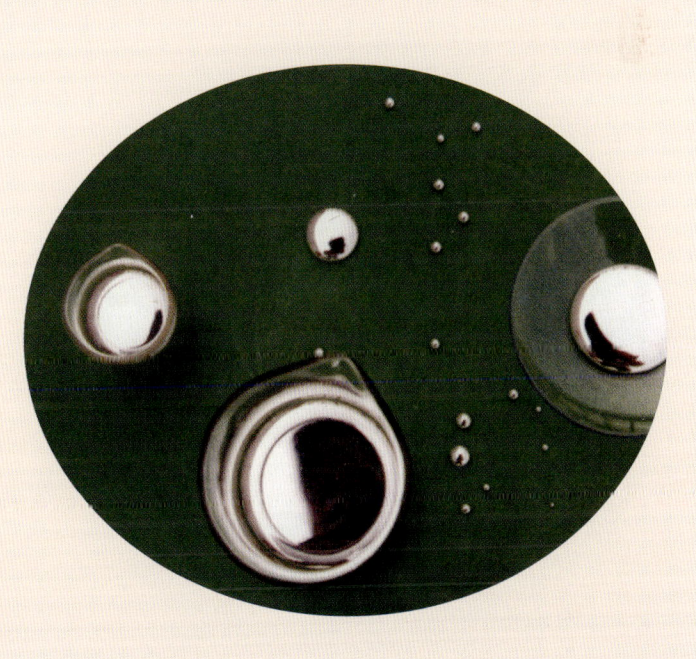

水银

主要由辰砂矿炼出，少数为自然汞。主产于贵州、湖南、湖北、西藏等地。主治协日乌素病、陶赖、疥癣、秃疮、皮肤瘙痒、疹毒、关节痛等。

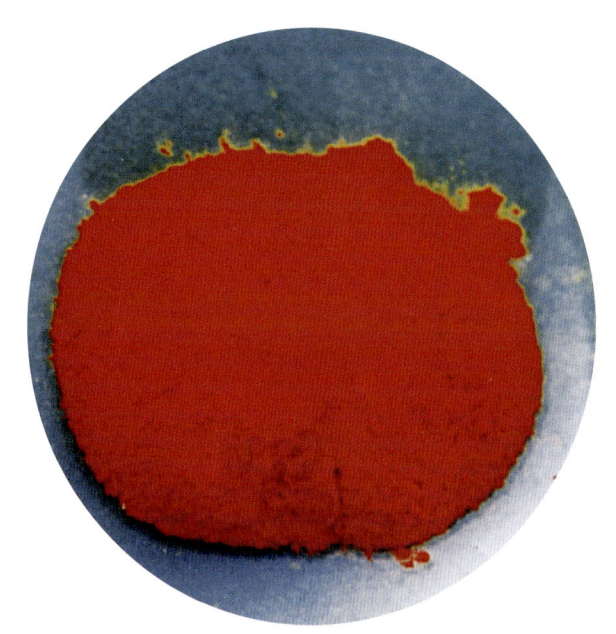

银朱

由汞和硫黄经加热升华而得，朱红色粉末。主治肺热、肝热、黄疸、痈疽、脉肿胀、梅毒等。

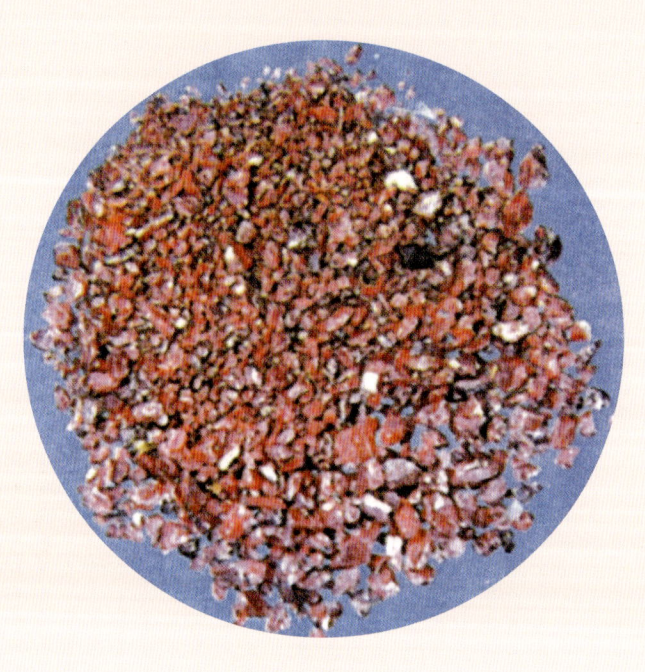

朱砂

硫化物类辰砂族矿物质，属三方晶系。主产于贵州、四川等地。主治偏瘫、小儿肺热、惊风、疮疡、骨折、创伤、化脓、高热等。

其他

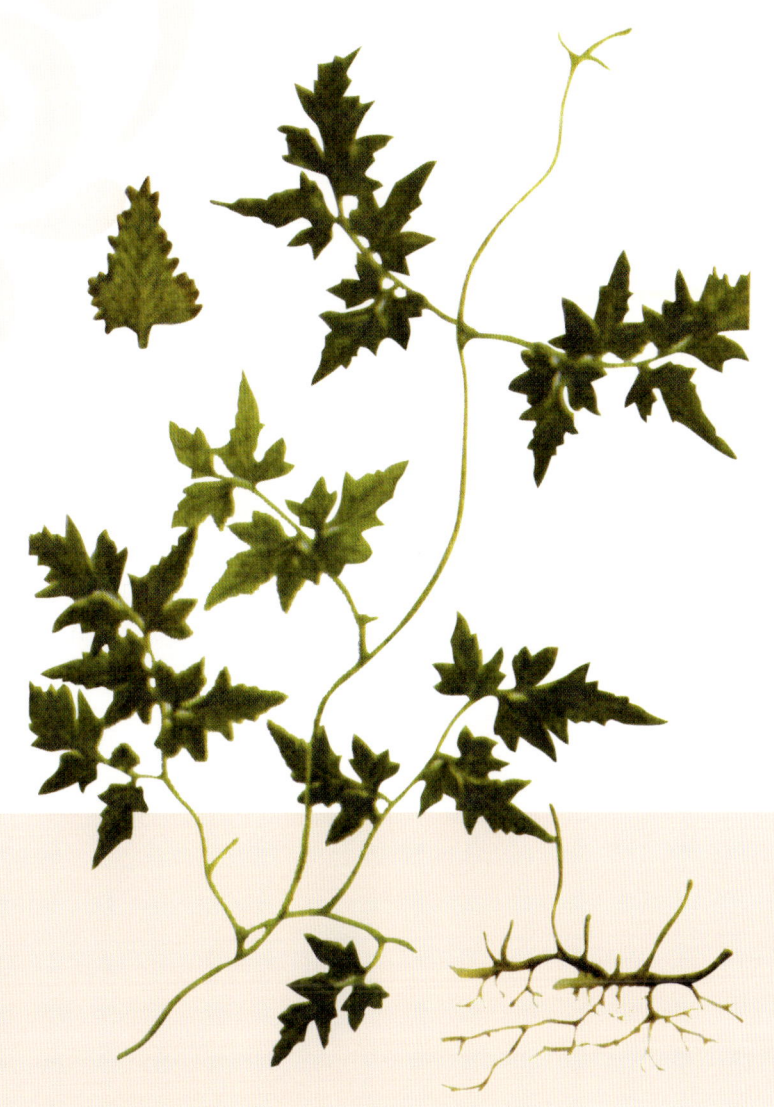

海金沙

海金沙科植物海金沙的干燥成熟孢子,多年生攀缘草本。秋季孢子未脱落时采割藤叶,晒干,搓揉或打下孢子,除去藤叶。主治肾部刺痛、尿血、全身水肿、尿急、尿频、膀胱热、尿闭、尿沥、膀胱石痞、尿道涩痛。

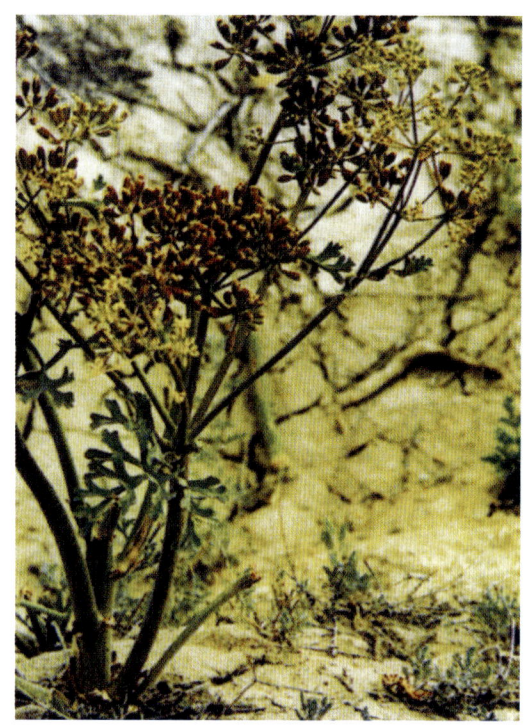

阿魏

伞形科植物新疆阿魏或阜康阿魏的树脂。新疆阿魏根肥大，圆柱形或纺锤形；阜康阿魏的植株要小些。用于不消化病、胸满心烦、叹气、心慌、头晕、失眠、虫积腹痛等病症。

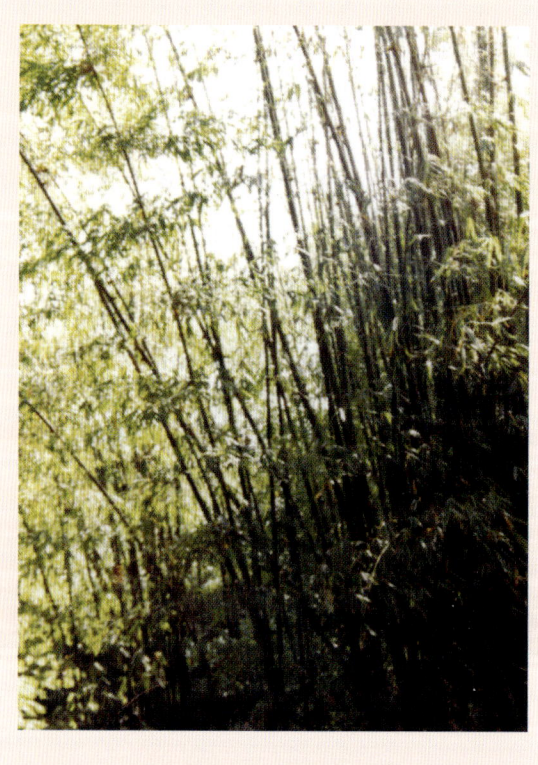

天竹黄

禾本科植物青皮竹、薄竹等竹节间贮积的伤流液，经干涸凝结而成的块状物质。冬季采收，晾干。主产云南、广东、广西等地。主治肺热咳嗽、热病神昏、痰热咳喘。

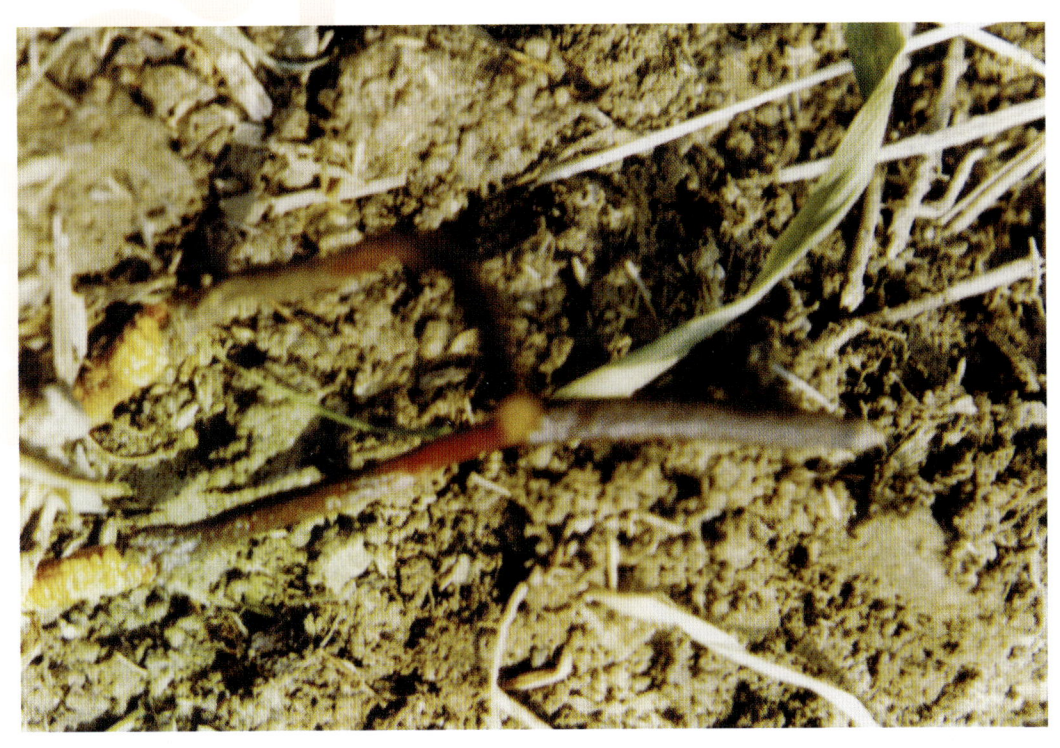

冬虫夏草

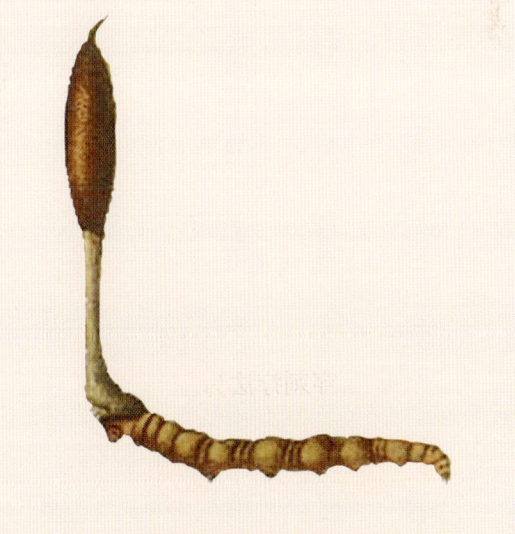

为虫体和菌座相连而成。冬天是虫子，夏天却是草。分布于四川、云南、青海、西藏等地。主治月经不调、全身浮肿、阳痿、遗精、腰膝酸痛、病后久虚等。

蒙医器具

蒙医传统疗术以放血疗法、灸疗、穿刺疗法为主,擅于用金、银、铁、青铜等材料做的器具治病。传统蒙医常用的器具主要有:放血的银针、分药的药勺、羊皮制的药袋、布制的分药袋、铜药铲、铜制或砂制的拔罐器、铜药锅等。

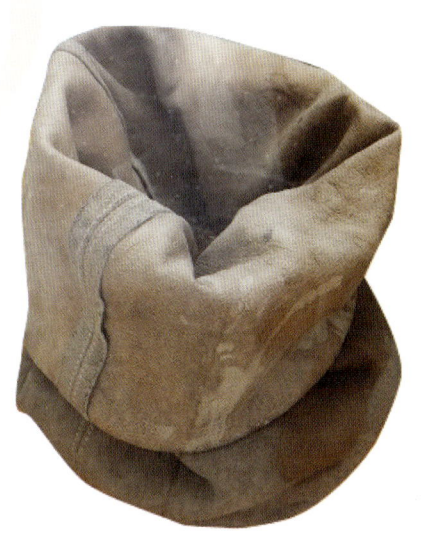

羊皮大药袋

通常长107厘米、宽27厘米,长方形。药袋内装有常见病所用成药,并配有蒙医放血疗法不同部位的放血器。

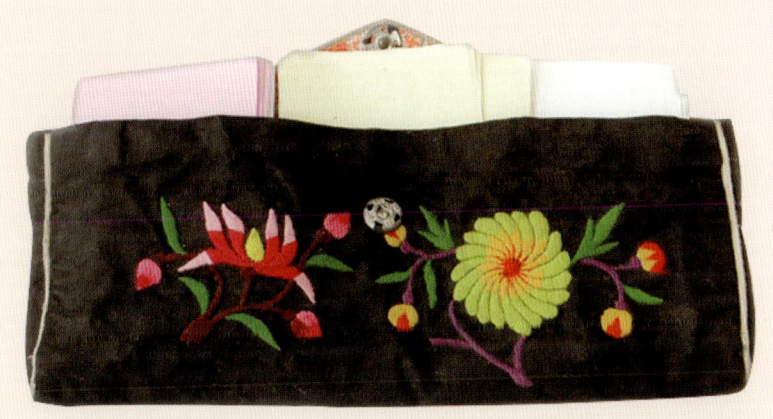

包药纸

正方形,用于包散剂等药物。

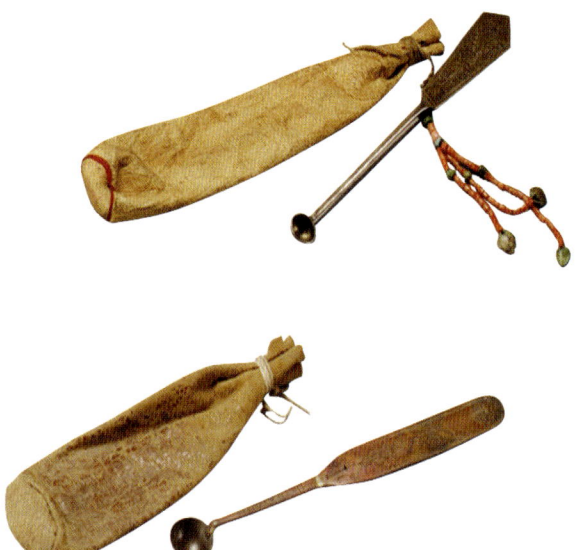

小药袋

一般用羊皮或鹿皮制作，药袋内装平时常见病所用的药物。

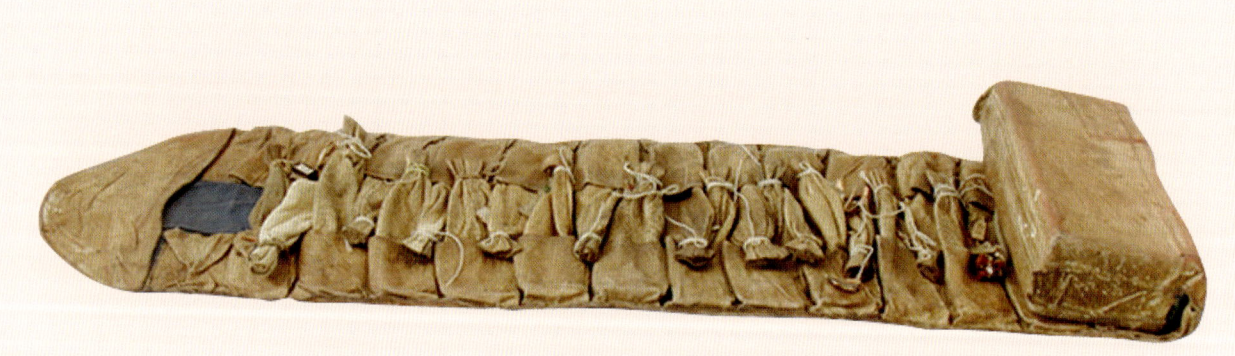

分类药袋

皮质，呈长方形。内缝许多小兜，兜内放置小药袋，内装面儿药和粒药。出门行医时搭于马背。

药勺

用于分药时使用的勺子，蒙医传统的药勺一般是银质的。

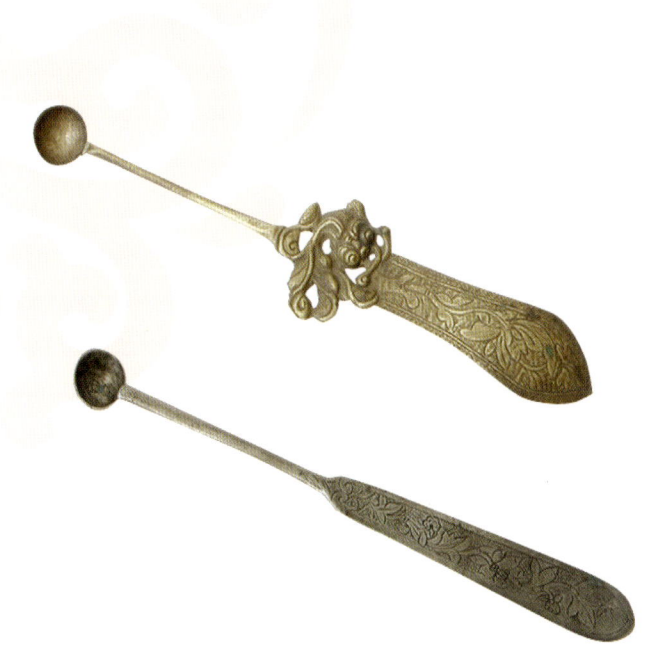

铜药铲

铜质。蒙药器具，可用于铲药。

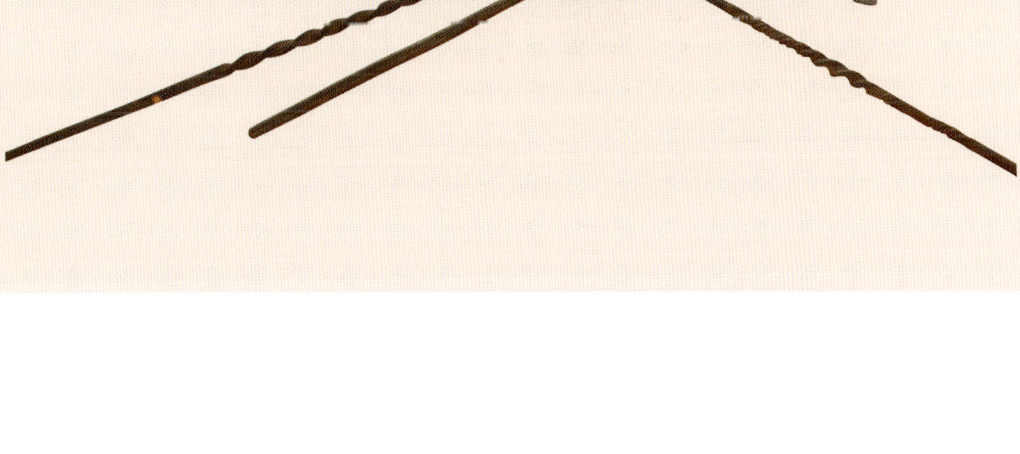

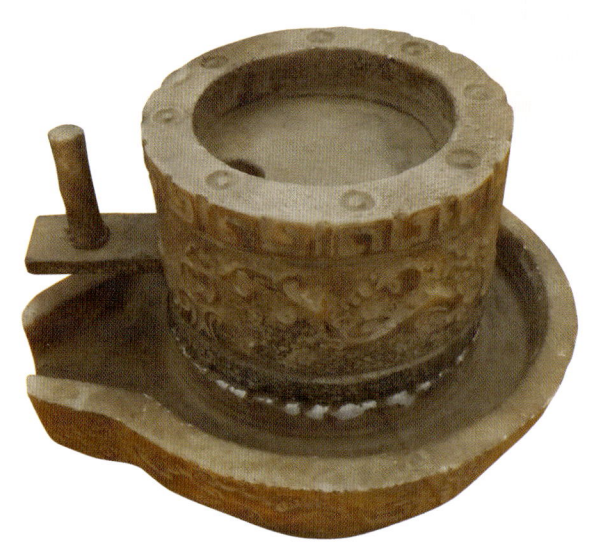

石磨（清代）

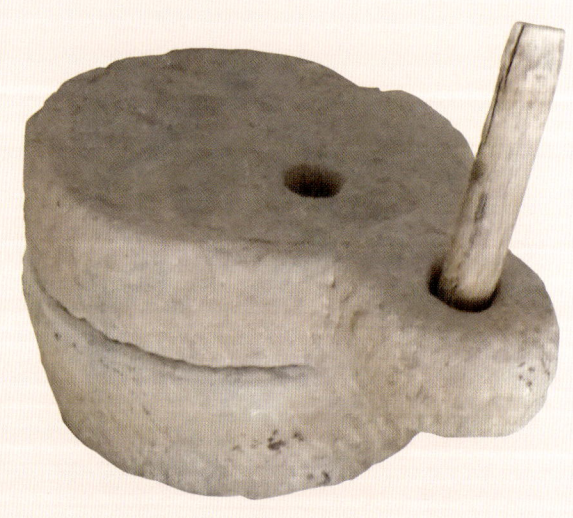

石磨是把药材加工成粉、浆的一种器械。

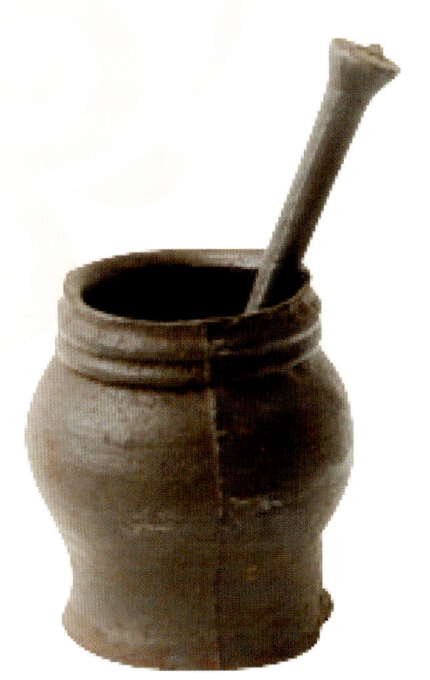

捣药臼杵

捣碎药品的容器。铁质,中间部位较粗,弧腹,平底。

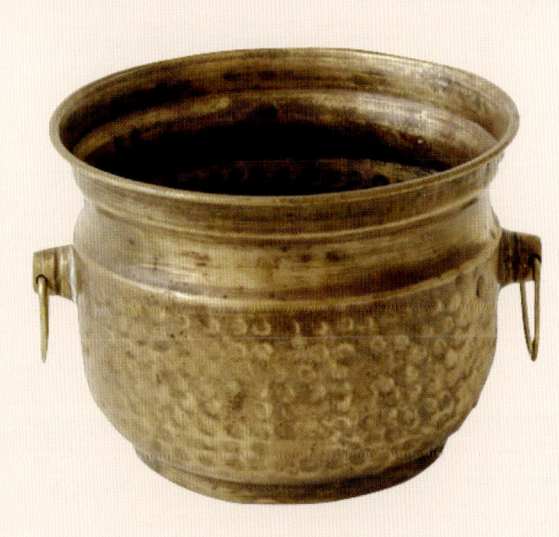

熬药锅

黄铜质,侈口,长颈,圈足。双耳吊环,熬药用。

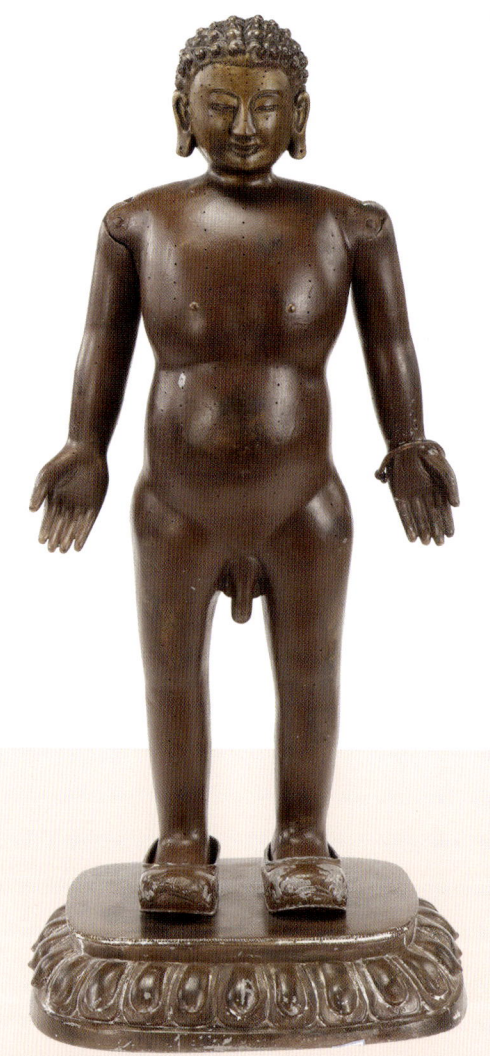

蒙医针灸铜人

铜人身高61厘米，头、躯干、下肢整体相连，两上肢铆合于肩部可以抬放活动。铜人腧穴共538个，各穴位的分布和位置、数目与历代中医铜人穴位有所不同，也与《四部医典》中的穴位有所不同，具有自己的特点。因此，这尊铜人是研究蒙医针灸学的珍贵文物。

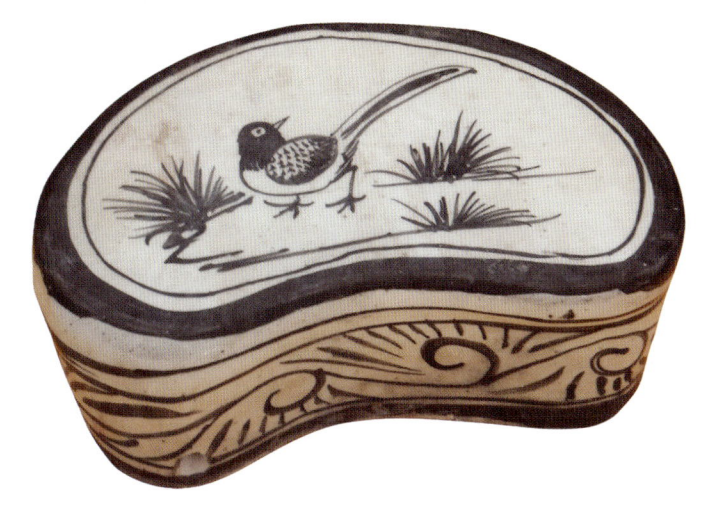

瓷脉枕

医生把脉时放在病人手腕下的小枕头，俗称脉枕。

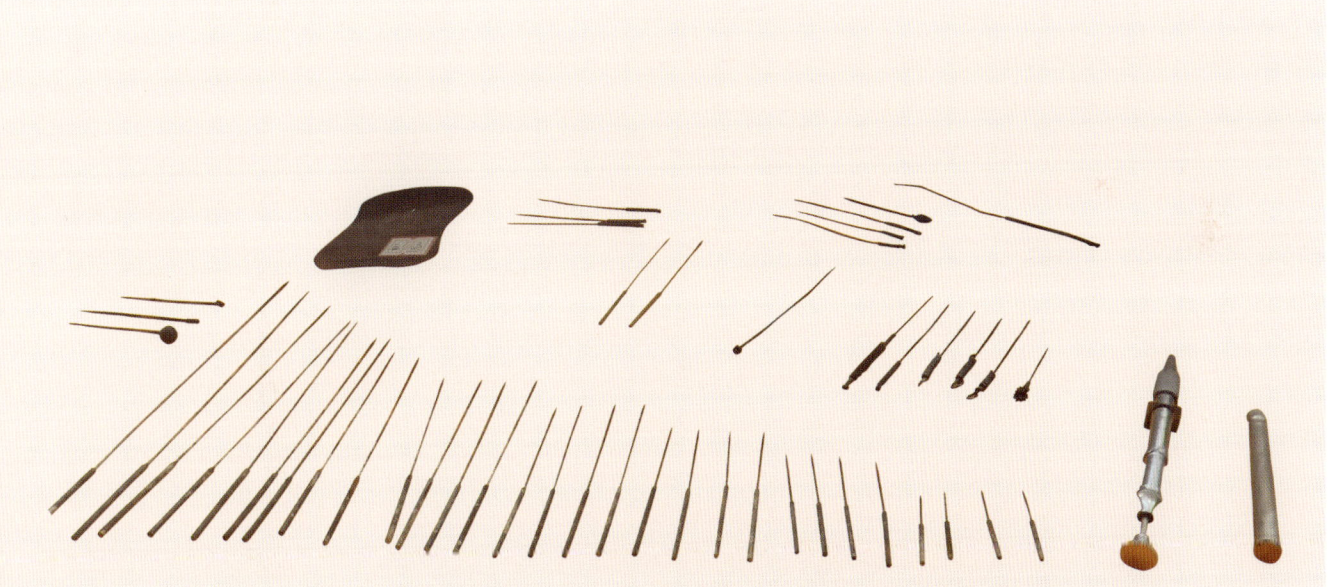

针灸针

用金、银、铁、青铜等材料制成，是蒙医针灸治疗时使用的专用工具。

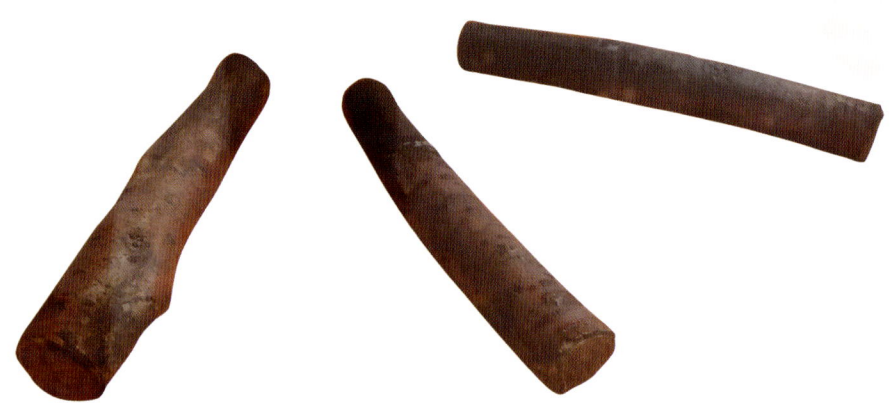

西河柳灸

蒙医灸疗的一种。取两条西河柳，每条长 10 厘米、直径约 1 厘米。施灸前将两条西河柳放入芝麻油锅或豆油锅内煮沸，先取出一根置于所选穴位上施灸，冷却后再取另一根施灸，如此交替使用，至皮肤稍起红晕为度。

第三章 蒙医蒙药

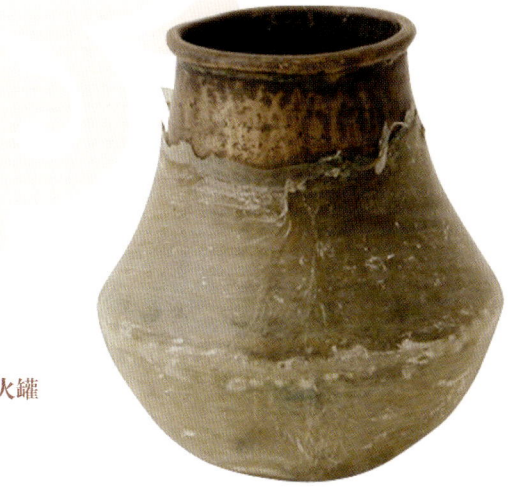

铜拔火罐

蒙医传统医疗器具。直口，平沿，圆腹，弧底。

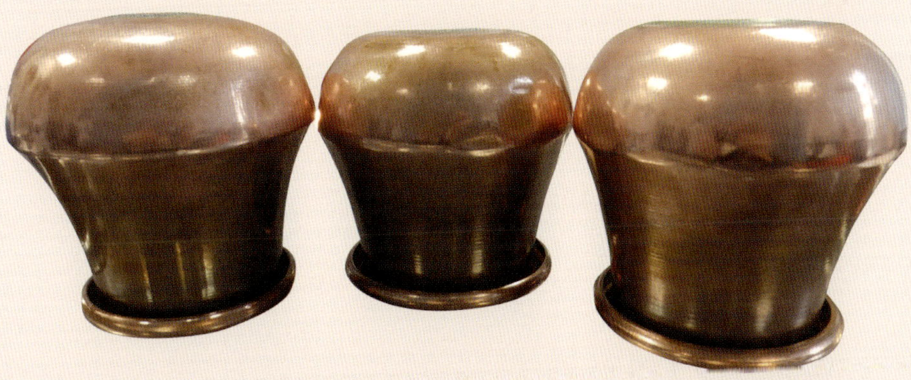

紫铜拔火罐

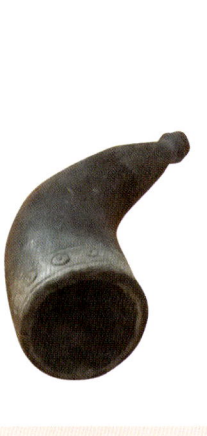
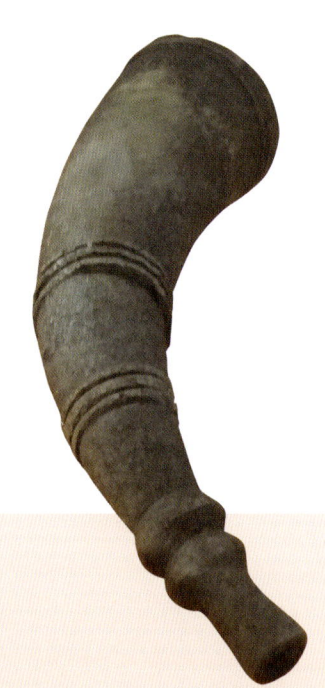

牛角拔罐器

用牛角加工制成。牛角拔罐技术是蒙古民族与自然和谐发展的产物,有1000多年的历史,是在民间传承保留下来的蒙医学文化遗产。

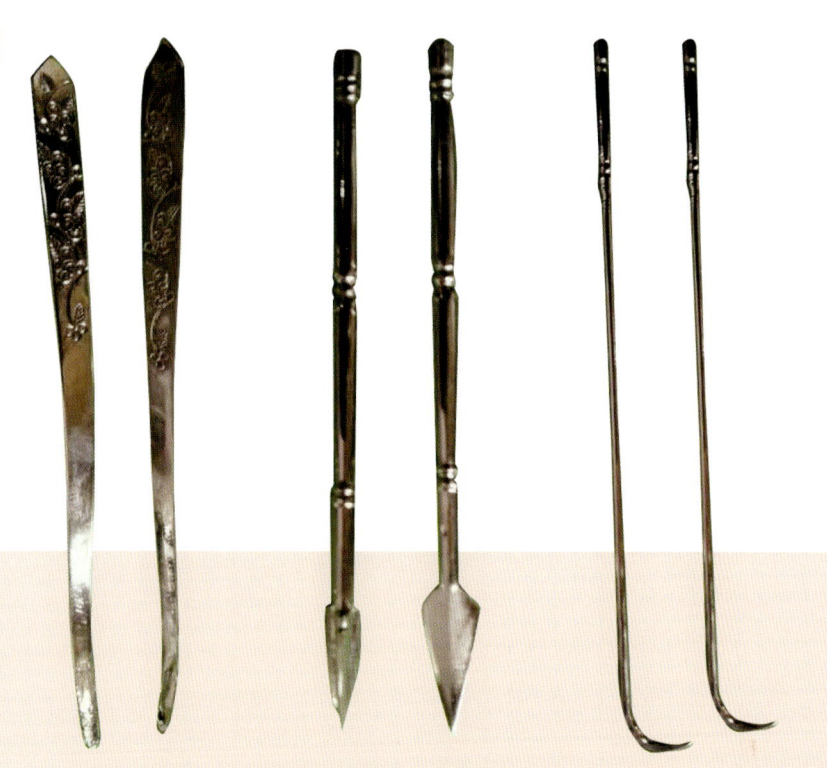

放血器

蒙医特色疗法——放血疗法时使用的工具，用放血器将人的某一部位的浅部静脉切开或刺破进行手术放血。

第四章 蒙古族游乐文化与游牧生活

蒙古族是一个古老的民族，有"马背民族"的美誉，他们能歌善舞，创造了适应各种自然环境、具有蒙古民族独特风格的游乐文化。它是珍贵的民族文化遗产，也是世界文化宝库中的瑰宝。

蒙古族游乐文化最主要的表现形式就是那达慕大会。每年七八月牲畜肥壮的季节举行的那达慕大会，是人们为了庆祝丰收而举行的文体娱乐大会。那达慕大会上有惊险刺激的赛马、摔跤、射箭，有争强斗胜的蒙古象棋比赛，还有引人入胜的歌舞。元朝时期，那达慕已经在蒙古地区广泛开展起来，并逐渐成为军事体育项目。元朝统治者规定，蒙古族的男子必须具备摔跤、骑马、射箭这三项基本技能。到了清代，那达慕逐步变成了由官方定期召集的有组织、有目的的游艺活动，以苏木（相当于乡)、旗、盟为单位,半年、一年或三年举行一次,此习俗沿袭至今。

　　蒙古族是北方游牧民族,牧业经济是最基本的生产方式,根据家畜的不同特征和季节的变化,形成了独特的放牧习俗,即四季游牧。蒙古民族从成吉思汗统一北方诸部起,至今已有800多年的历史,在传承与发展古代游牧文化的基础上,以广阔的胸怀大量吸收欧亚诸民族优秀文化,把草原游牧文化推向历史的辉煌顶峰。

　　毋庸讳言,随着现代社会的发展,游牧文化正在成为或部分已经成为文化遗产。也正因为如此,游牧文化更显弥足珍贵。

蒙古族游乐文化

蒙古族游乐文化主要指摔跤、赛马、射箭等传统项目。蒙古式摔跤具有自己独特的民族风格，内蒙古自治区蒙古式摔跤主要有乌珠穆沁式搏克、呼伦贝尔式搏克、沙拉巴尔搏克、鄂尔多斯搏克等。蒙古族以精骑善射闻名于世，赛马是蒙古族在游牧生活中形成的传统体育项目之一，射箭是蒙古族另一项古老的竞技运动。此外，蒙古族的竞技娱乐活动还有赛骆驼、赛蒙古象棋、赛布鲁、玩嘎拉哈等。

搏克

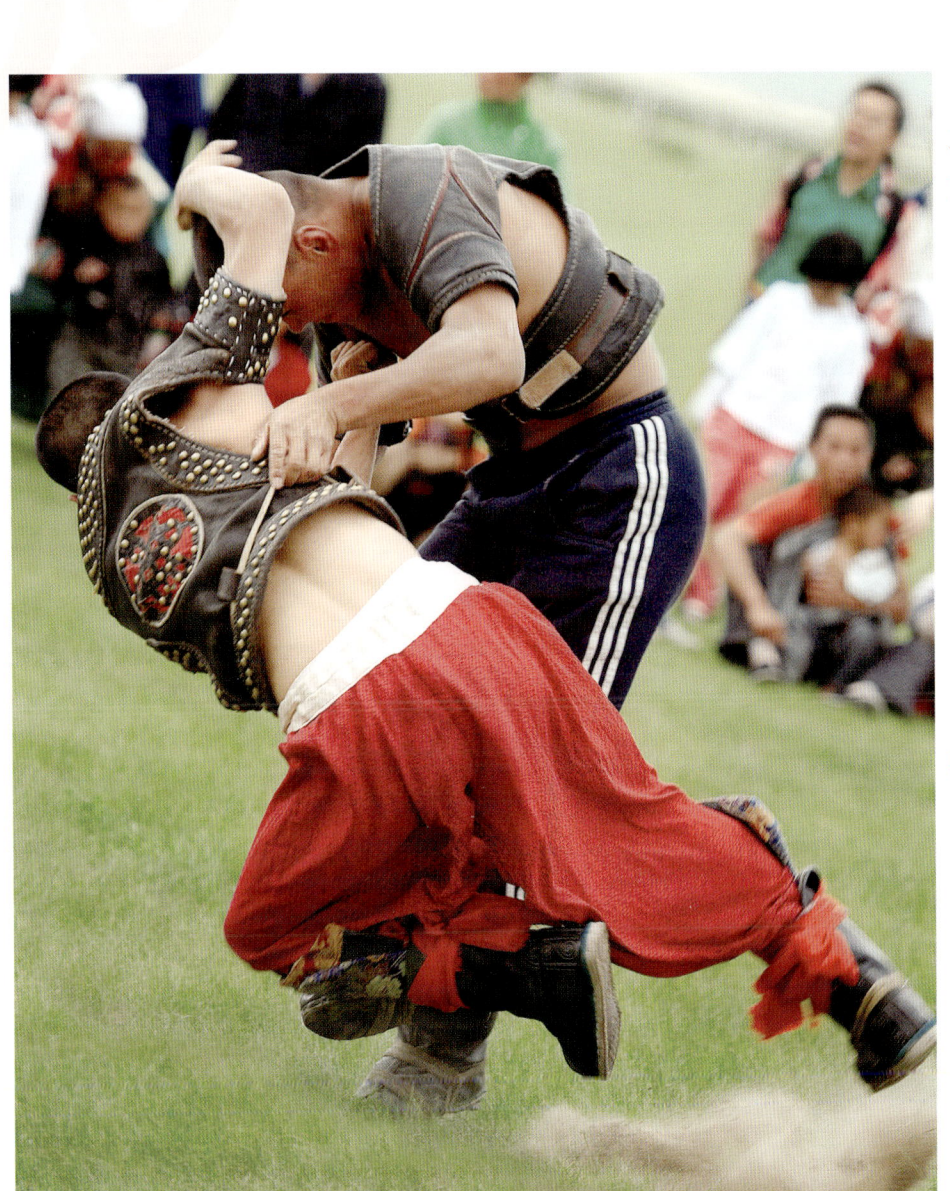

搏克

蒙古族传统体育项目之一。摔跤，蒙古语称"搏克"，有"结实、团结、持久"之意，是那达慕上必不可少的比赛项目。搏克有其独特的服装、规则和方法，因此，也叫蒙古族传统式摔跤。

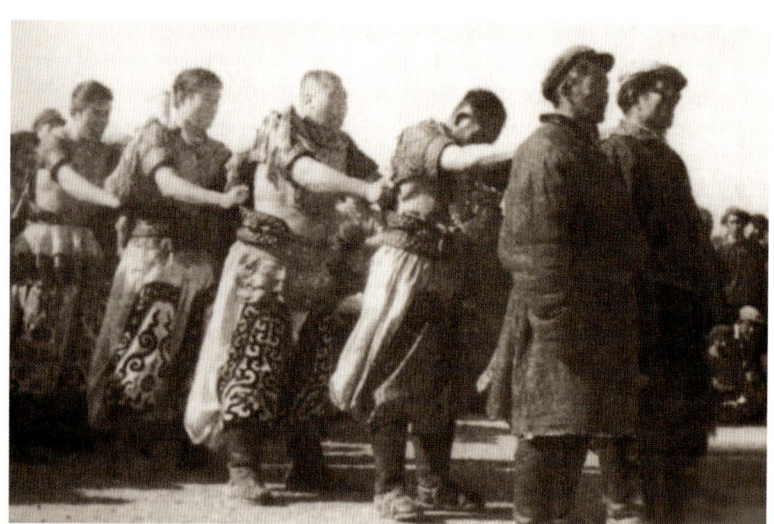

搏克手入场仪式

搏克选手入场前唱传统的摔跤歌,邀请对手上场。搏克选手们站成一排,其后搏克选手们依次把双手放在前面人的肩膀上等候入场。

搏克选手的入场舞

传统的摔跤歌唱过三遍后,等待入场的双方搏克手跳跃而出,跳着模仿狮子、鹿、鹰等姿态的舞步入场。

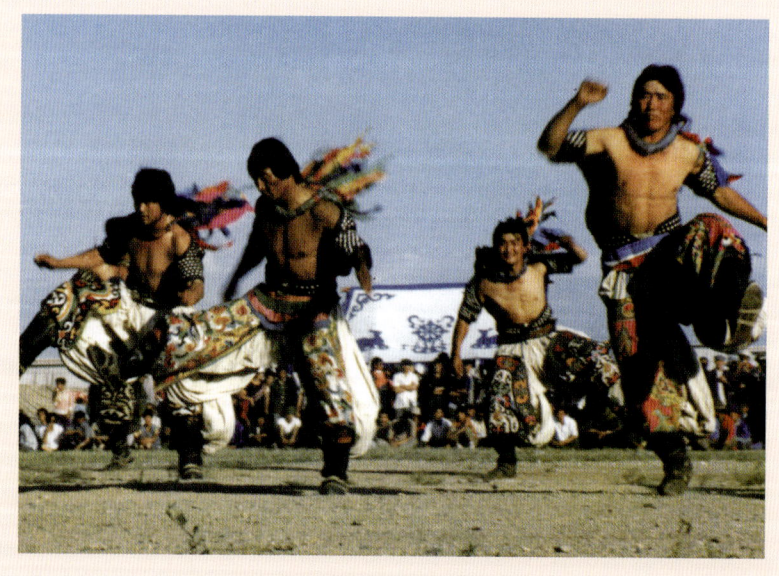

博克手跳雄鹰舞

雄鹰舞自始至终贯穿整场比赛。博克手以雄鹰展翅的姿势跳跃入场，绕场一周。决出胜负后两个人伸展手臂，翩然飞舞着离开赛场归队。

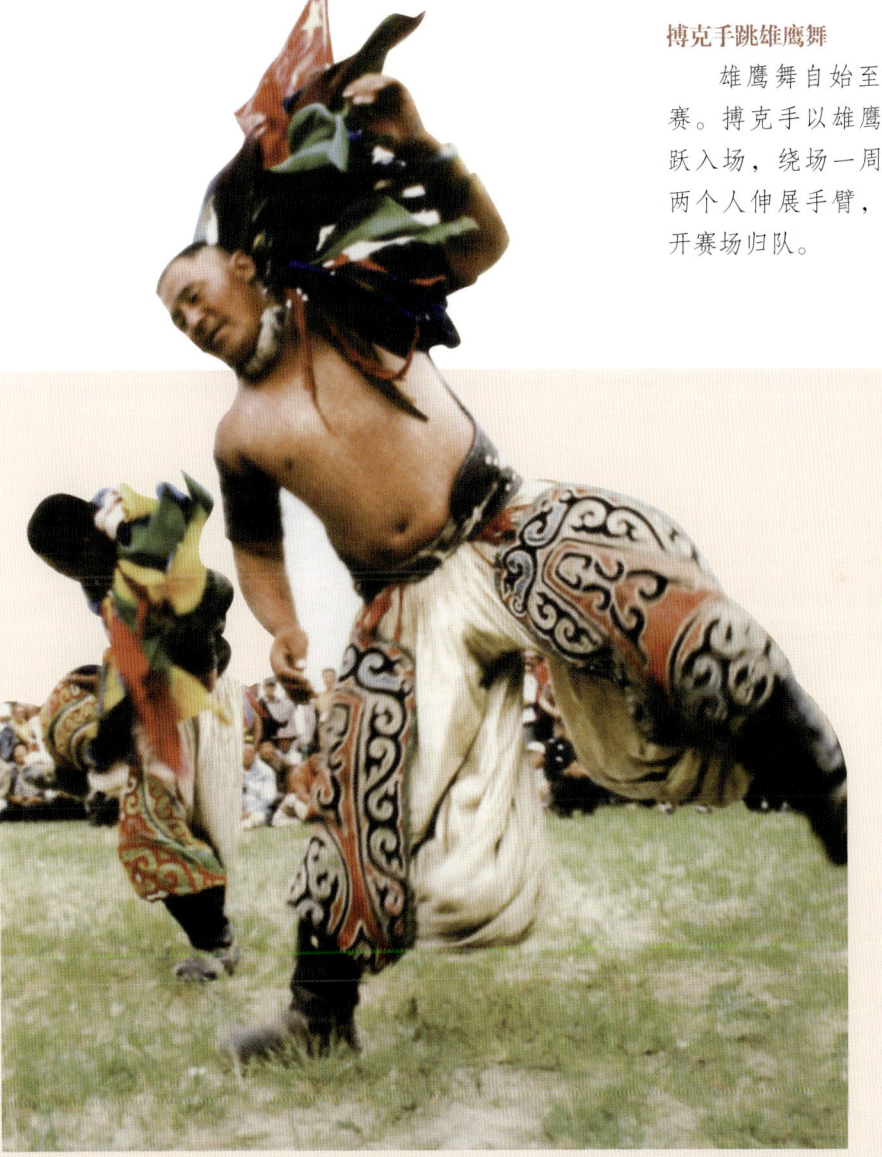

卫拉特蒙古博克手赛前誓言

人们为了生存，在与野兽和人类的搏斗中发展了博克，当时以"生死"为取胜标准，后来逐步演变为"双肩着地"或"躯干着地"即负，甚至胜负标准变为"点到为止"。双方交锋之前，先握手致敬的习惯至今保留。

博克比赛规则

参加博克比赛的选手根据报名参赛选手的情况，少则32人或64人，多则512人或1024人，不能出现奇数。比赛采用单淘汰制，一跤分胜负，膝盖以上任何部位先着地者为败。比赛不限时间，不分体重。摔跤手有专门的服装，蒙古语称"昭得格"。

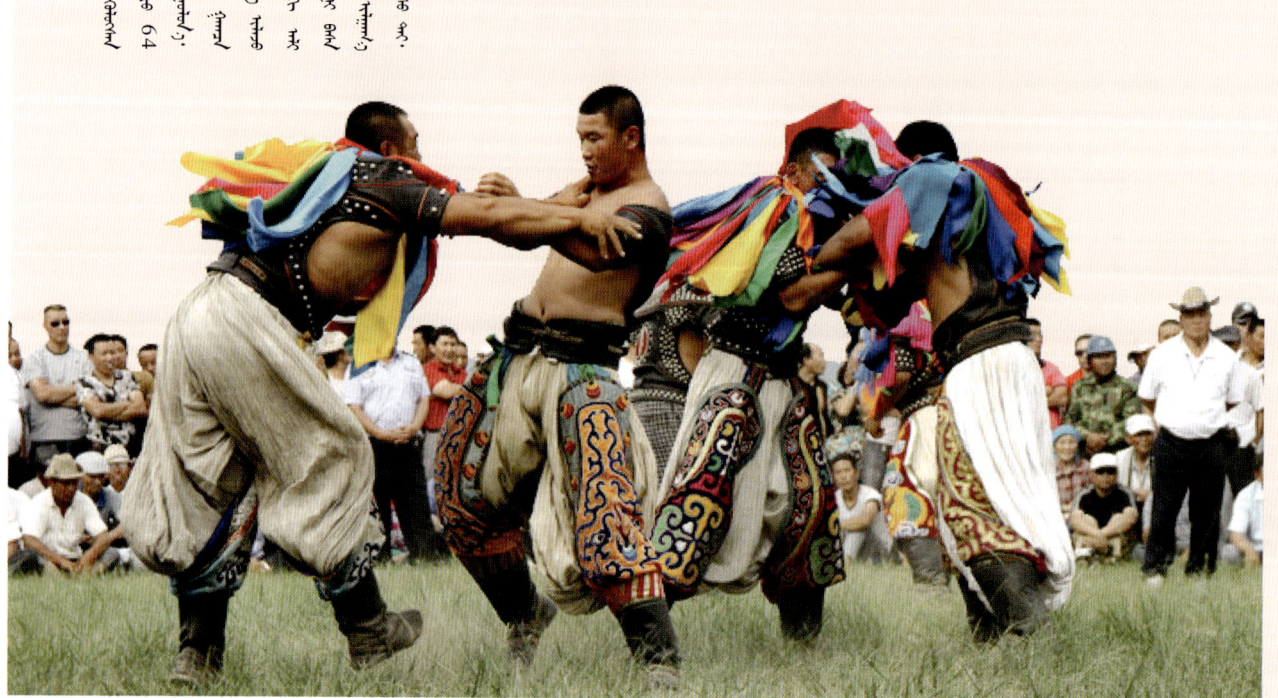

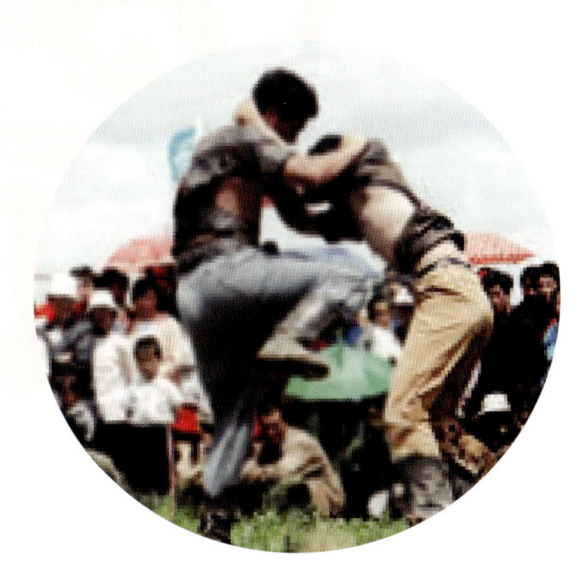

搏克技巧

搏克技巧有捉、拉、扯、推、压、踢、绊、缠、挑、钩等十几个基本技巧。可以抓住摔跤衣、腰带、裤带，但不许抱腿，不准打脸，不准突然从后背把人拉倒等。

搏克技巧——使钩子

使钩子是指用脚钩着推对手。

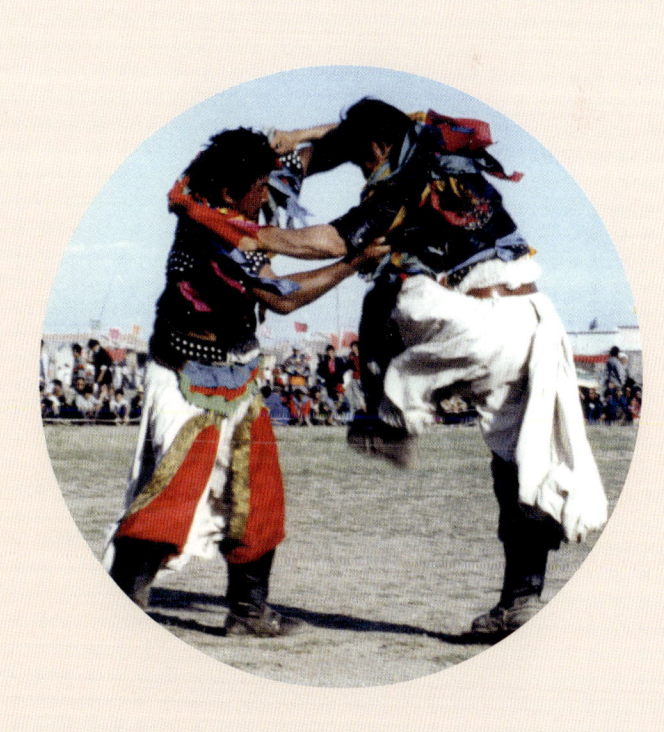

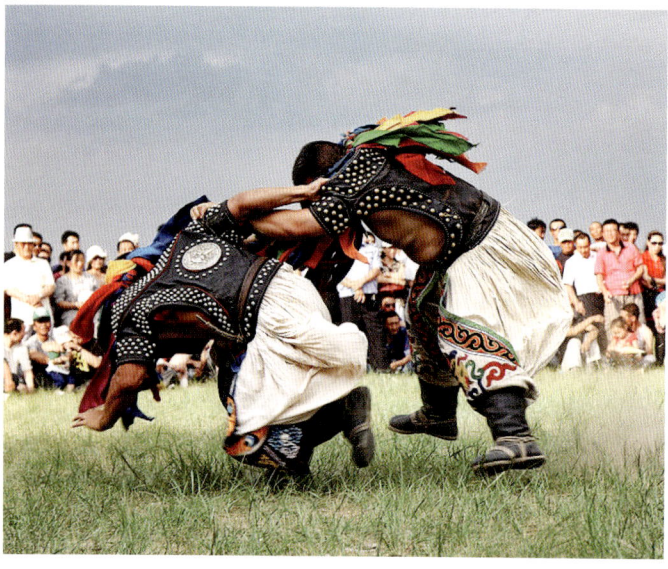

搏克技巧 ——拉扯

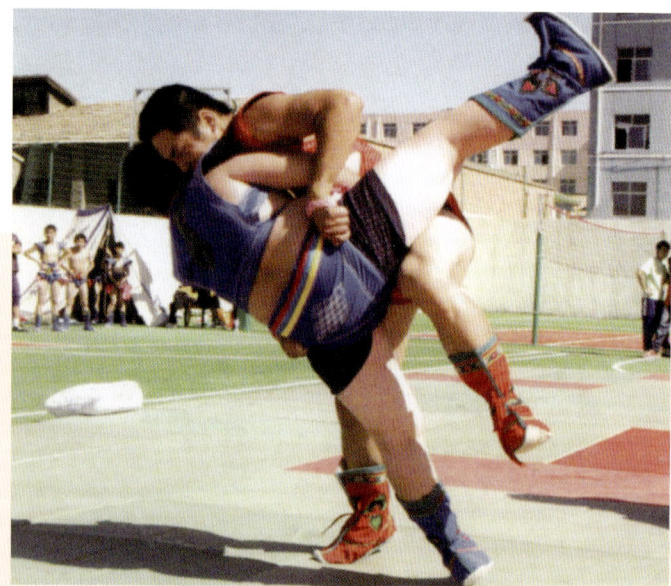

搏克技巧 ——压

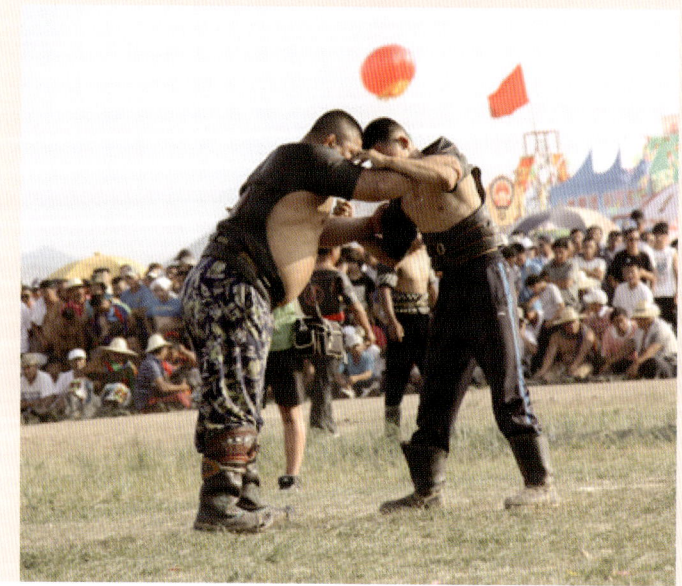

搏克技巧 ——捉

第四章 蒙古族游乐文化与游牧生活

乌珠穆沁搏克手

乌珠穆沁搏克手颈上戴的颈结，蒙古语称"江嘎"。身上穿皮制带铜或银泡钉的坎肩，下身着肥大的套裤，外面再穿绣有民族图案的套裤，脚穿皮制蒙古靴或马靴。

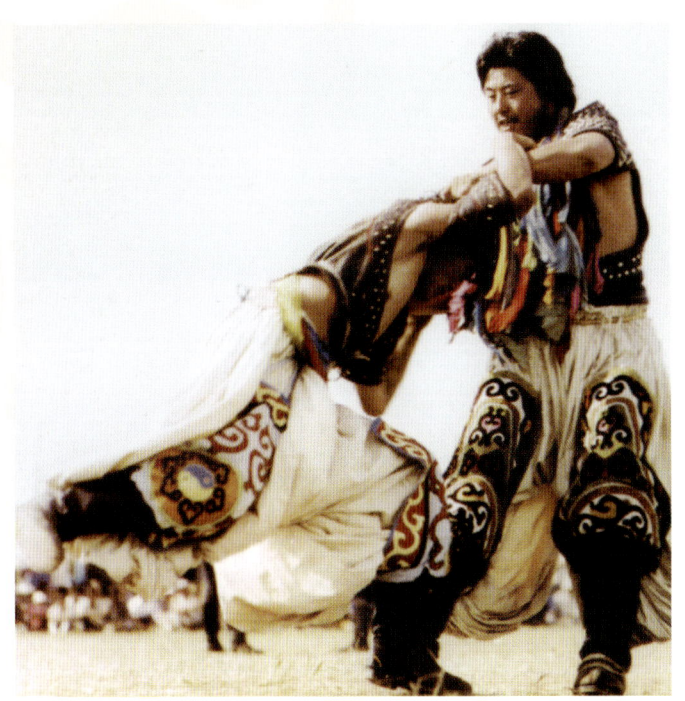

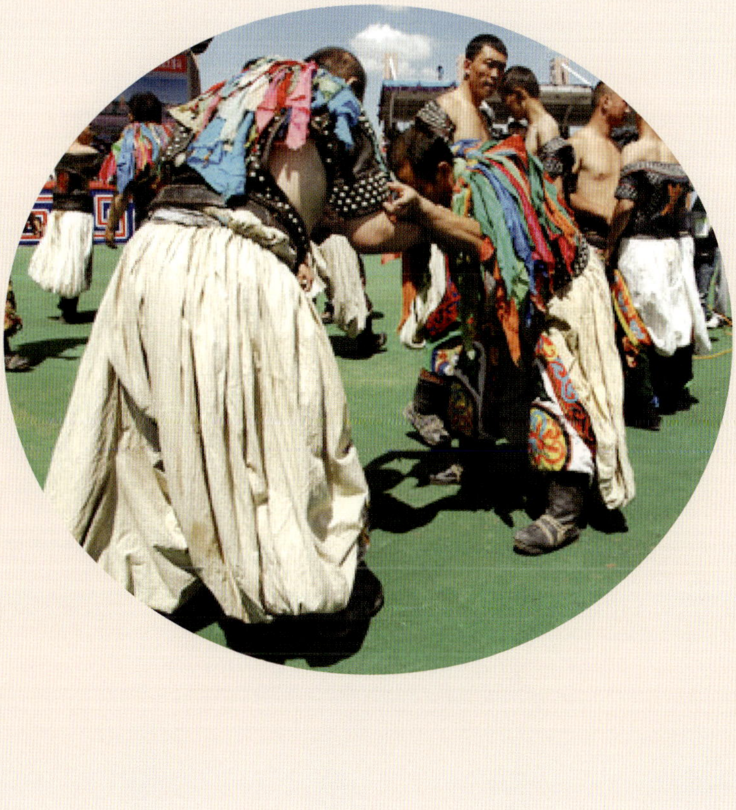

呼伦贝尔搏克手

呼伦贝尔搏克手不戴颈结，不穿肥裆裤，只穿绸缎便裤。

呼伦贝尔蒙古女子搏克比赛

蒙古族历史上出现过不少优秀的女子搏克手。据《马可·波罗游记》记载，海都王之女阿吉牙尼惕就是一位搏克高手。

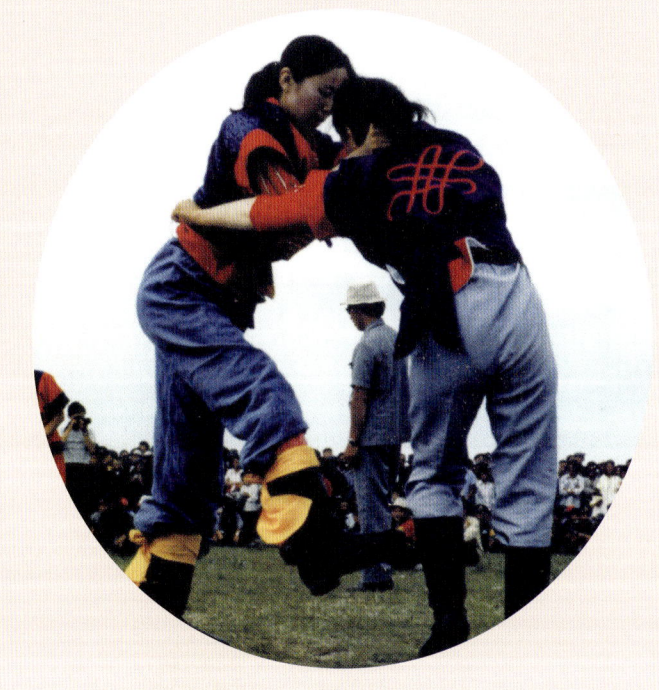

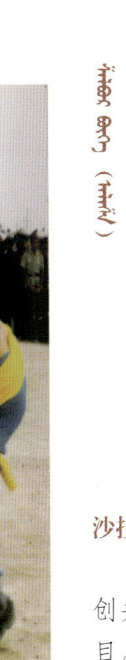

沙拉布尔搏克（阿拉善）

沙拉布尔搏克是卫拉特蒙古族独创并保留至今的一项传统民族体育项目。沙拉布尔式摔跤技艺中的砍铲、膝折、抓领等动作，是模仿公驼争斗动作而命名的。

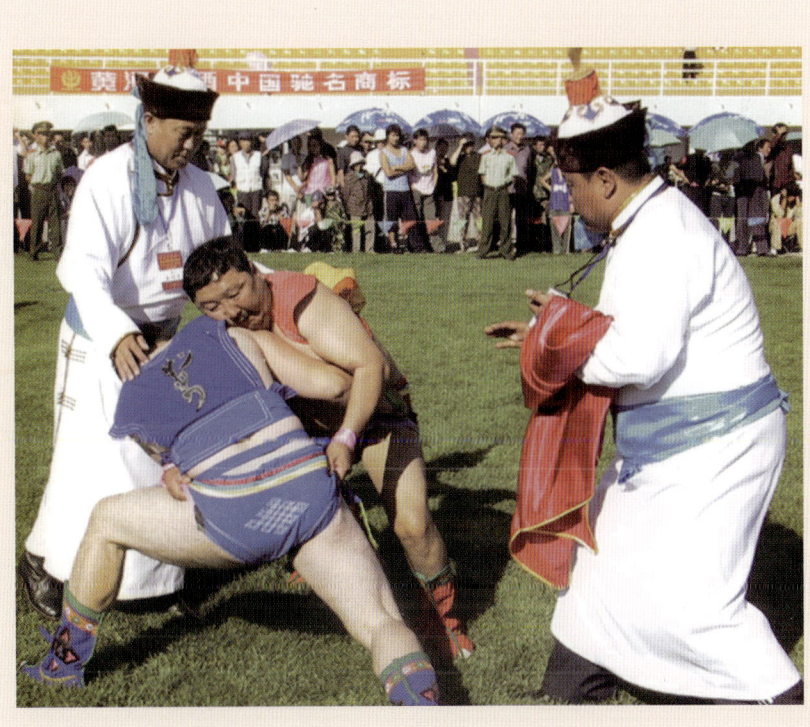

沙拉布尔搏克

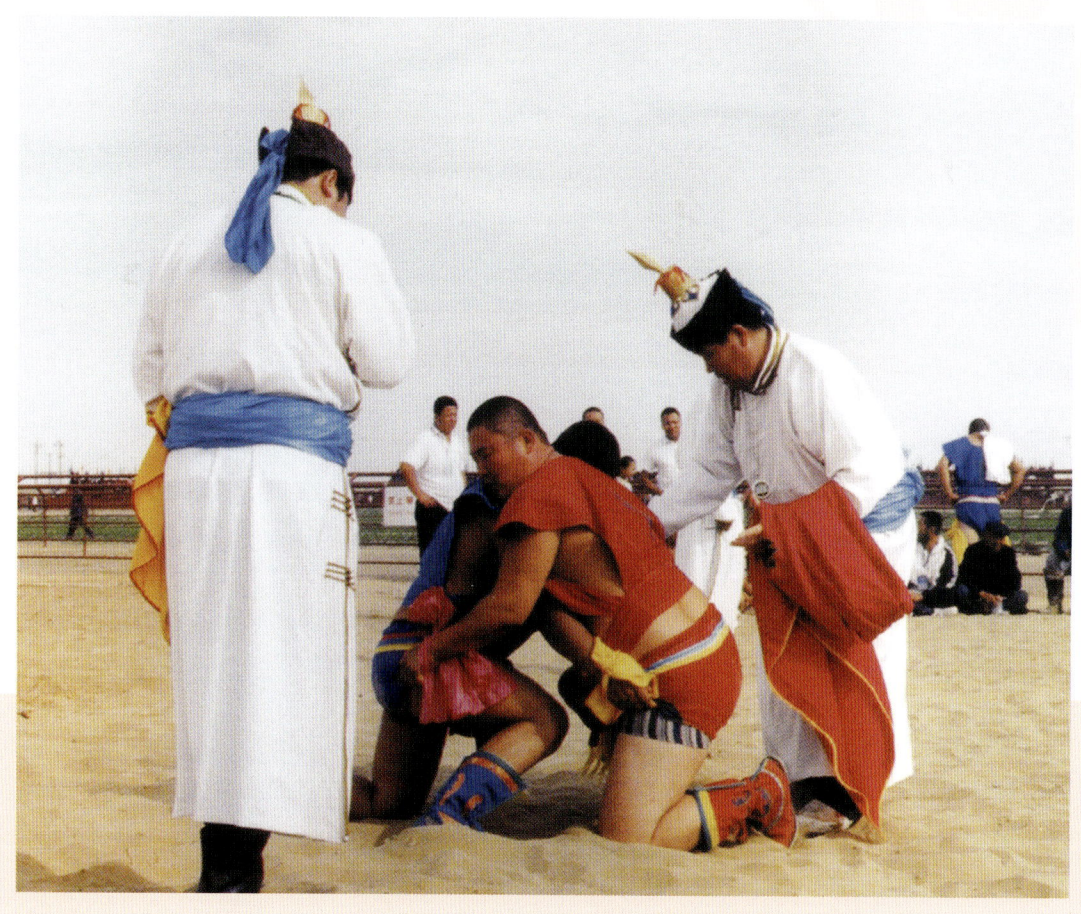

阿拉善式搏克

阿拉善搏克手下身穿多层布缝制的裤衩，上身穿背心或赤身，脚穿蒙古靴。比赛前双方左腿跪在地上，互相抱腰抓好后，等裁判的下令开始比赛，双方站起来争夺，比赛中不换把位，争夺中以身体膝盖以上任何部位先着地者为负。

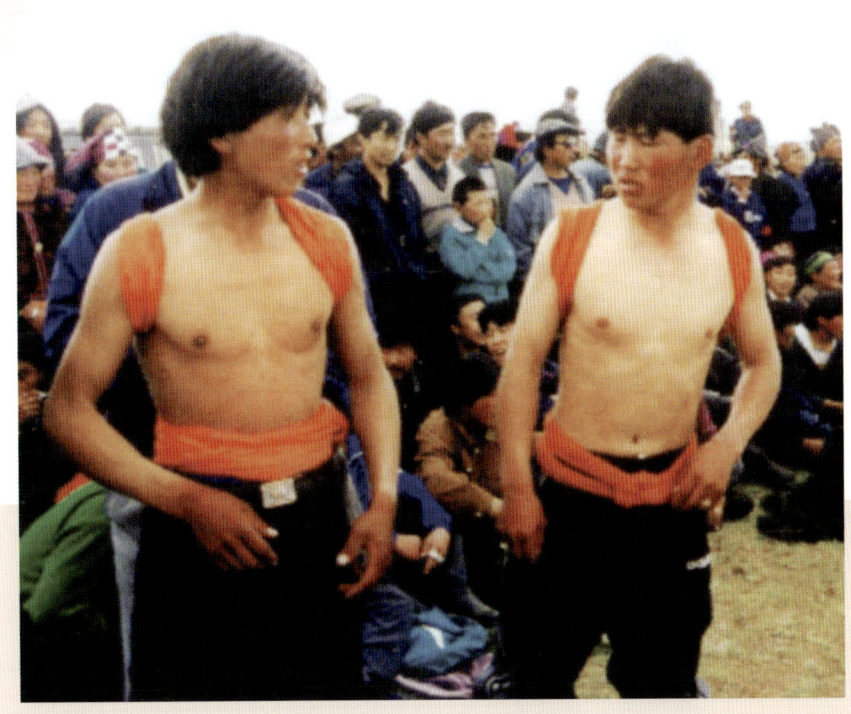

鄂尔多斯搏克手

鄂尔多斯搏克手穿便裤，赤上身，以各种颜色的宽绸或布带交叉披在双肩上，收紧于腰间，脚穿蒙古靴。

一 赛马

赛马

赛马是蒙古民族的传统比赛项目，因此，蒙古族又称"马背民族"。据文献记载，蒙古赛马有近两千年的历史，到元代，马上运动和兵役制结合起来，成为当时的一种制度，大型集会时都将赛马作为活动内容。

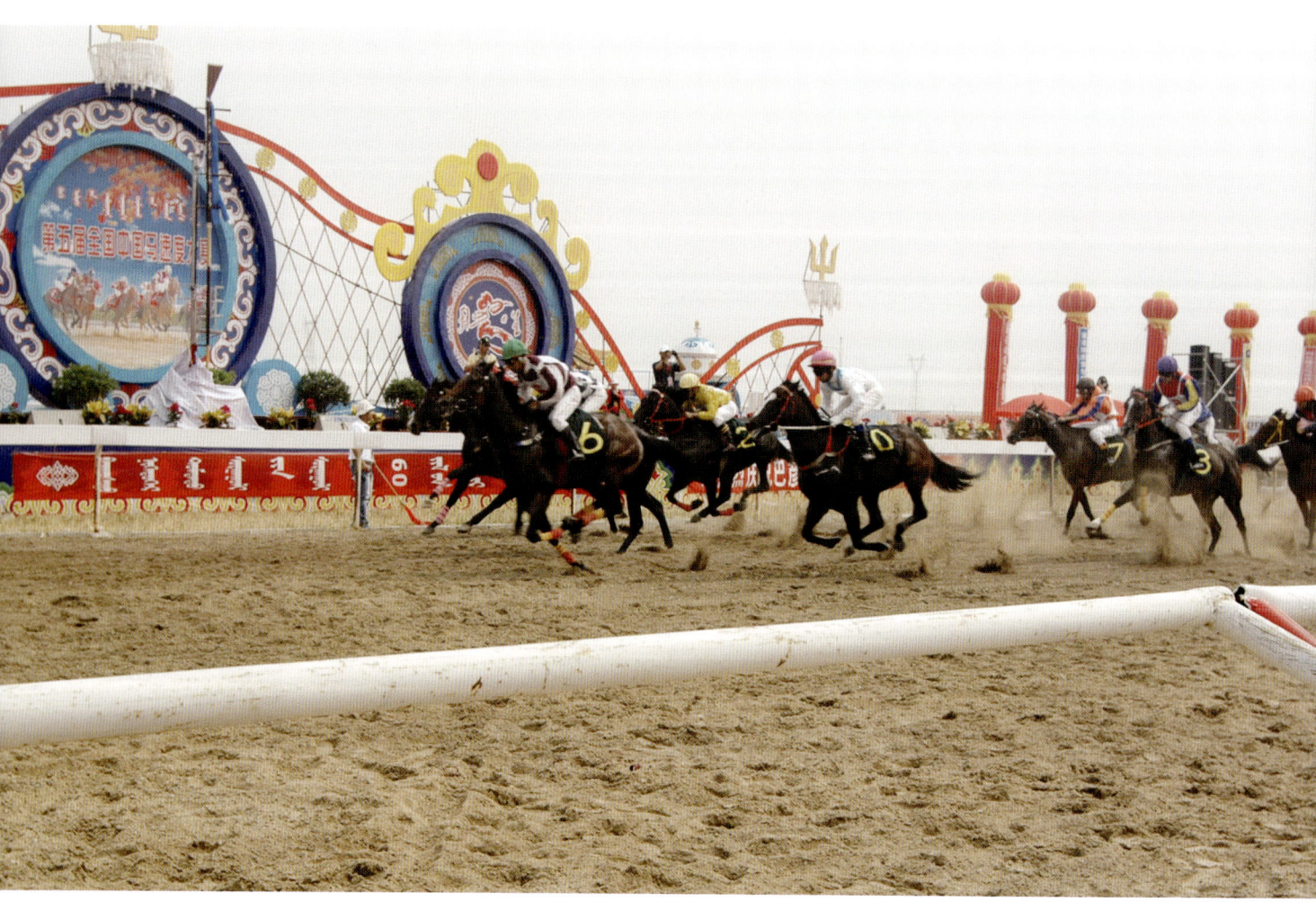

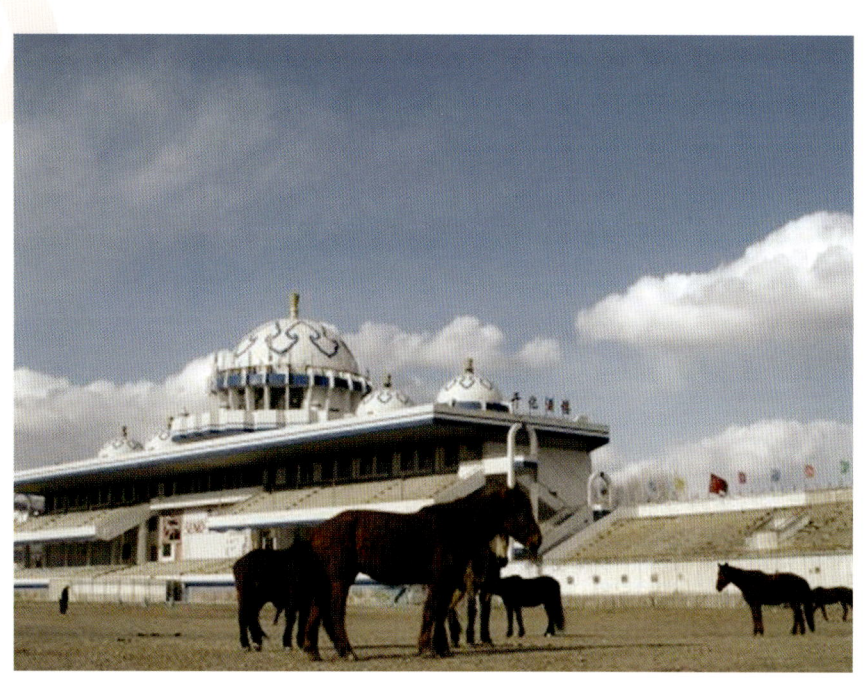

内蒙古赛马场

位于呼和浩特市北郊，是目前亚洲规模最大的赛马场。占地面积为46.8万平方米，赛场面积为32万平方米。始建于1959年，1987年改建。跑道呈椭圆形，宽18米，周长2500米。可供10万人看比赛。比赛场两侧有训练场、有宽敞的马厩等设施。建筑风格独具民族特色，现已成为世界著名的赛马场之一。

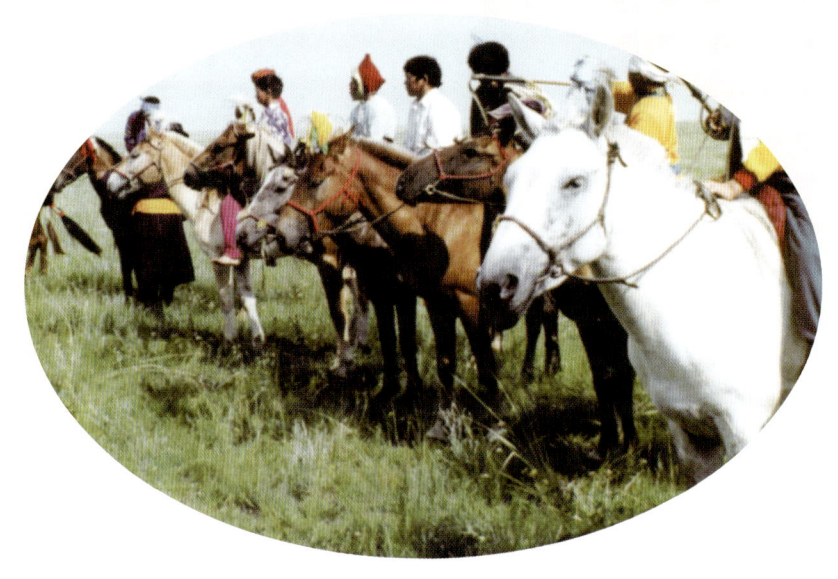

赛场起跑

开赛前,先列队于草原上,绕着临时搭建的蒙古包边走边唱,然后一起到起跑点集合,在发令员一声令下之后,众健儿策马扬鞭冲向终点。

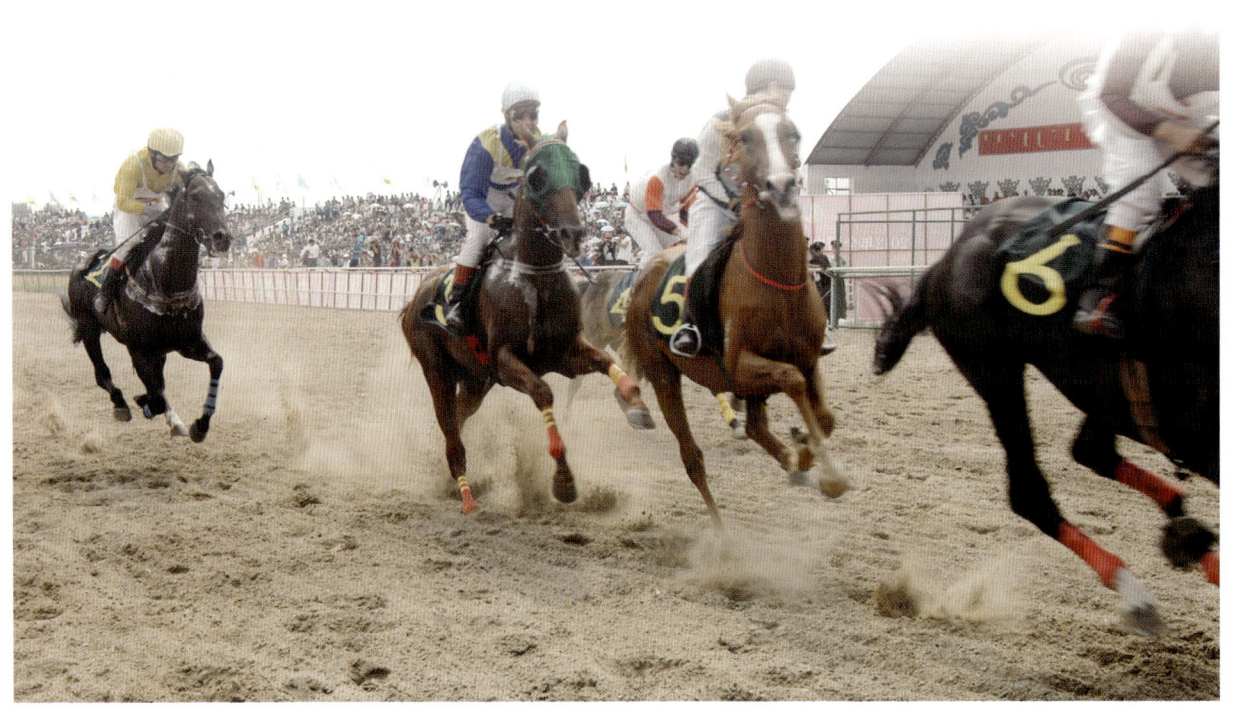

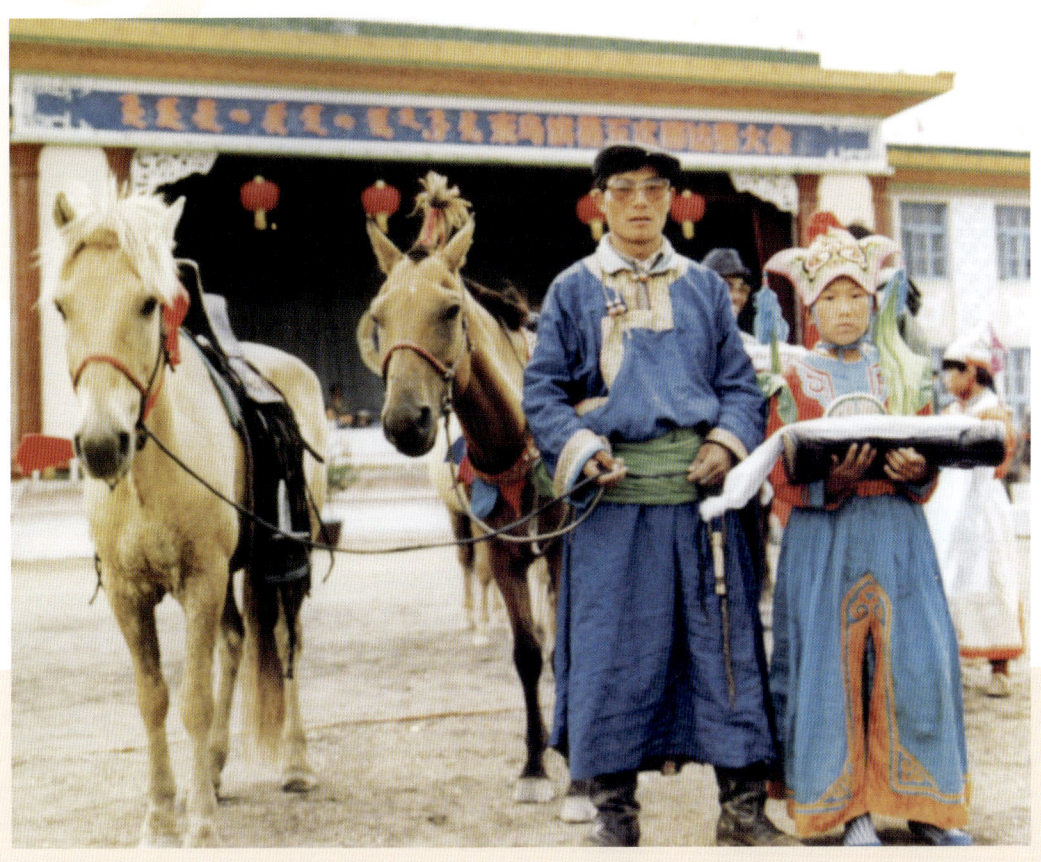

获奖的小骑手

比赛结束时，一般要举行授奖仪式，获得名次的马匹和骑手缓缓入场，排列主席台前，按传统的方式，由专人在台上唱颂赞马词，然后，接受对快马的命名和奖励。

快马比赛

快马赛主要比马的速度和耐力，赛程一般为20公里、30公里、40公里。快马赛按马的岁数和种类分组，可分为骟马赛、两岁马赛、三岁马赛、四岁马赛等几种。骑手一般为6~13岁的孩子。先到达终点者为胜。

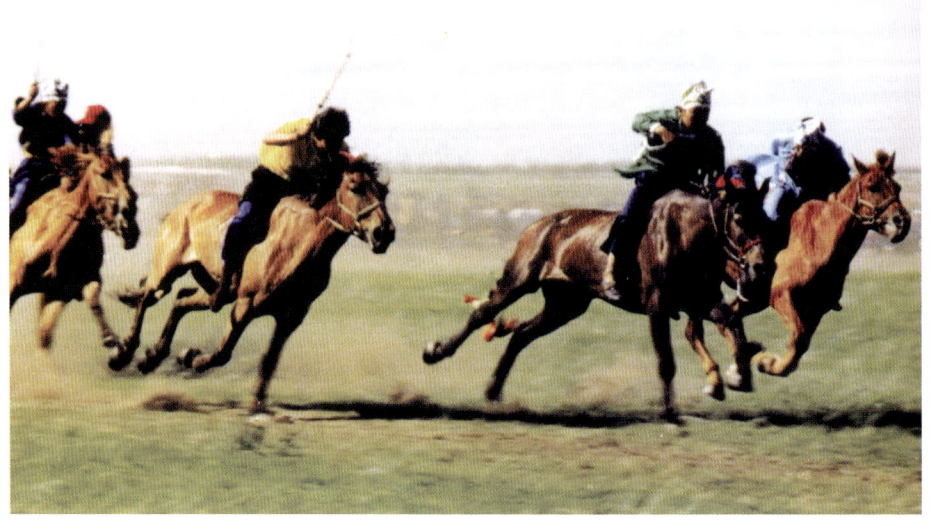

快马比赛（乌珠穆沁）

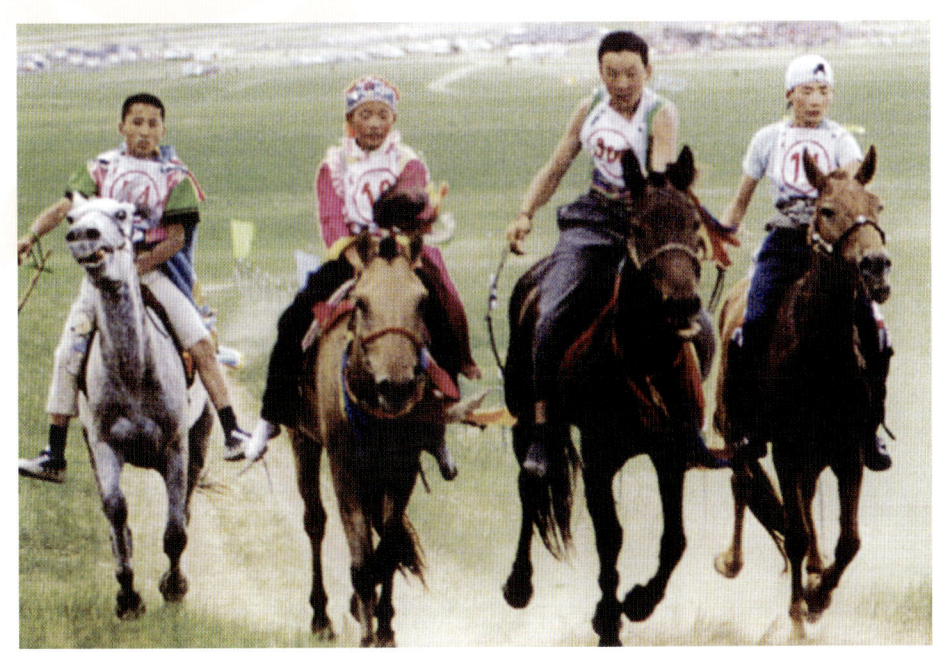

小骑手

传统的快马比赛中，为了减轻马的负荷，都不备鞍，骑手多为擅长马术的10岁左右的少年儿童，轻装上阵。

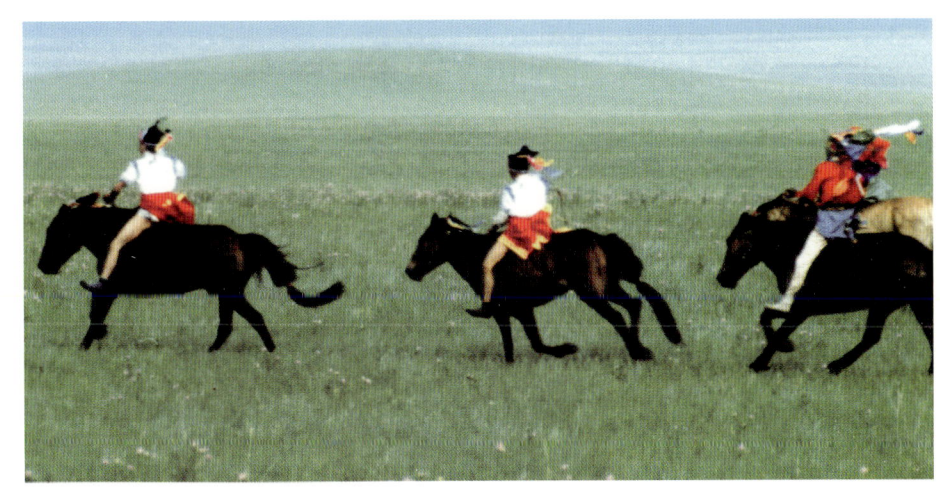

赛三岁马

三岁马比赛赛程一般为15~20公里。

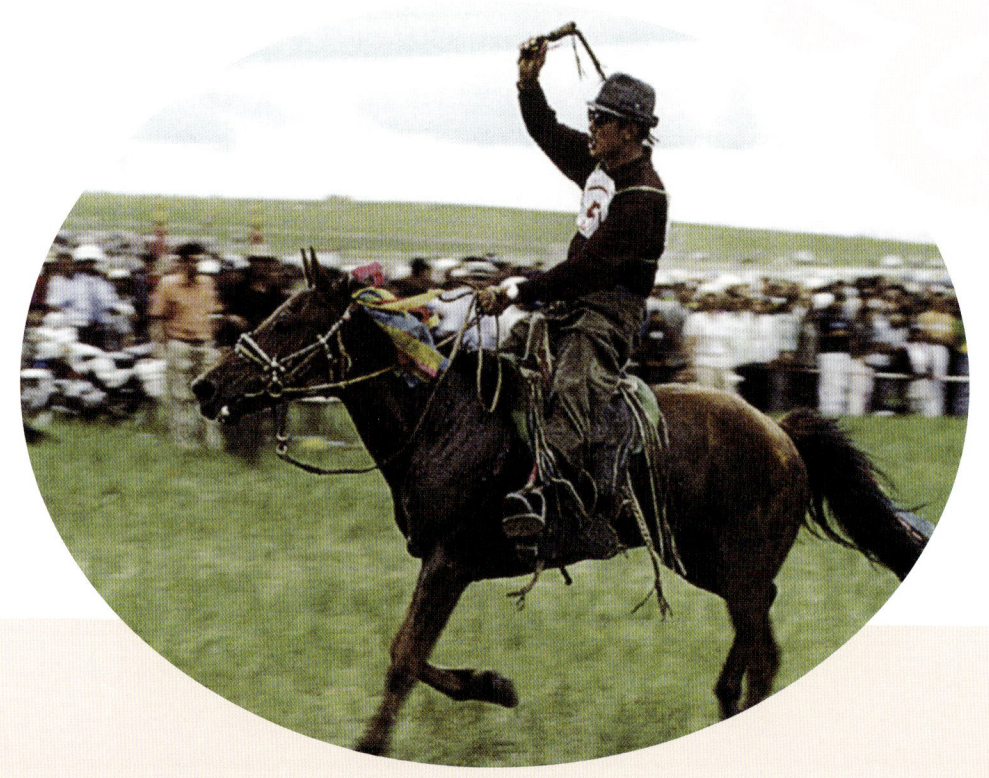

走马比赛

在无任何障碍的平地或跑道上进行。骑手控制走马，稳坐马背，压住马步，马蹄声为两声两节奏，十分动听而有力。赛程一般为5~10公里。骑手多为有经验的长者或中年男性。

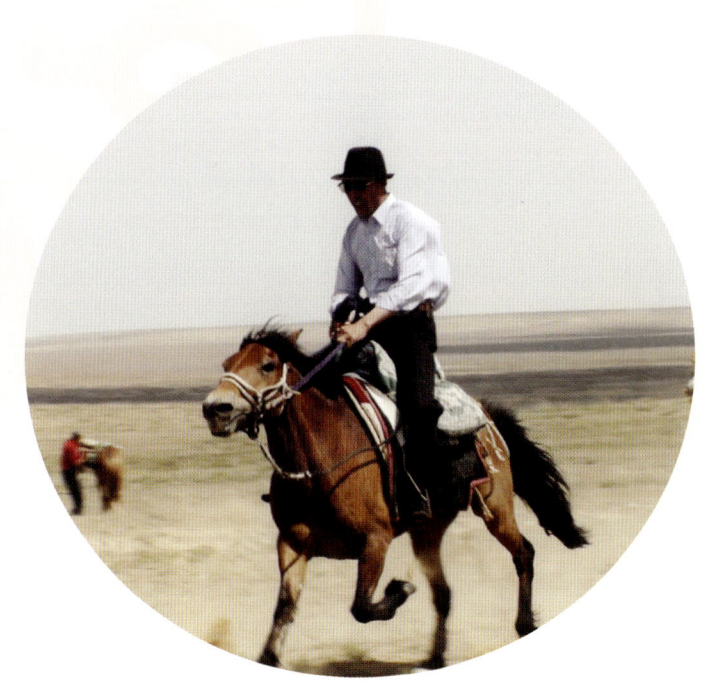

冲刺

走马训练最重要的是要与马长期磨合,用语言和动作来控制马的节奏。所以,骑手与马的良好协调才是冲刺的关键。

颠马比赛

颠马是马匹在奔跑时一侧的前腿与另一侧的后腿同时同向移动,奔跑速度比起走马稍显快捷,节奏声杂乱。

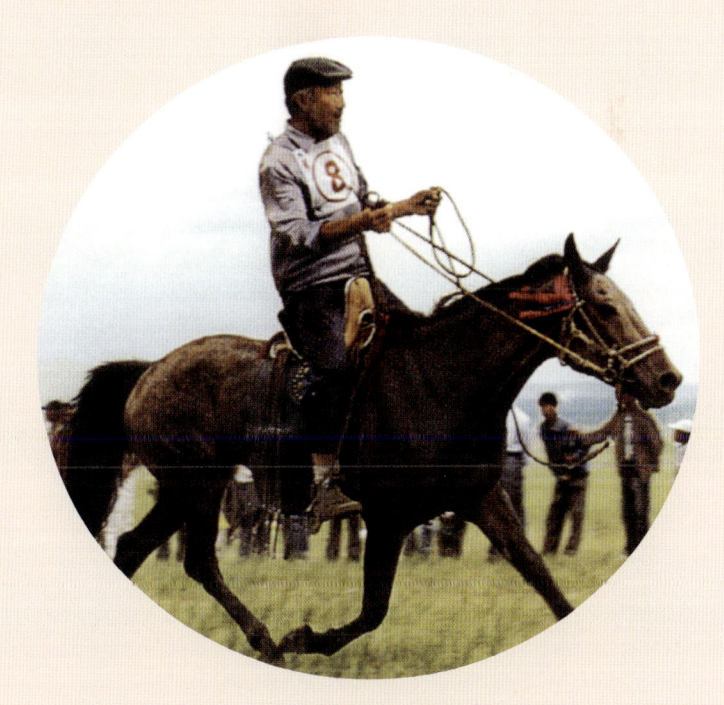

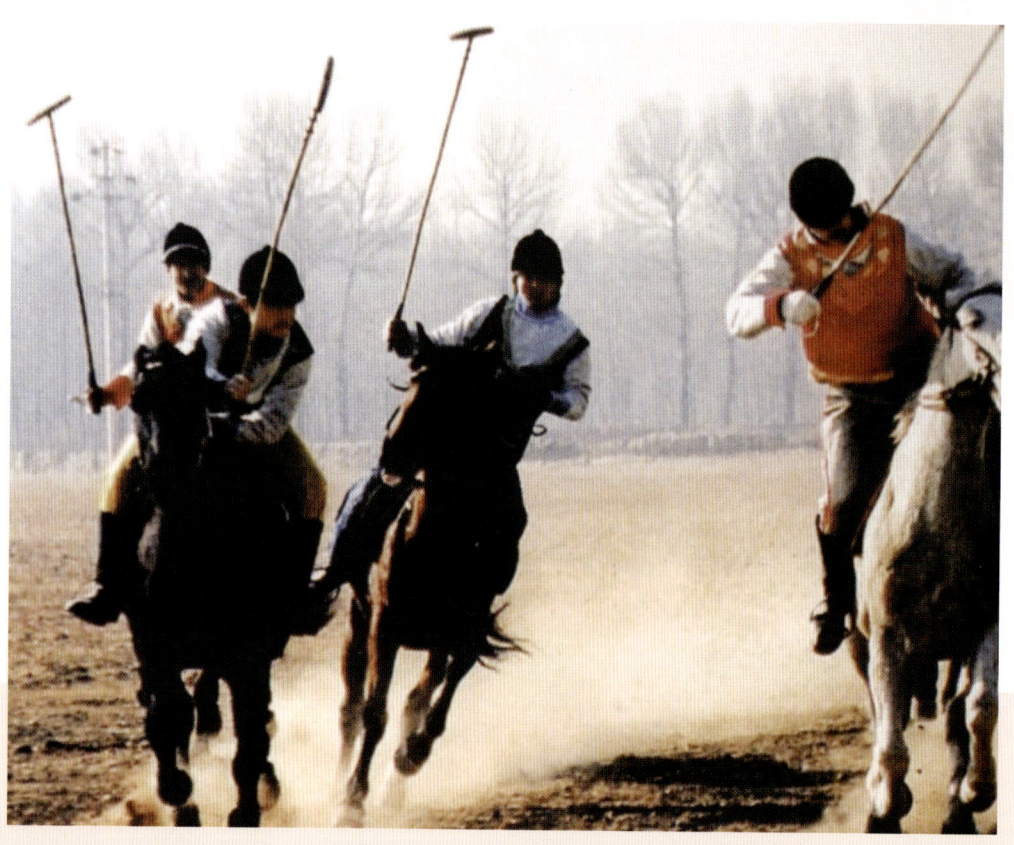

马球运动

马球，史称击鞠，是骑在马背上用长柄球槌拍击木球的运动。蒙古族民间马上游戏和运动项目，流行于内蒙古等地。1951年，内蒙古成立了新中国第一支马球队。马球运动在传统的那达慕大会上是表演项目。

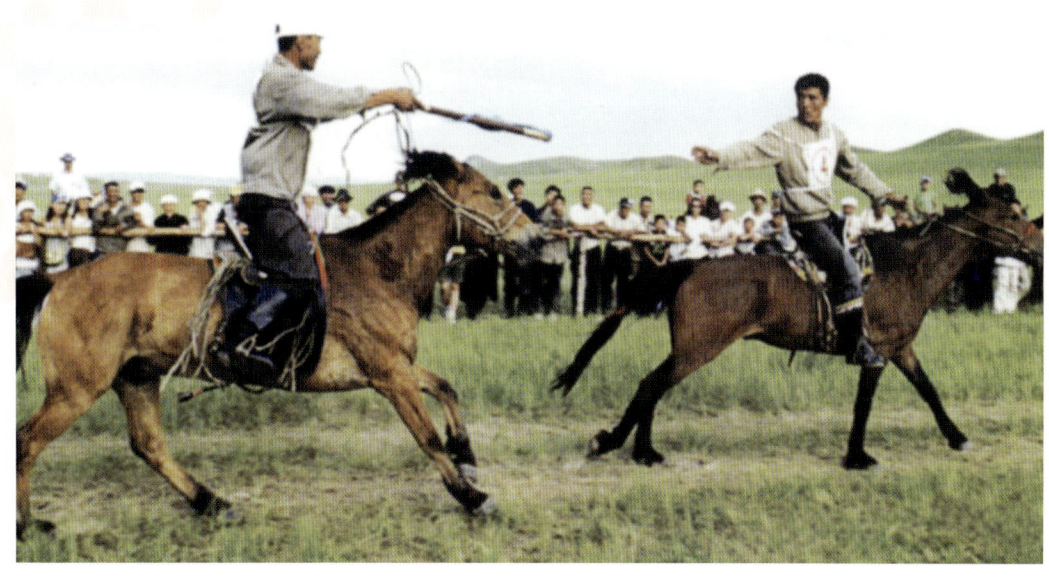

马背接力比赛

蒙古族传统运动会上，特有的马背上的接力赛。

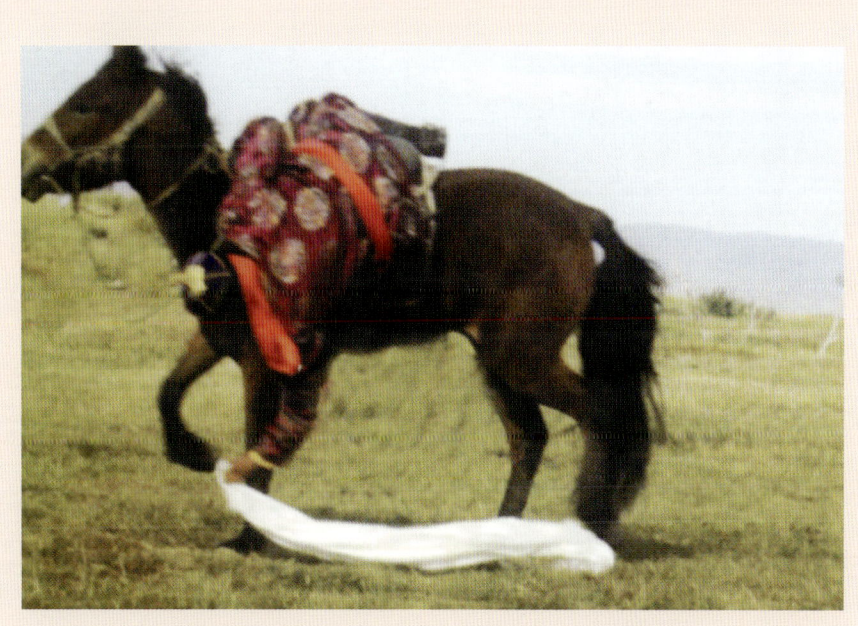

马背上拾哈达

蒙古人传统马术的一种，在驰骋的马背上拾起地上的哈达。

射箭

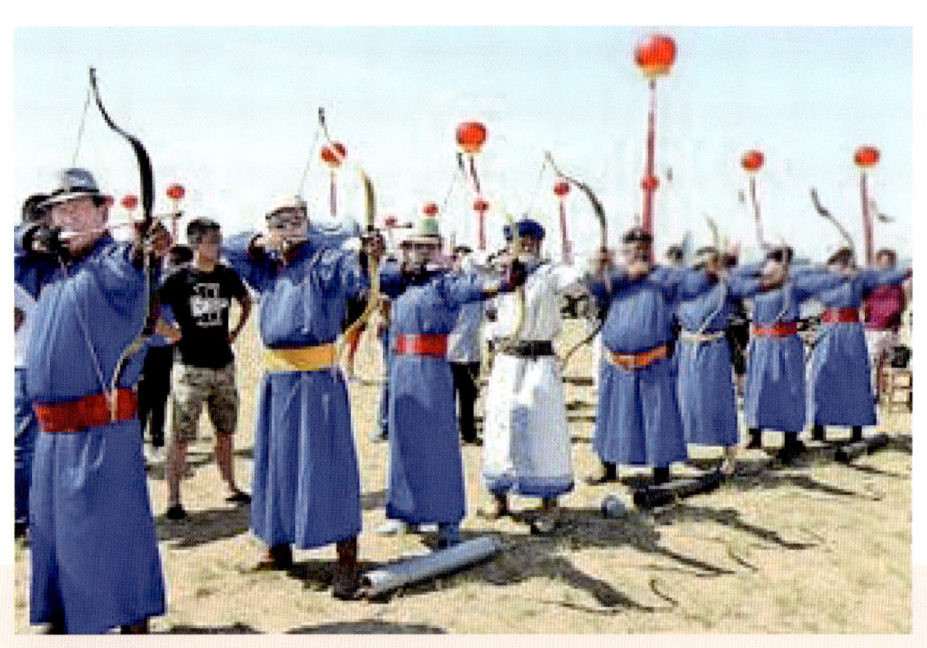

蒙古族射箭

射箭是蒙古族传统的体育运动项目。历史上，弓箭是蒙古人生活中不可缺少的武器，人们也非常尊重那些优秀的射手，而射手也乐于当众表演自己的技能。射箭分为立射、骑射和远射。

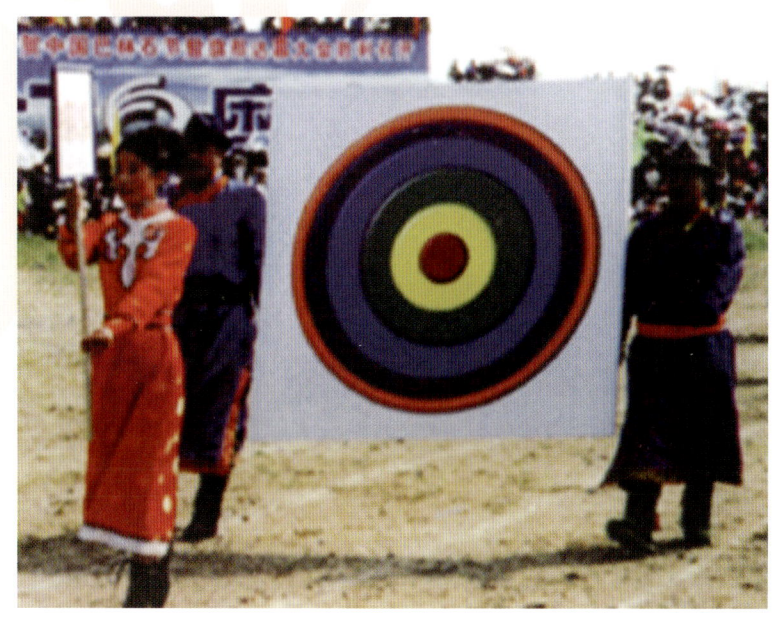

萨仁靶

萨仁靶与普通靶不同，整个靶由独立的五种颜色环套而成，比赛中墩头箭撞击或者穿过不同的环而得不同的分。萨仁靶比赛规定，选手不分男女，都在30米距离内射箭。

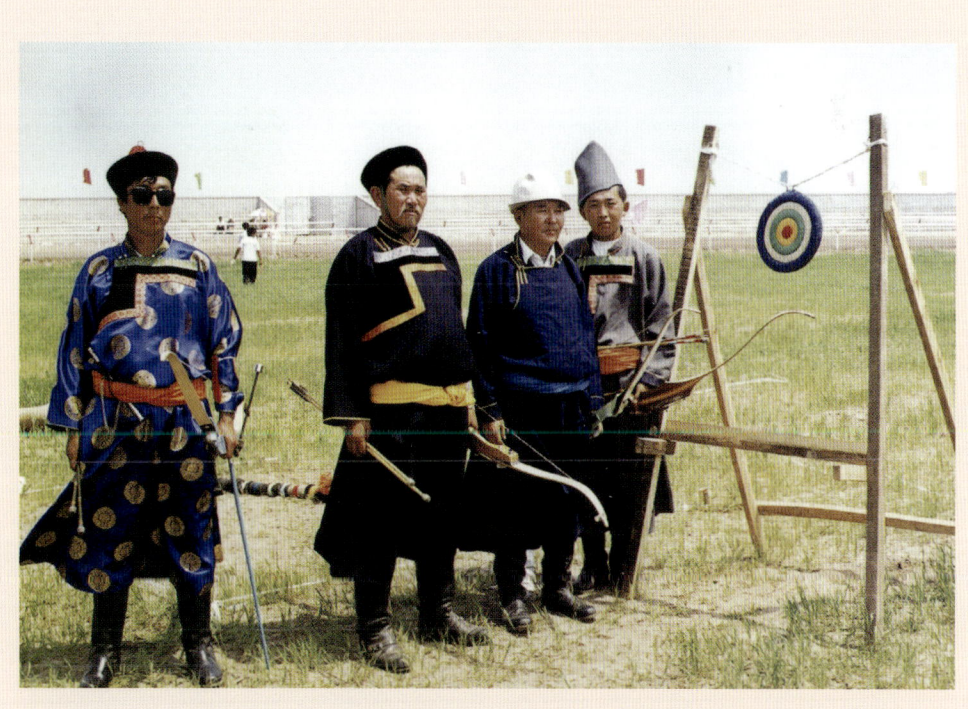

萨仁靶验靶

射箭比赛前，要对萨仁靶进行人工验靶。

固定萨仁靶

萨仁靶的固定方式，一般用绳子之类的东西抻展挂于并排的两个木头中间。萨仁靶的中心离地面四尺高。

佩戴扳指的射箭手

扳指，是一种保护手指的工具。射箭时套在右手拇指上，用以保护手指免受伤害。

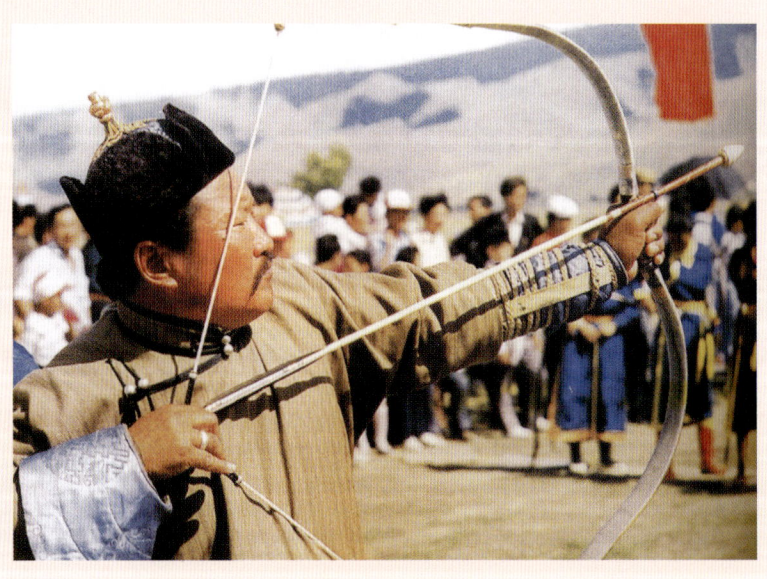

立射

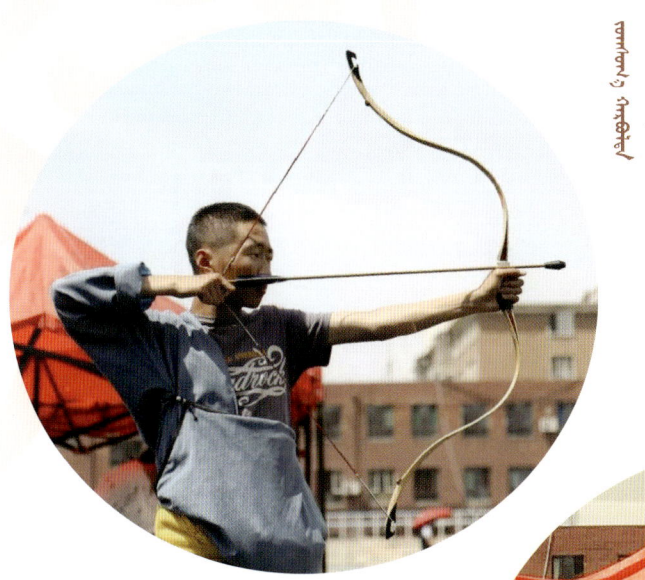

射程一般为 15~20 米，比赛时射手立于固定地点发箭。三箭射完，以中靶箭数评出优胜者。

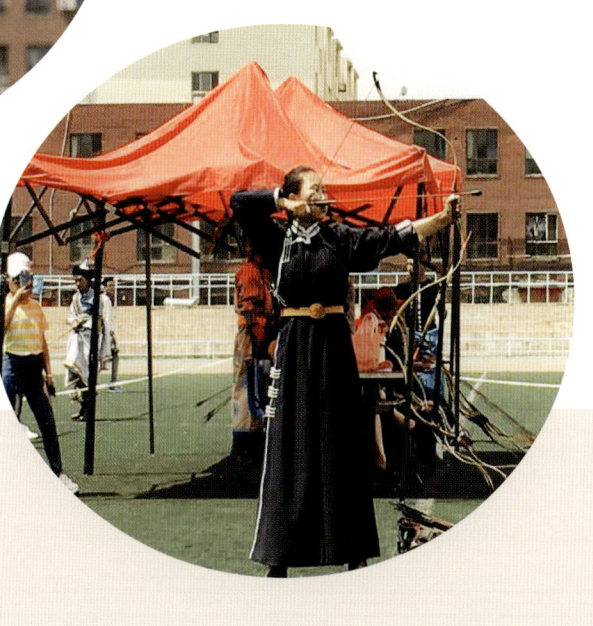

骑射

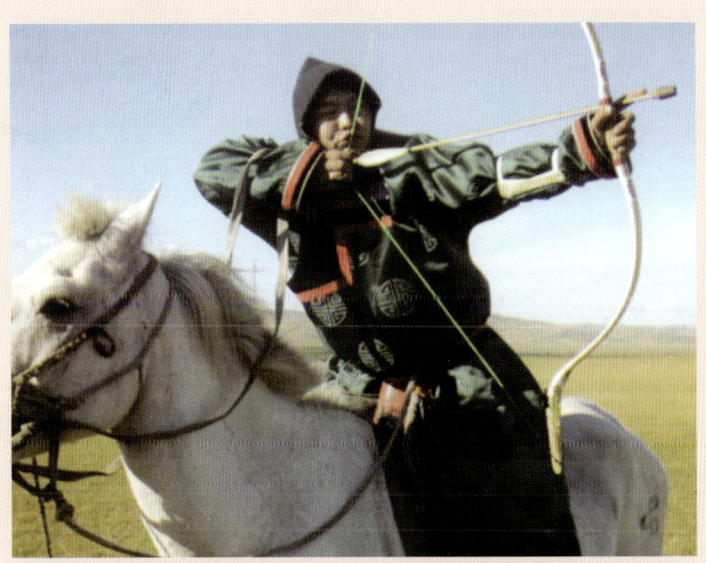

比赛时，射箭手身穿蒙古式短袍，自备马匹和弓箭。规则是一马三箭，每个射箭手三轮共射九支箭，以中靶的箭数多少评定成绩。

赛骆驼

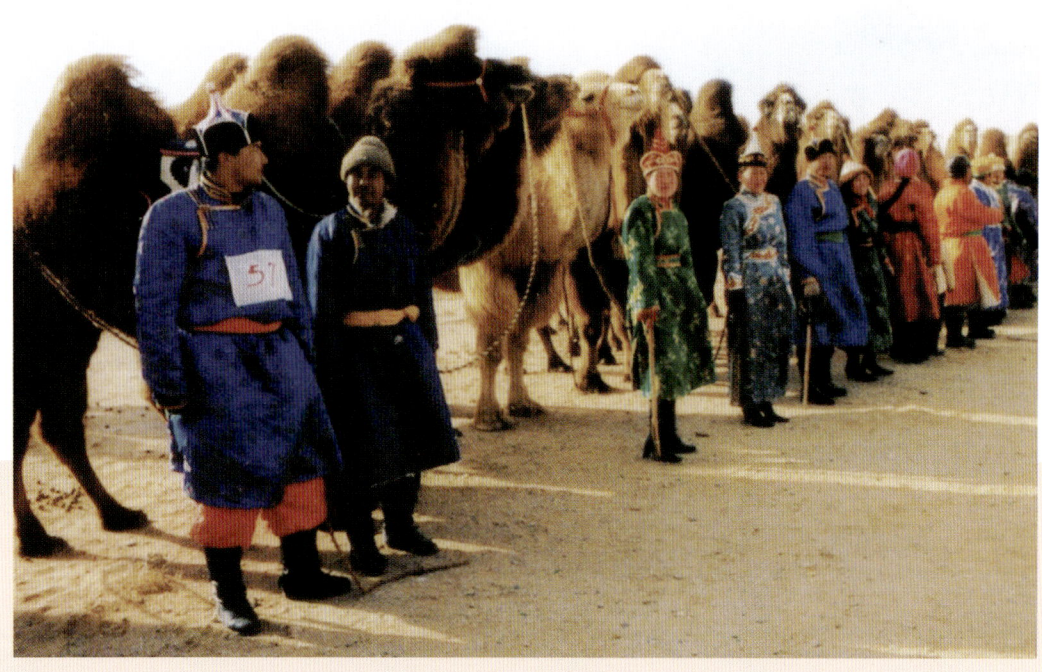

赛骆驼比赛

赛骆驼也是蒙古族传统体育项目之一，流行于内蒙古西部号称"骆驼之乡"的阿拉善盟一带。骑手不分男女，多在每年一度的那达慕大会上举行。赛程一般2.5～5公里，先到终点为胜。

第四章 蒙古族游乐文化与游牧生活

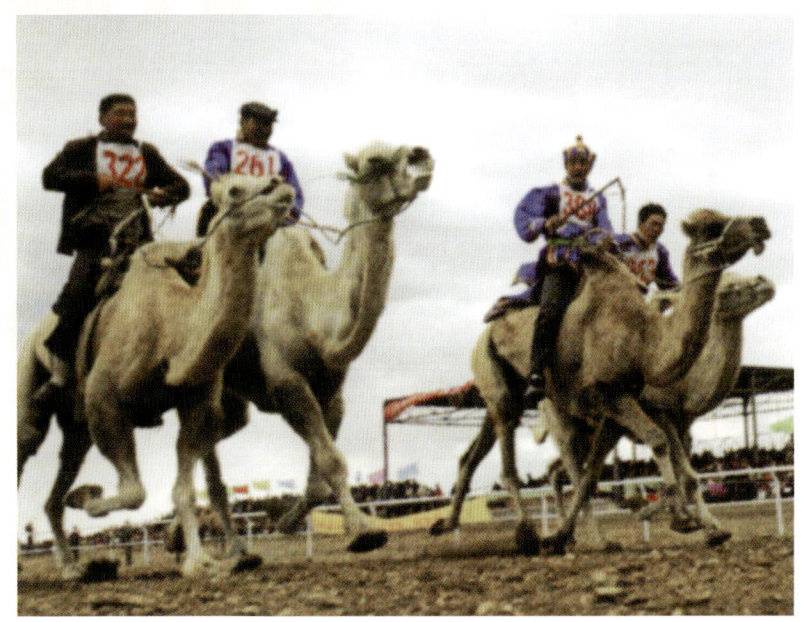

入场

参赛者两两一组，有秩序地入场。

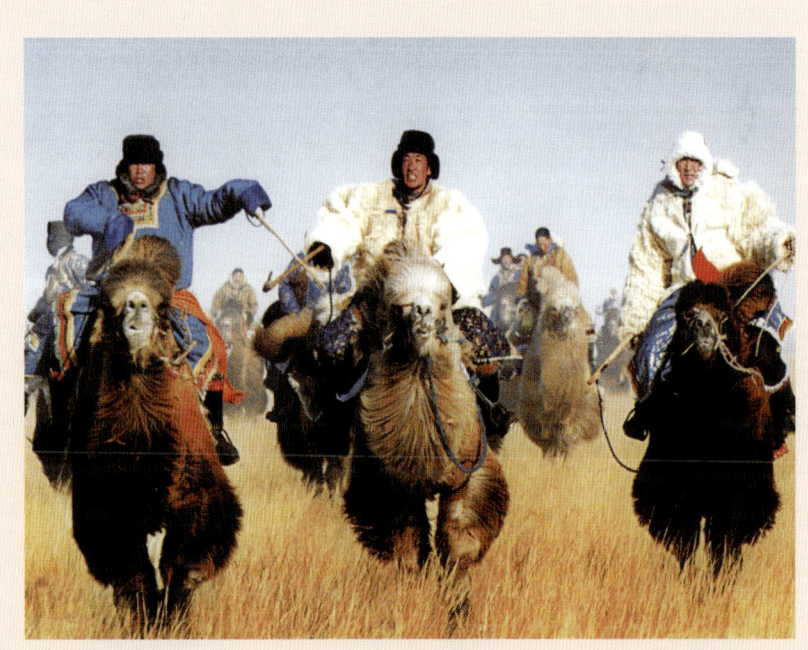

争先

骆驼比赛中，骑手们你争我夺，在人们的呐喊声中，经过长距离的比赛，最后决出胜负。

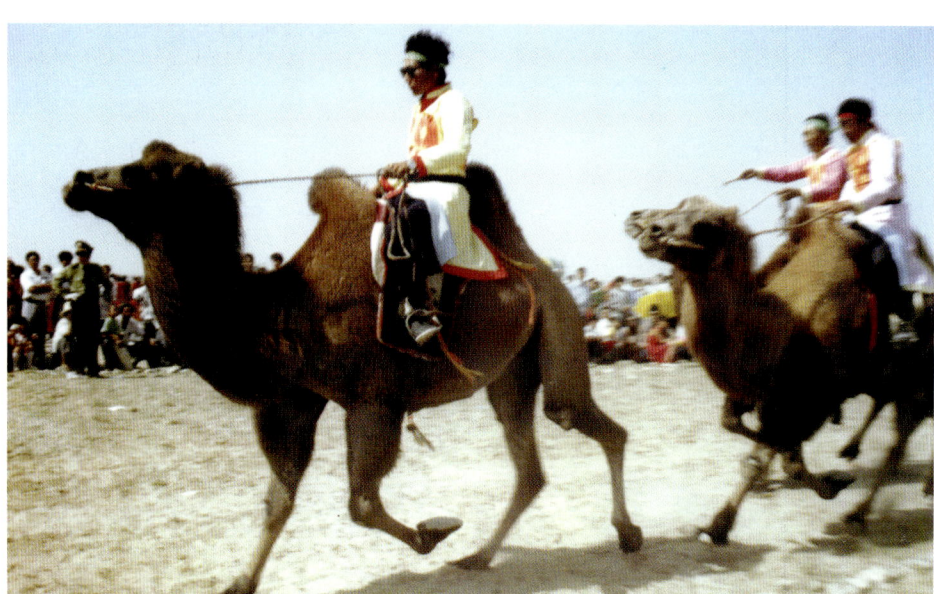

近程赛驼

赛程一般有 2 公里、3 公里、5 公里不等的距离。

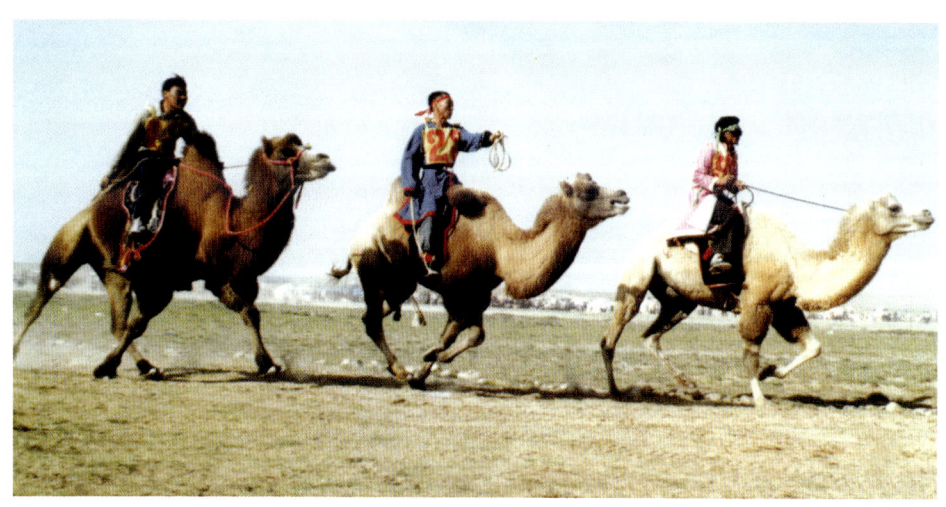

远程赛驼

赛程有 17.5 公里或 25 公里的，最远赛程 35 公里。

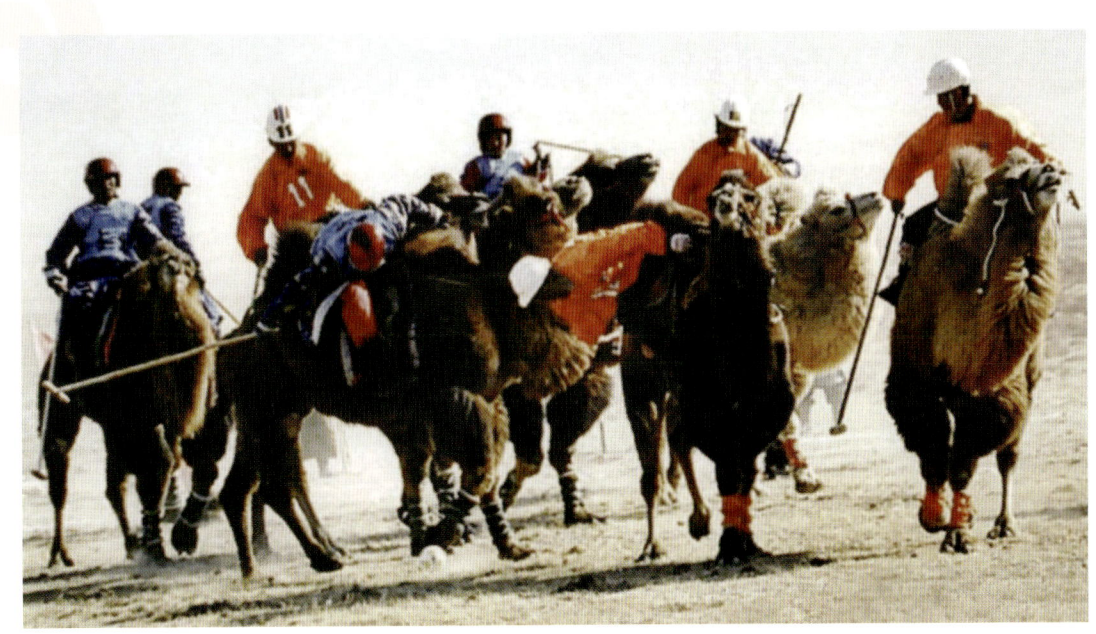

驼球比赛

驼球比赛项目始创于蒙古国，初衷是为了保护和发展蒙古双峰驼。2007年，内蒙古自治区白音淖尔市乌拉特后旗政府训练了一批驼球队员，成立了中国第一支驼球队。现在，驼球比赛项目已被列入中国少数民族传统体育运动会表演项目。驼球竞赛的场地为长90米、宽60米，两个球门，中央有个发球点。一场比赛由两支队参加，每队上场队员不得多于4名，其中有1名守门员。

赛布鲁

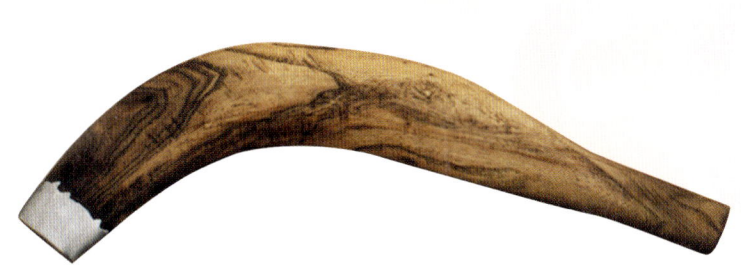

布鲁

用弯曲的树木或将树木弯曲定形而制成的一种投掷猎具，其状似镰刀。布鲁原为蒙古族狩猎和自卫的工具，后来逐渐演变为体育运动项目。

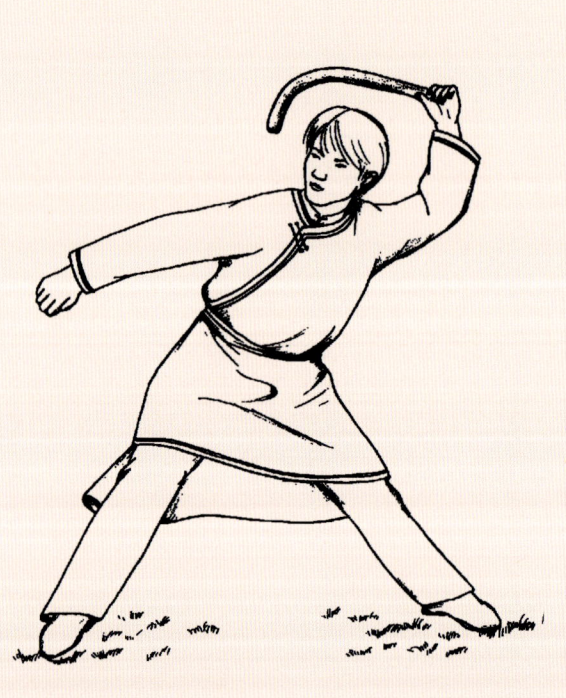

投掷布鲁姿势

投掷布鲁的姿势不受任何限制。

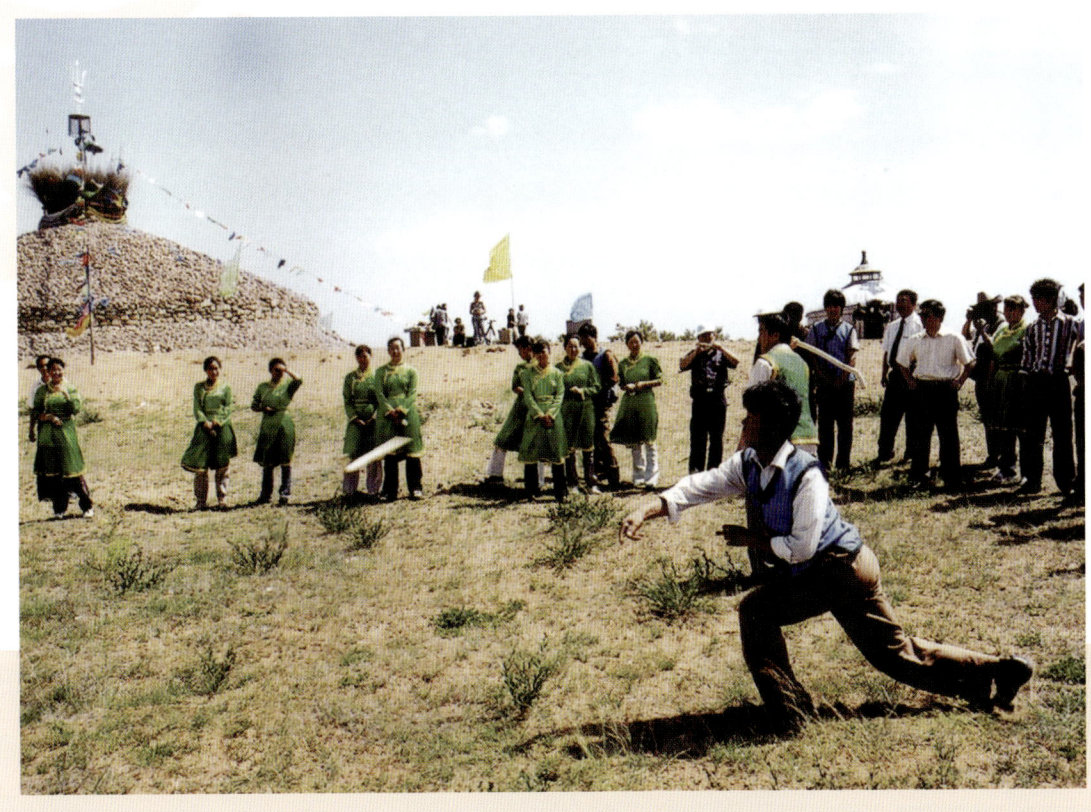

那达慕上赛布鲁（投远）

布鲁比赛分为投准和投远两种。投远的比赛以投布鲁的远近决定优胜名次。布鲁比赛可以锻炼力量、速度、灵巧以及准确的目测能力。

蒙古象棋

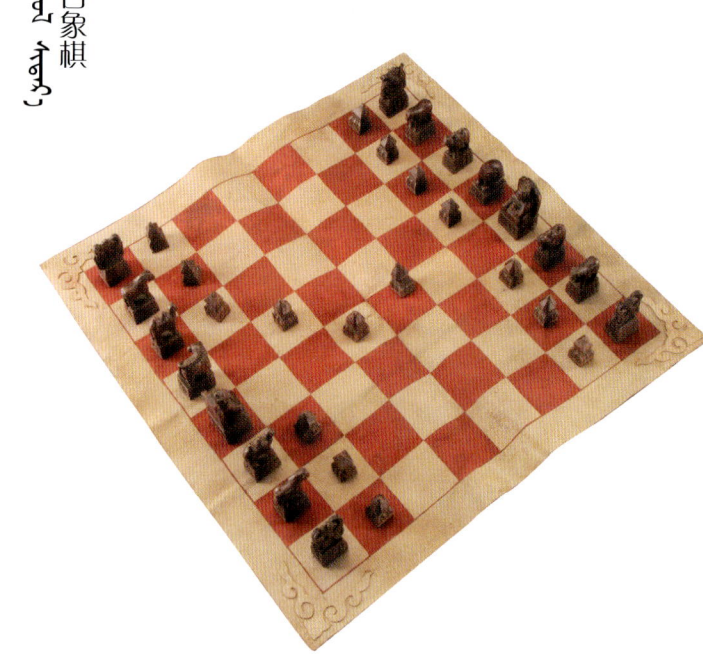

蒙古象棋

蒙古象棋是世界上最古老的博弈游戏之一。早在北方草原契丹王朝时期就有玩喜塔尔（蒙古象棋）游戏的记载。现代蒙古象棋的走法早在14世纪末已定型。蒙古象棋大体上同中国象棋类似，但形式、走法、规则更接近国际象棋。从棋具的设计、制作和名称以及游戏规则各个方面，已与蒙古民族的文化传统生活习俗等融为一体，具有浓郁的游牧生活气息。

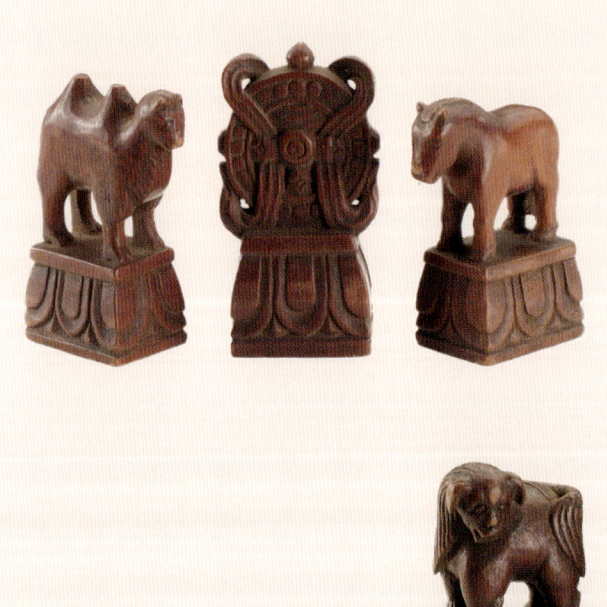
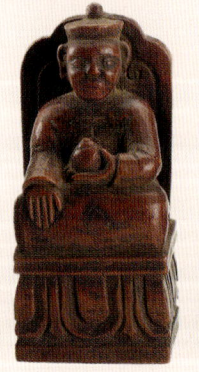
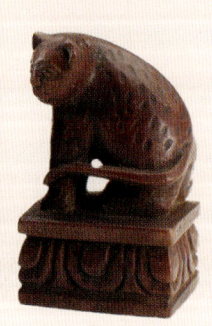

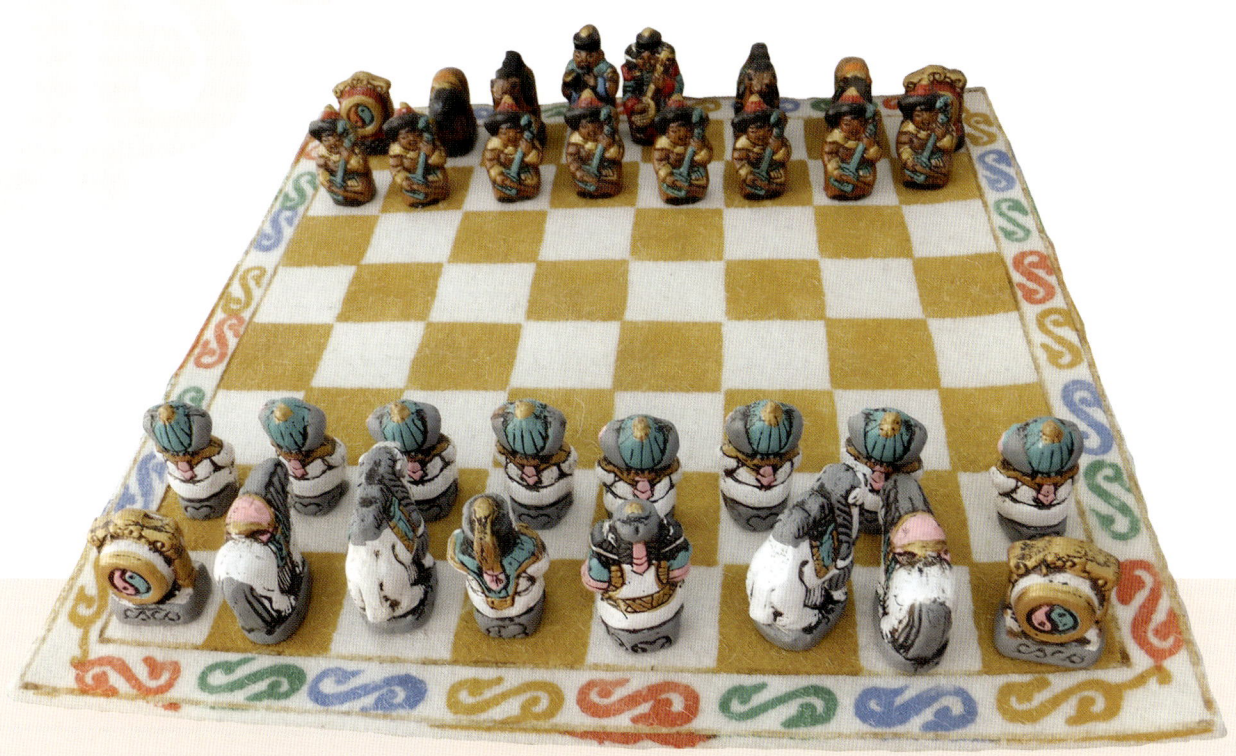

蒙古象棋棋盘

以8乘8的64格组成,颜色一深一浅、交替排列组成,无界河。蒙古象棋的棋子各16枚,分为两种颜色,浅色的称白子,深色的称黑子。相同颜色的格子对角相连。双方各执16枚棋子,即每方都有一王、一后、双车、双驼、双马和8个卒子。棋子由木、骨或石雕刻而成。

蒙古象棋的特色

蒙古象棋和国际象棋的棋制十分相似，但有区别，如：把象刻成骆驼，把兵刻成猎狗等，具有游牧民族特点。

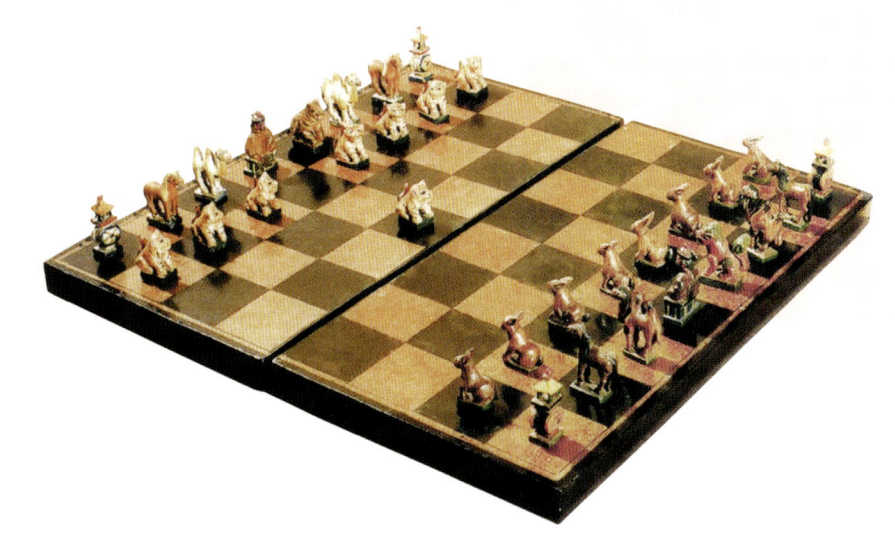

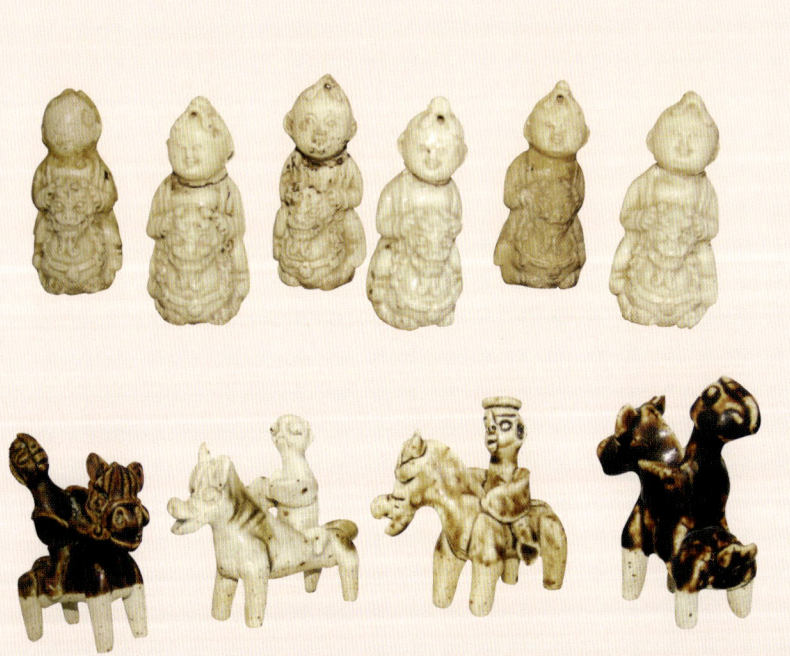

棋子造型

蒙古象棋棋子有儿童骑狮子、儿童骑马等造型，雕刻栩栩如生，具有浓郁的游牧生活气息。

现代蒙古象棋

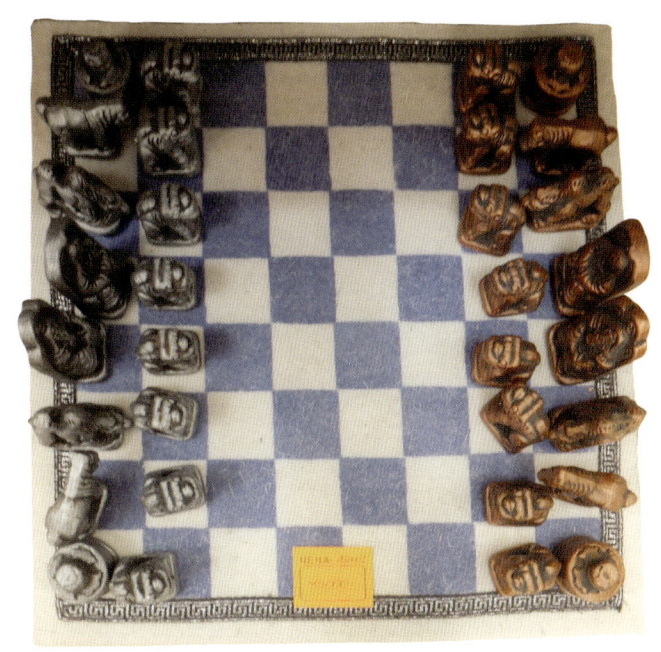

传统的蒙古象棋棋子一般是木雕、骨雕或石雕，而现在还用石膏等材料做棋子，再上色。棋盘用毡子或布制成。人物、牲畜、野兽和战车的模样均变得更加丰富多彩，做工精致美观。

蒙古象棋教板

蒙古象棋是蒙古族的优秀文化遗产，蒙古象棋现已走进校园。由此产生了蒙古象棋教板，教板的棋盘和棋子一般用较轻的材质制作，有时把蒙古象棋的棋子画于棋盘上。

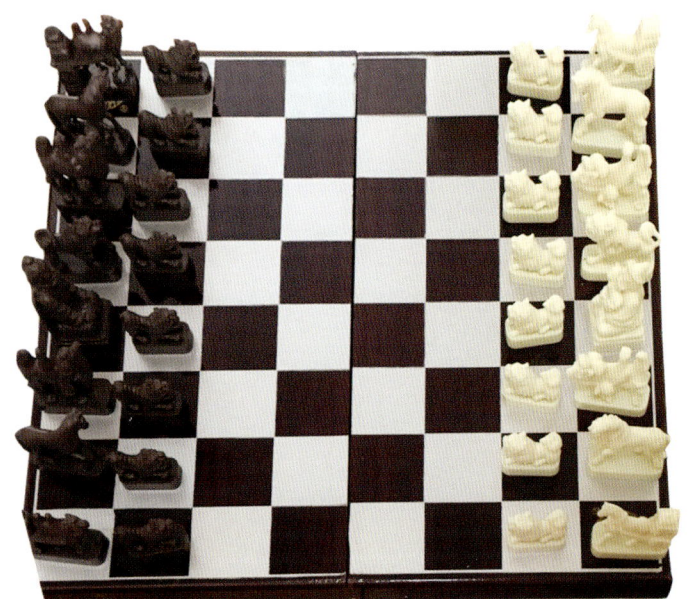

摆放蒙古象棋

一般用64格的蒙古象棋棋盘。双方各持16枚,后八格中,二格置诺彦与虎,左右置驼、马、车。前八格置卒子。对方布置亦如此。

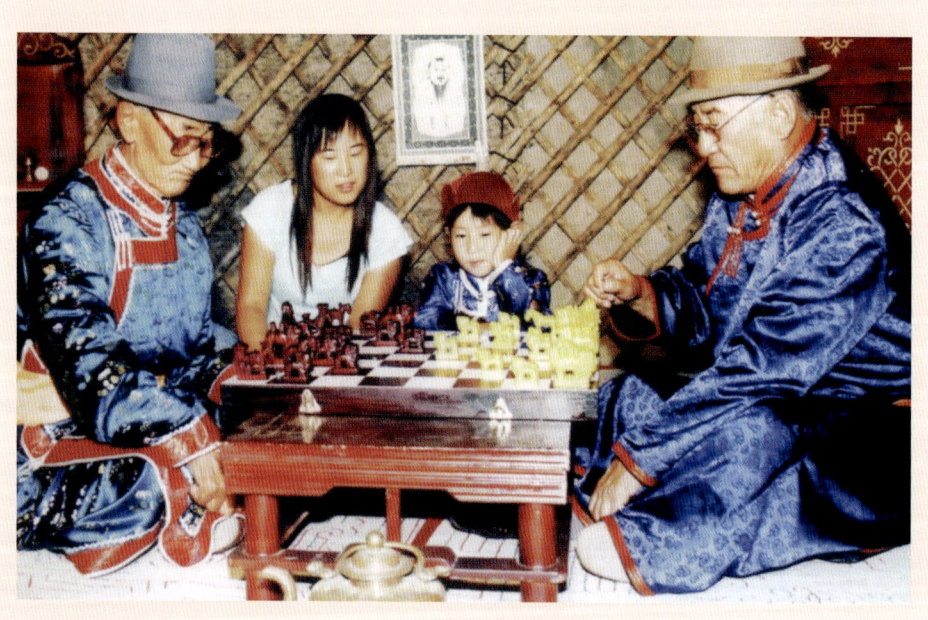

在蒙古包下蒙古象棋

蒙古象棋简单易学,无论在什么地方都可对弈。战局起伏变化较大,稍不留神,就可能功败垂成,想要取胜须有顽强的斗志和足够的耐心。

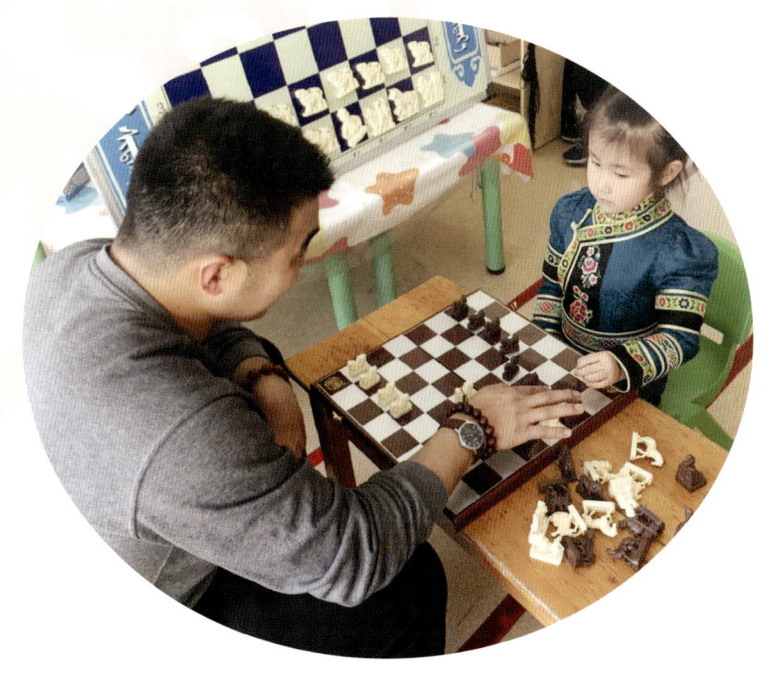

对弈

对局时，白方先走，以后双方轮流各走一着。当王被对方"将死"，就算输棋；当双方均只剩王或双方只剩同色格的单骆驼，即为平棋。

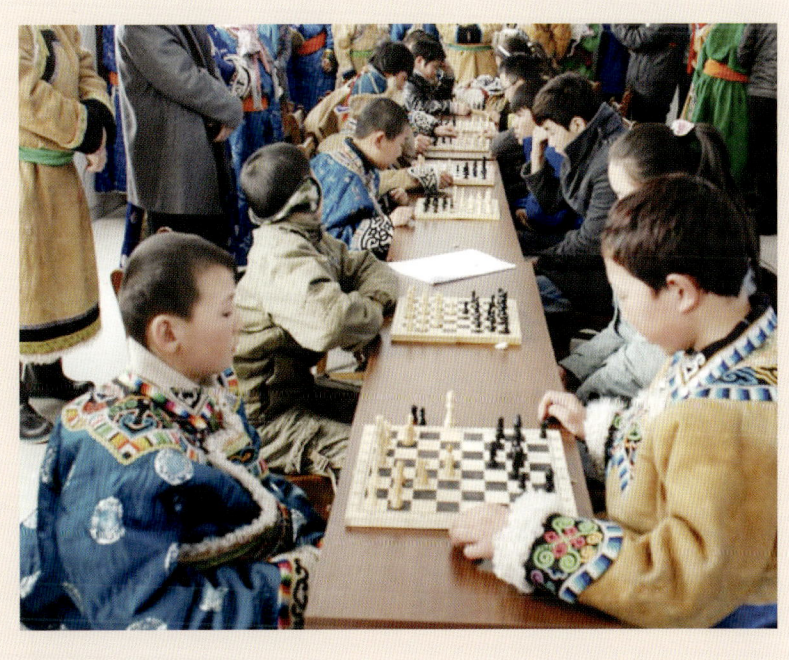

小学生象棋比赛

2008年，蒙古象棋列入第二批国家级非物质文化遗产名录。从此，内蒙古各盟市地区的蒙古族学校都会组织学生进行蒙古象棋的学习和比赛活动。

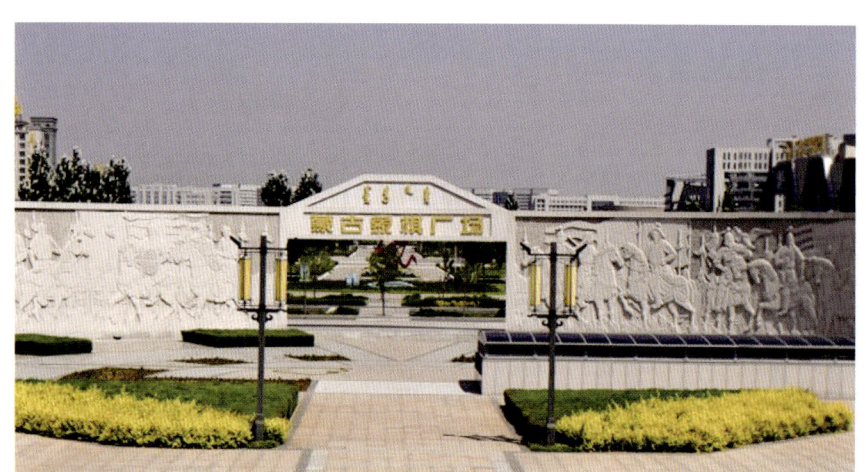

蒙古象棋广场

位于内蒙古鄂尔多斯市康巴什新区成吉思汗广场轴线南端，占地面积5万平方米，建于2011年7月。

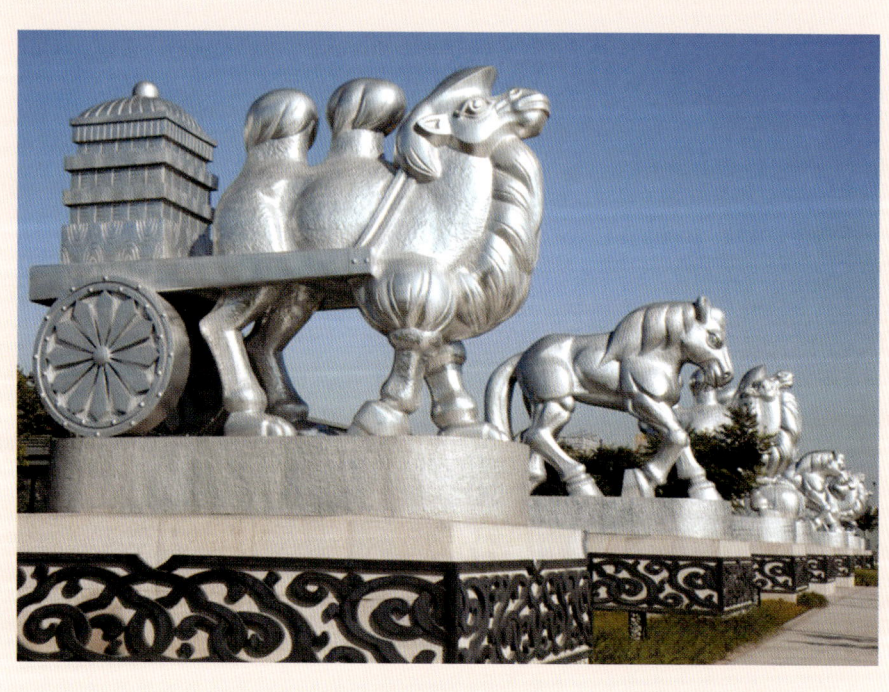

蒙古象棋雕塑

蒙古象棋广场上，耸立着青铜镀金蒙古象棋雕塑32尊。

嘎拉哈

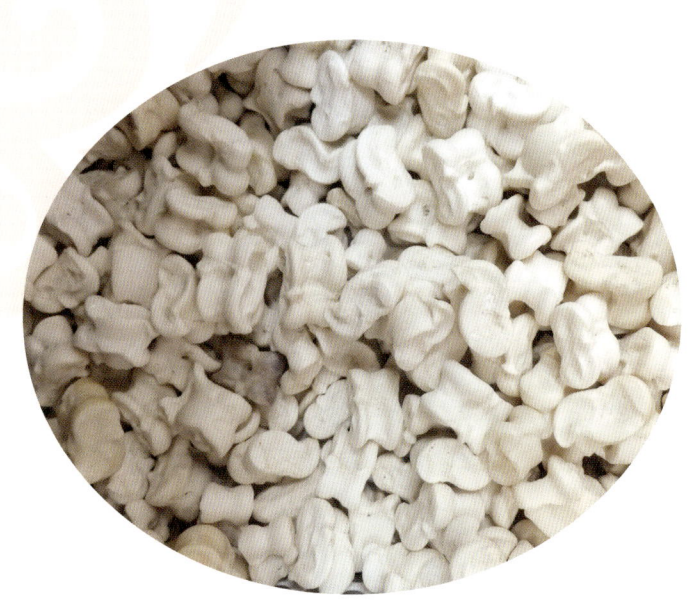

嘎拉哈

嘎拉哈有绵羊、山羊、牛、猪等多种。羊嘎拉哈就是羊踝骨。共有四个面，用四个为一副或多个羊嘎拉哈做游戏。玩嘎拉哈可提高人们的快速反应能力。

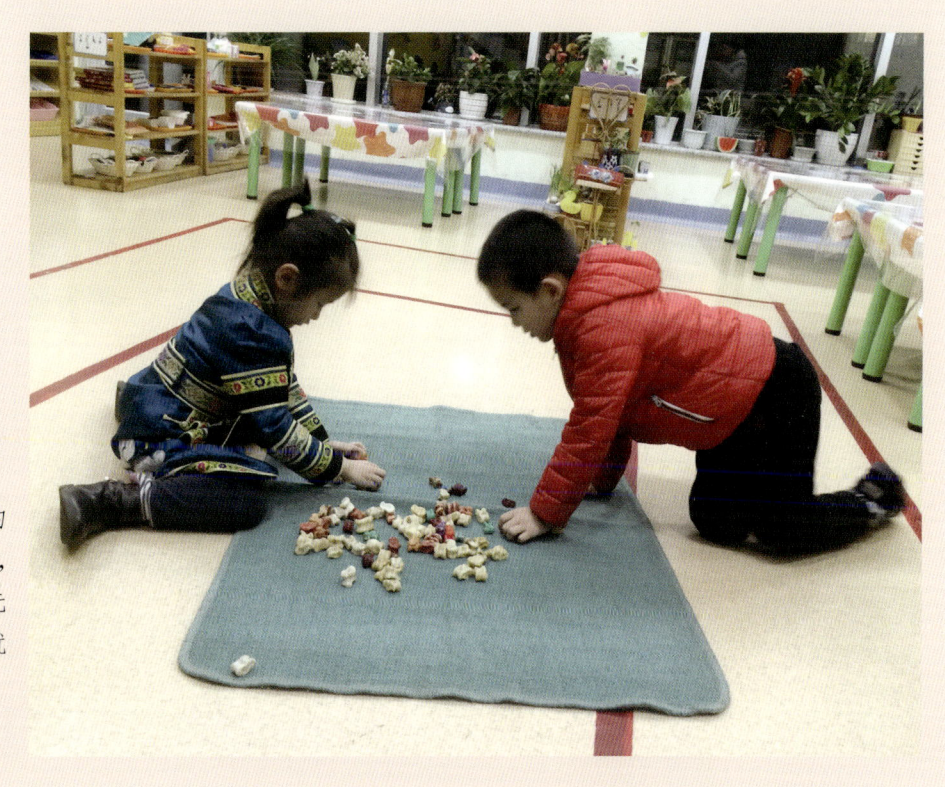

玩嘎拉哈

将嘎拉哈放在木质的发射台或毡子等物品上，用手指头弹射出去，谁先击中对方的嘎拉哈，谁就获得胜利。

蒙古族游牧生活

游牧生活是蒙古族牧民从固定的牧场转移到其他牧场放牧的一种生产形式。蒙古人的游牧，主要分为大游牧和小游牧。小游牧是在固定地盘上四季轮牧。大游牧是赶着牲畜离开家园，进行几千、几万里的大迁徙。

四季游牧，俗称"走敖特尔"或"走场"，蒙古人把牧场分为春、夏、秋、冬四季草场，即春营地、夏营地、秋营地、冬营地。

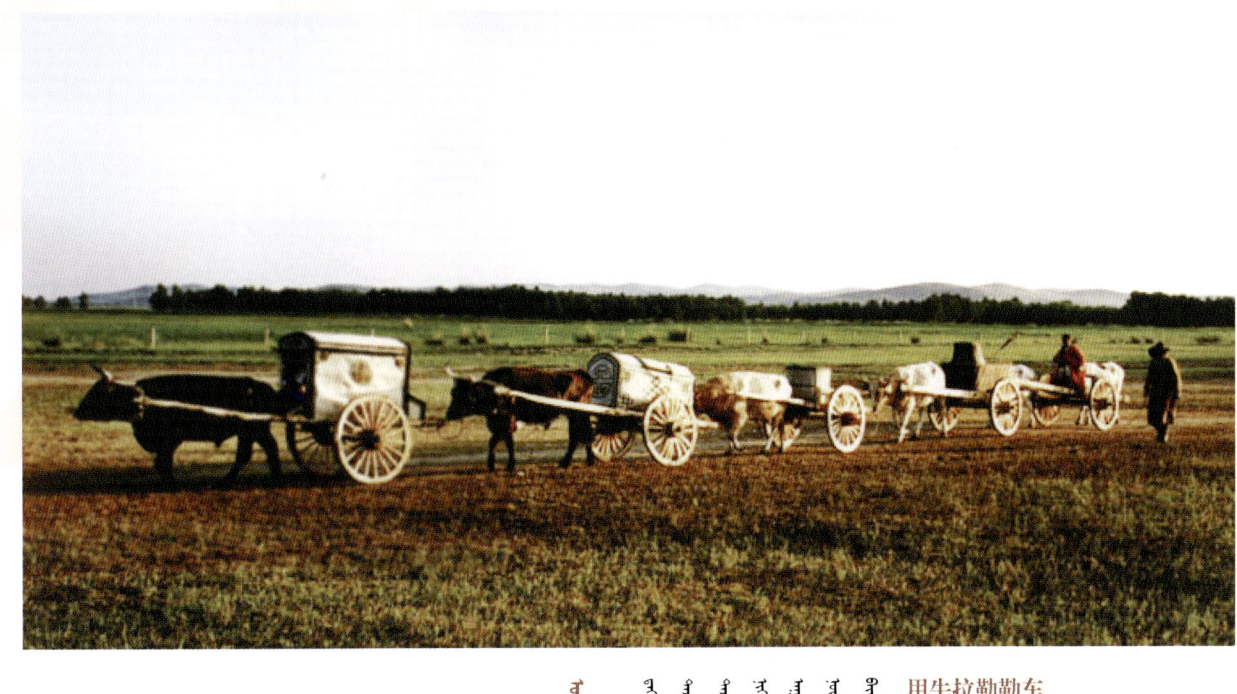

用牛拉勒勒车

蒙古人迁徙主要用牛拉着勒勒车。牧民把牛车一辆接一辆地连在一起，排成长队缓缓运行，这是草原牧区特有的风景。

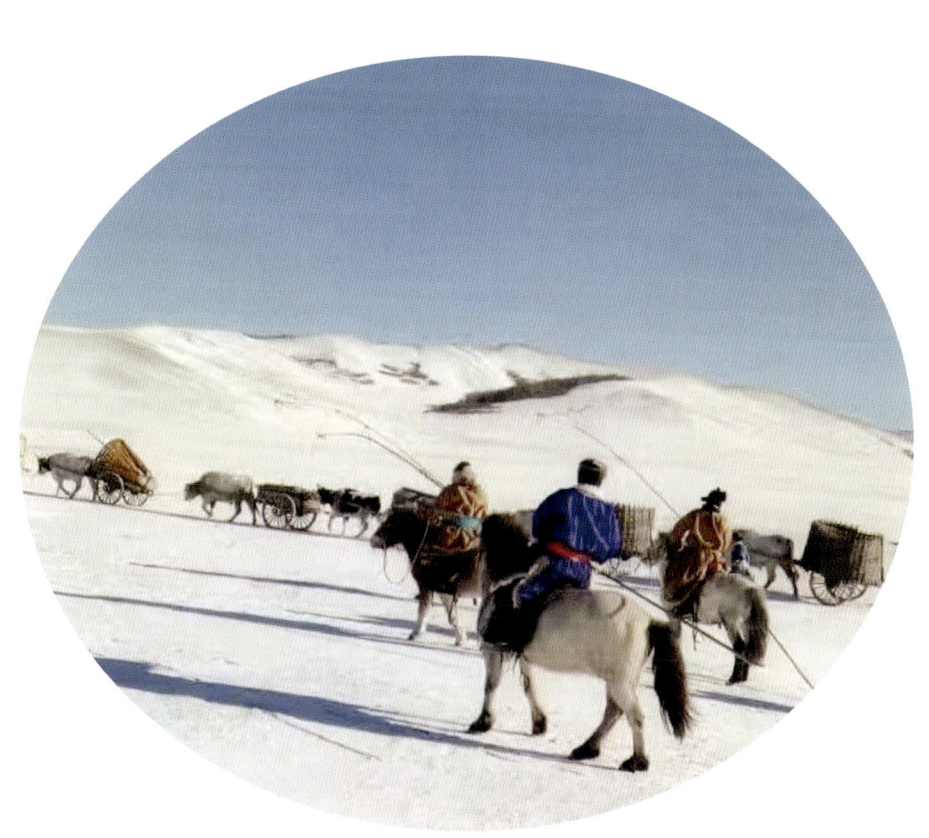

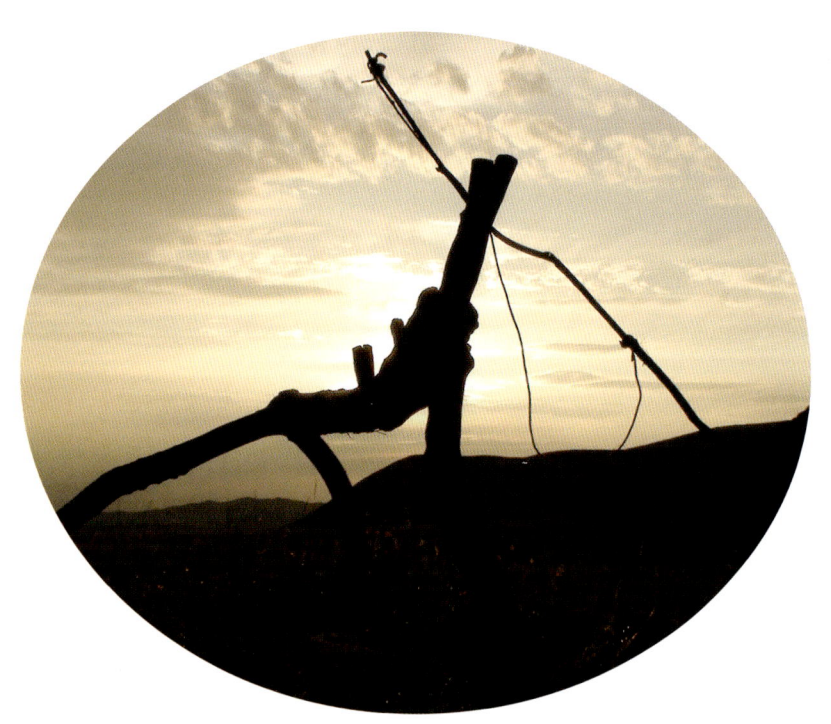

套马杆

蒙古族牧民使用的套马工具。由皮套绳子、杆子等组成。杆子最好用桦木做,在杆子头系皮绳。套马杆一般是"二接头",因为一根木杆很难达到套马的理想长度。

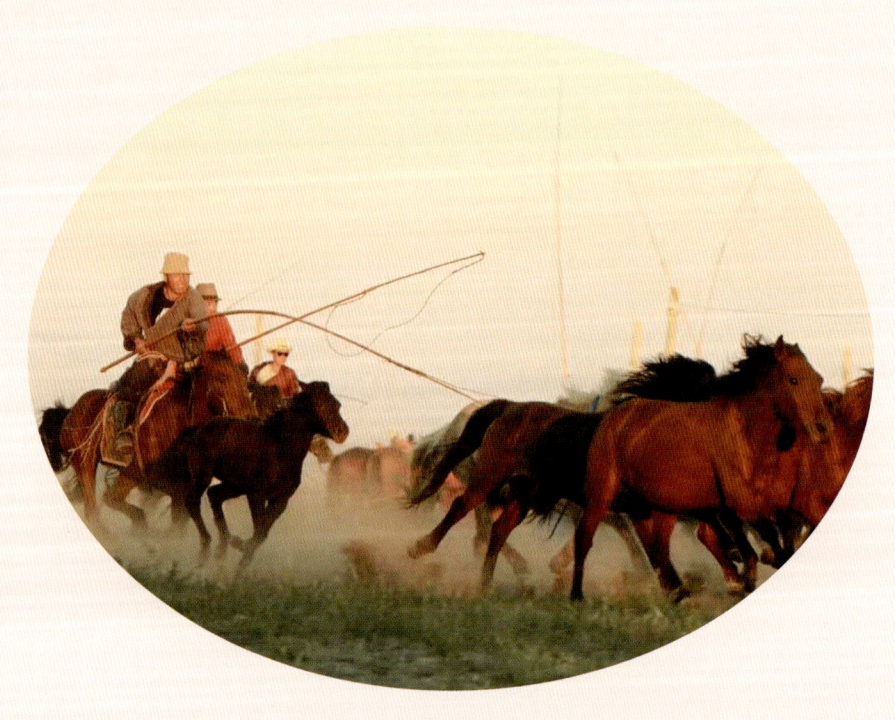

牧马人套马

牧民放马匹时的一种技能。当牧马人要换乘马或马群打印记、剪马鬃时就需要套马,套马手离马有一定距离时迅速出杆,将绳套套住奔马的脖子。

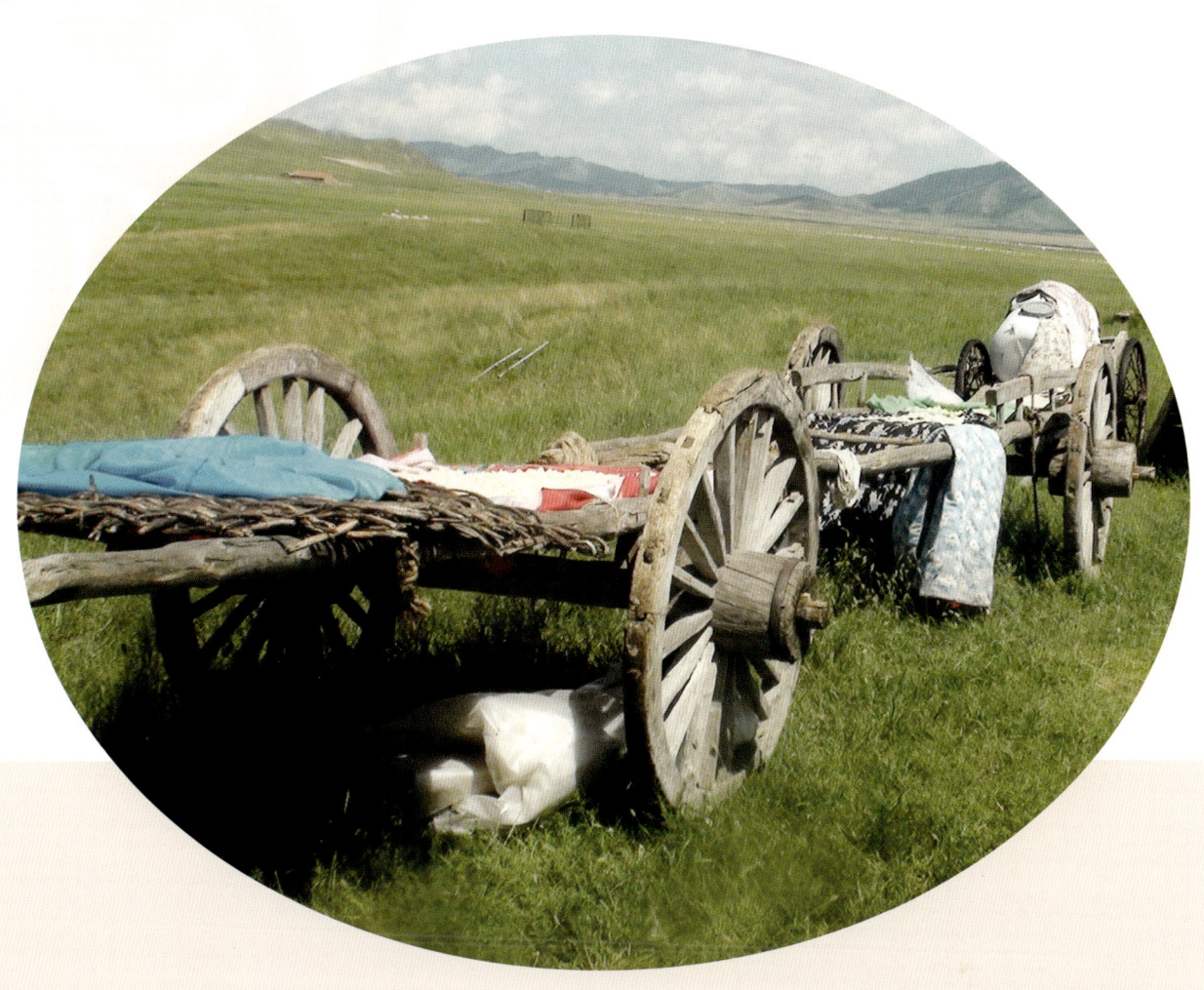

勒勒车

蒙古族牧人重要的交通工具。一般多以桦木或榆木制成,其特点为车轮大、车身小、结构简单、使用方便,适合于草地、雪地、沼泽地和沙漠地带运行。用途为拉牛粪、水或草,还有移动牧场时运输生活用品或搬迁蒙古包。勒勒车在蒙古人长期战争、生产和生活中发挥了重要的作用。

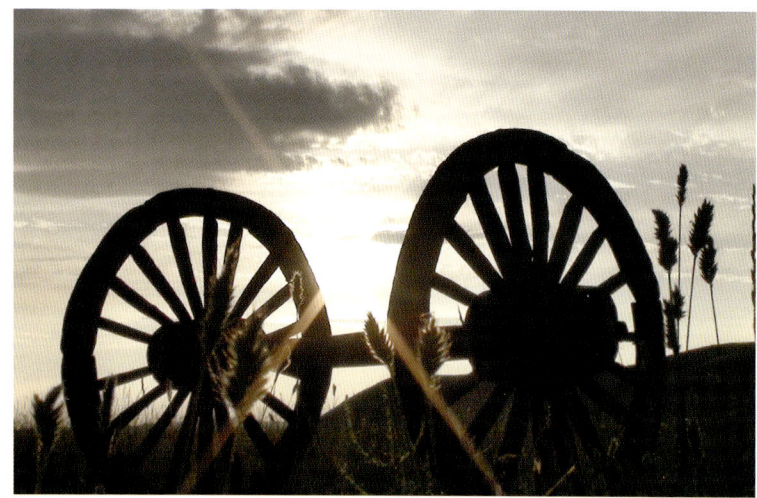

木制勒勒车轮

勒勒车车轮由1根轴、2个车毂、36根车辐条和12根车辋构成。

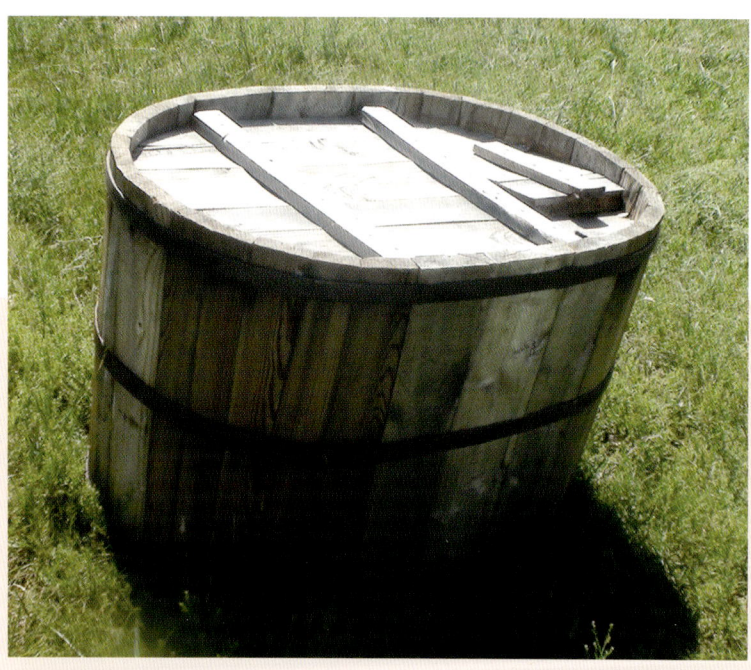

木制水桶

牧民为储藏水而制造的圆形木桶。

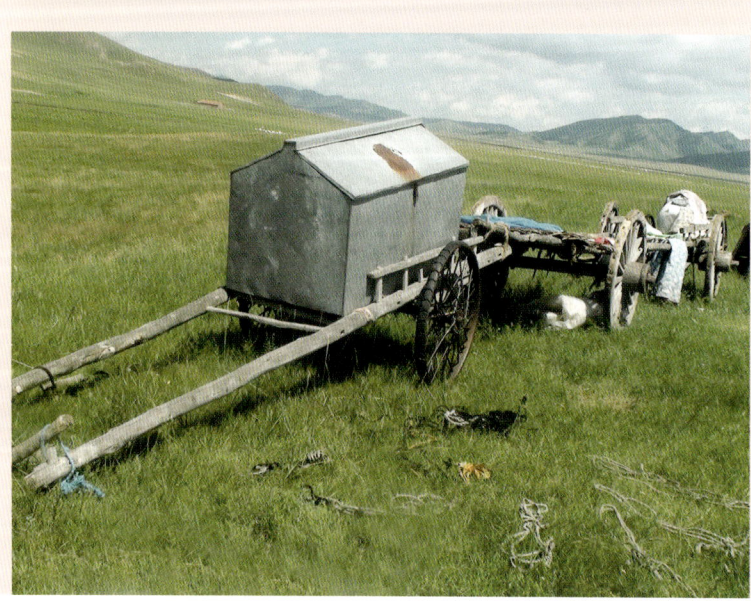

铁皮水箱

牧民以前储藏水用木桶,现在有人用铁皮制作的水箱。

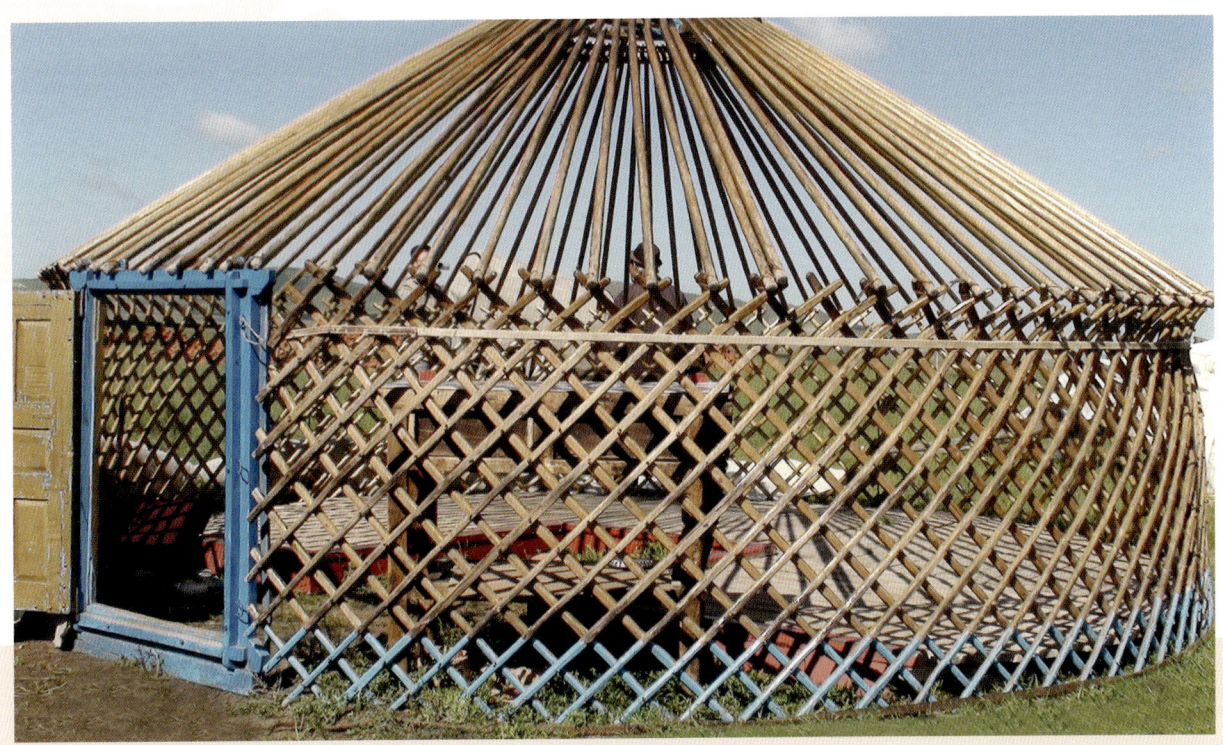

架设蒙古包的哈那

哈那是蒙古包的木制骨架，有10个哈那、8个哈那、6个哈那、4个哈那之分。搭建蒙古包时，先架好骨架。牧户根据家庭人口、生活状况，使用不同数量哈那的蒙古包。

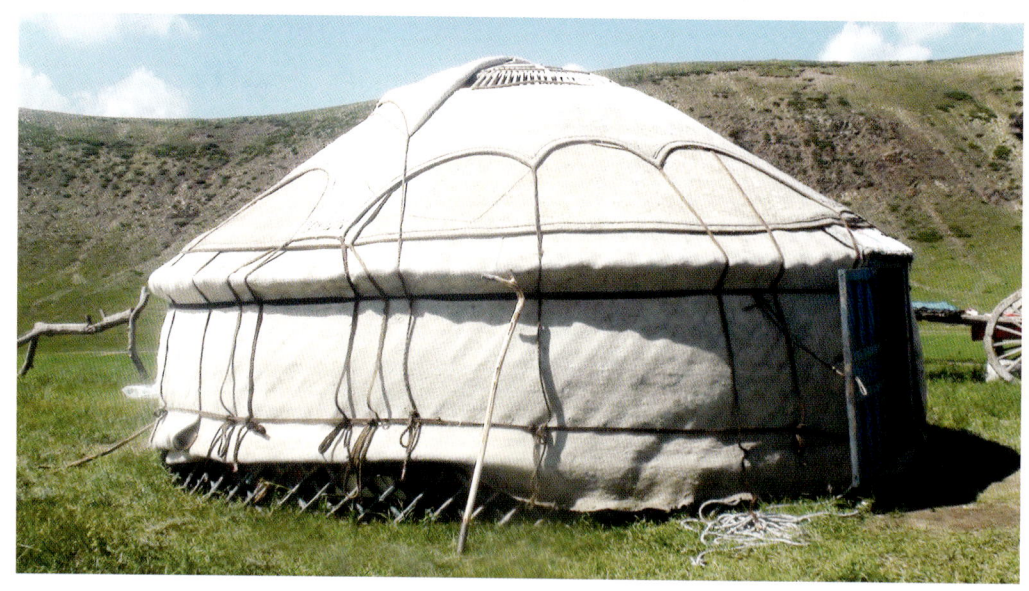

蒙古包

蒙古包是蒙古族牧民居住的一种房子,适于牧业生产和游牧生活。

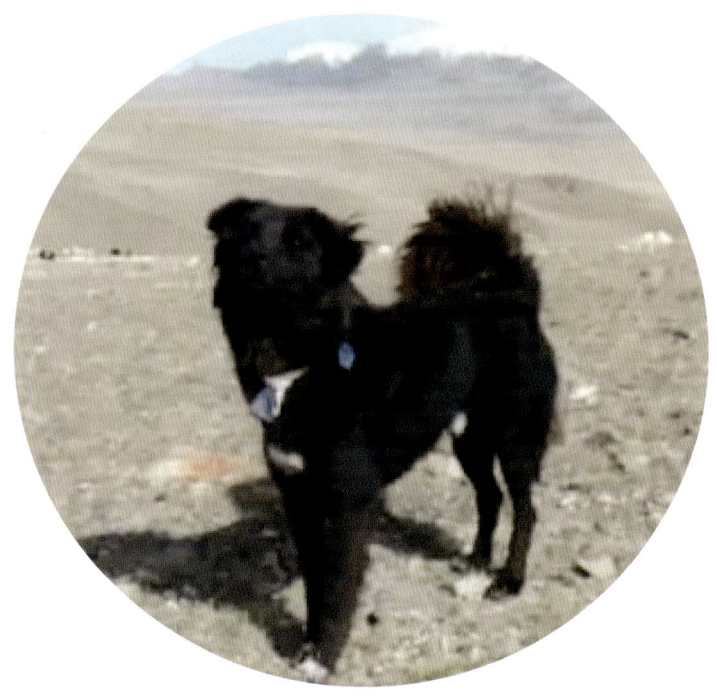

草原上的牧羊犬

专业从事放牧工作的犬,人们称之为"牧羊犬"。蒙古草原上的牧羊犬忠诚勇敢,性格稳定、温顺,不易激动,耐寒,易饲养,警惕性高。

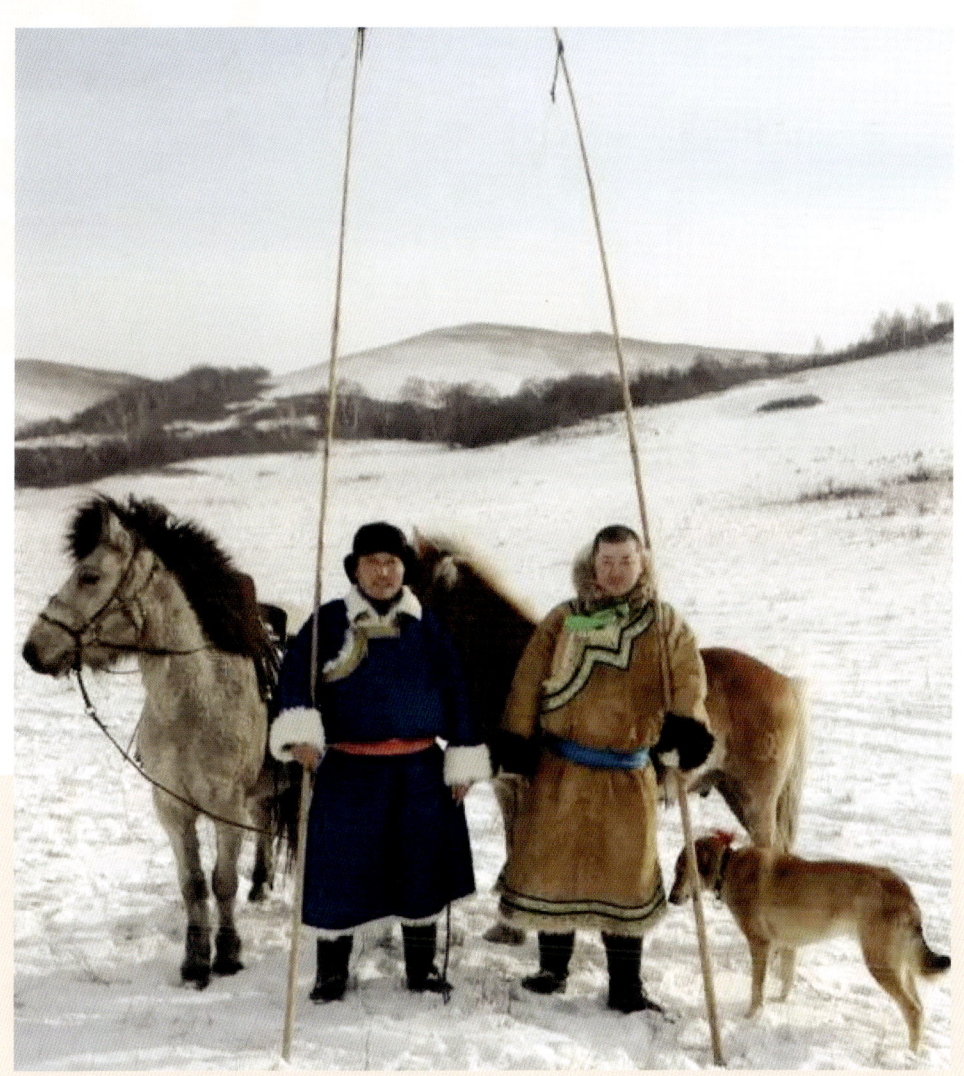

牧马人与牧羊犬

在牧民放牧时牧羊犬一直跟随着主人，负责牧羊、警卫，避免牛、羊、马等逃走或遗失，保护家畜免于熊或狼的侵袭，同时也可阻止偷盗行为。

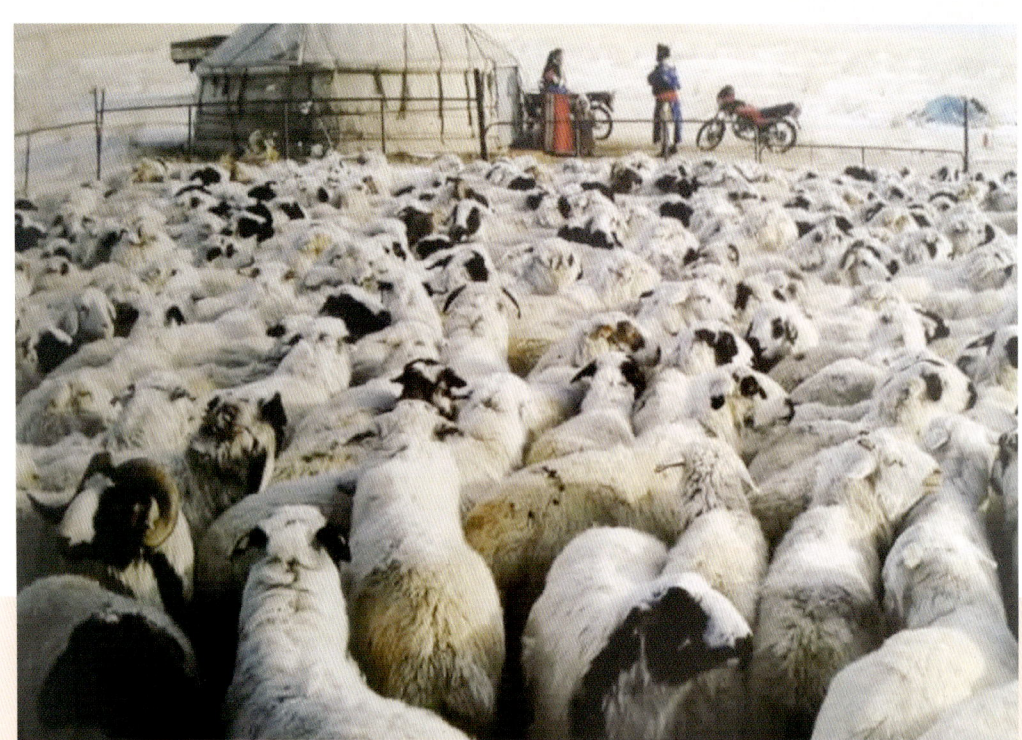

春营地羊舍里的绵羊群

春季是四季游牧生活的开始。选择牧草好、风沙小、有陈旧羊粪的盆地建春营地。羊舍是为羊提供休息、活动的场所。绵羊晚上在羊舍里圈养,白天在牧场散养。

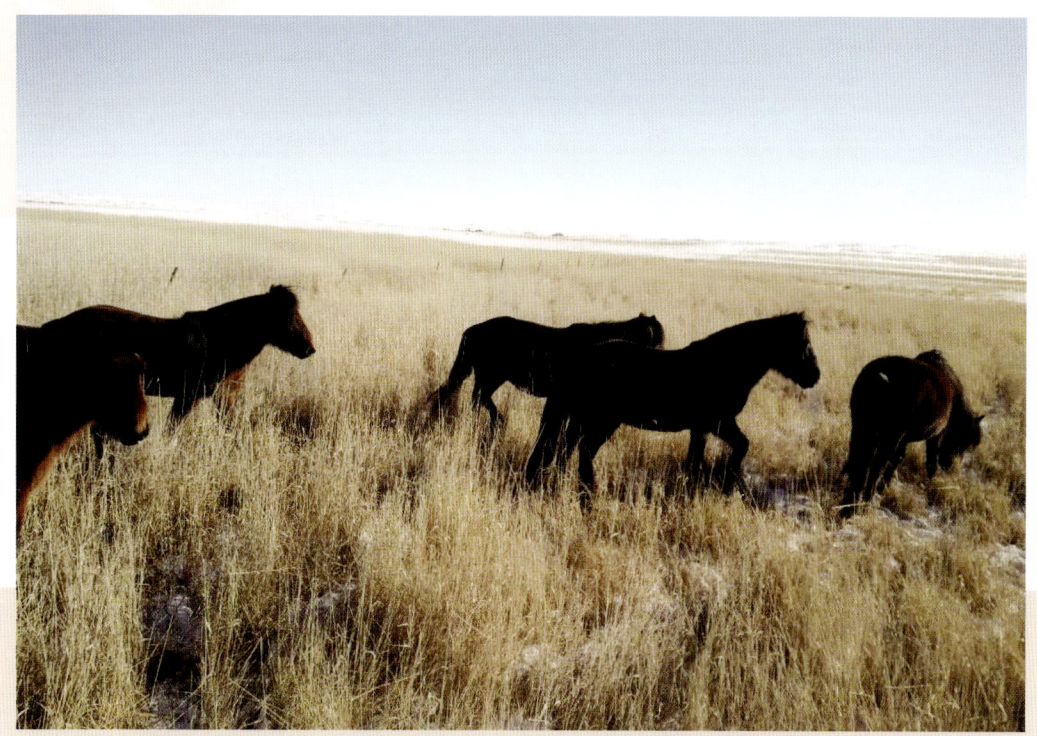

春天散放的蒙古马

蒙古马是世界上最古老的马种之一。原产地为蒙古高原，基本特征是体形较小，胸廓深长，关节、肌腱发达。蒙古马极耐粗放饲养，对寒冷的气候环境有很强的适应性。

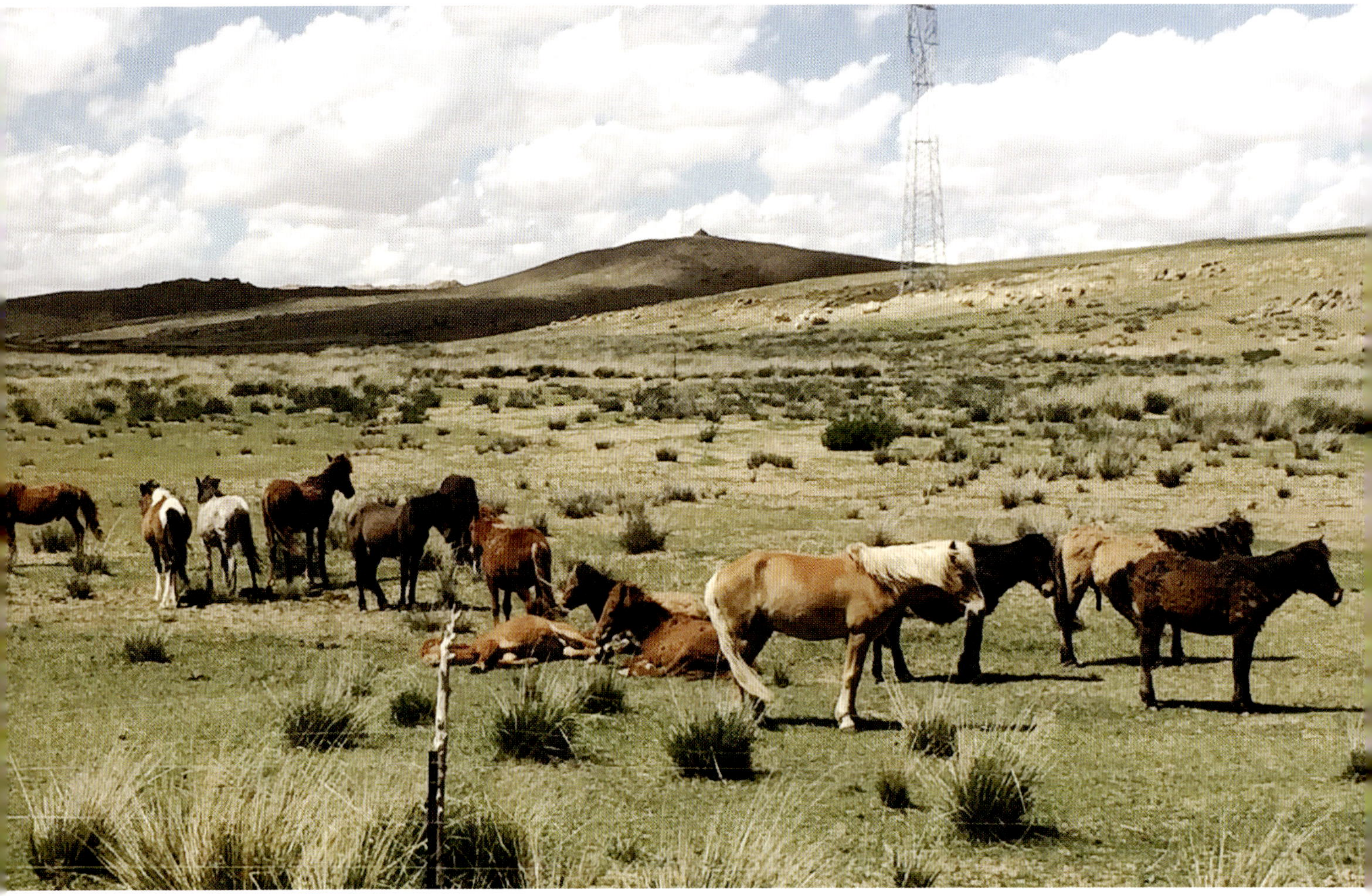

放牧于固定草场的马群

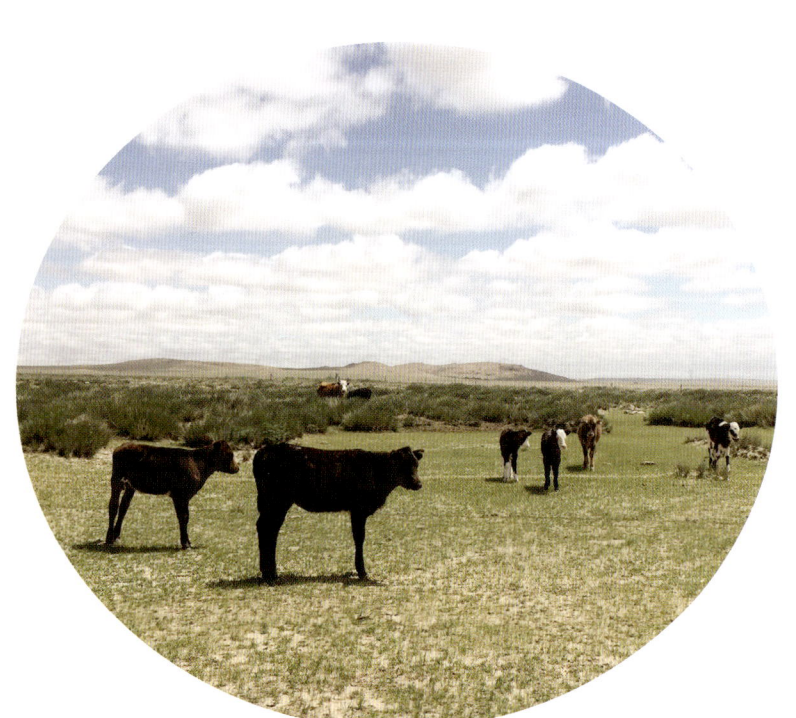

放牧于固定草场的牛群

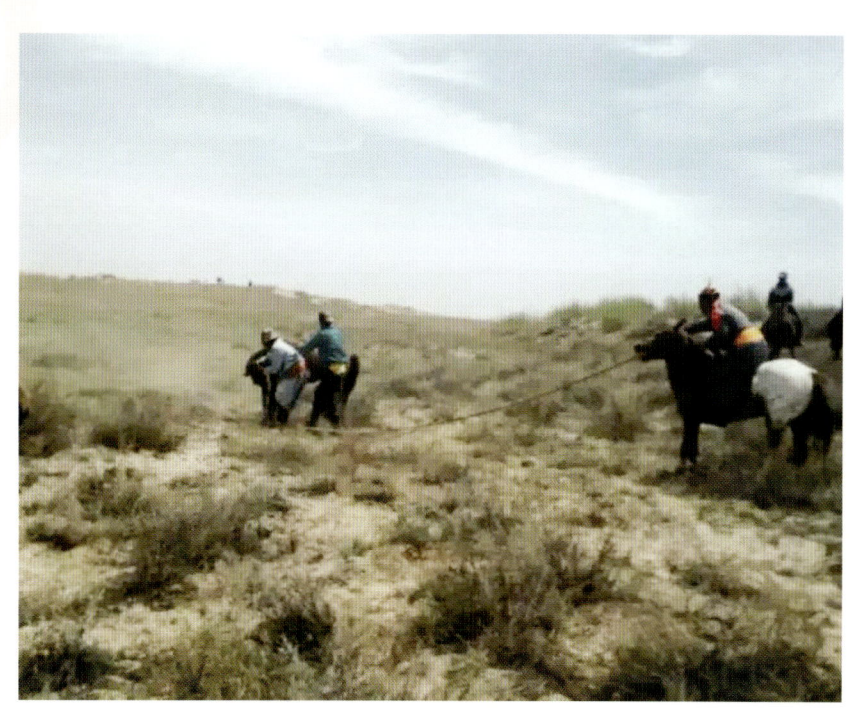

牧民春季驯马

春季，内蒙古草原上的牧民开始驯马。驯马多为生马，驯马手手持套马杆奔向生马，用套马杆准确地将马套住抓捕生马并开始驯马。

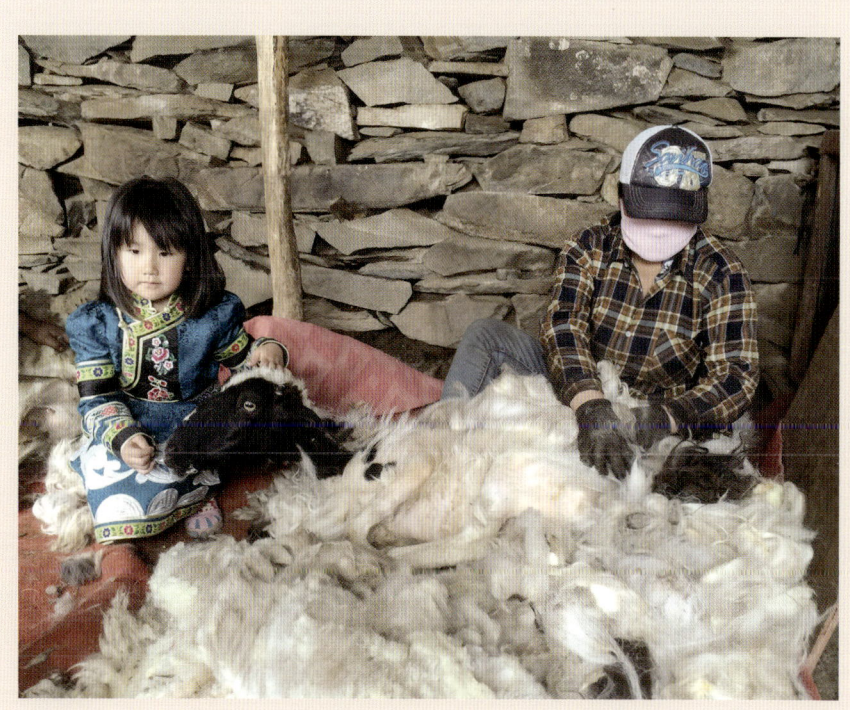

春季剪羊毛

羊毛分春毛和秋毛两种。剪春毛的时间一般在5月下旬至6月中旬前。白天剪羊毛，最好是多云、阳光少的天气，风要小于三级。

夏营地

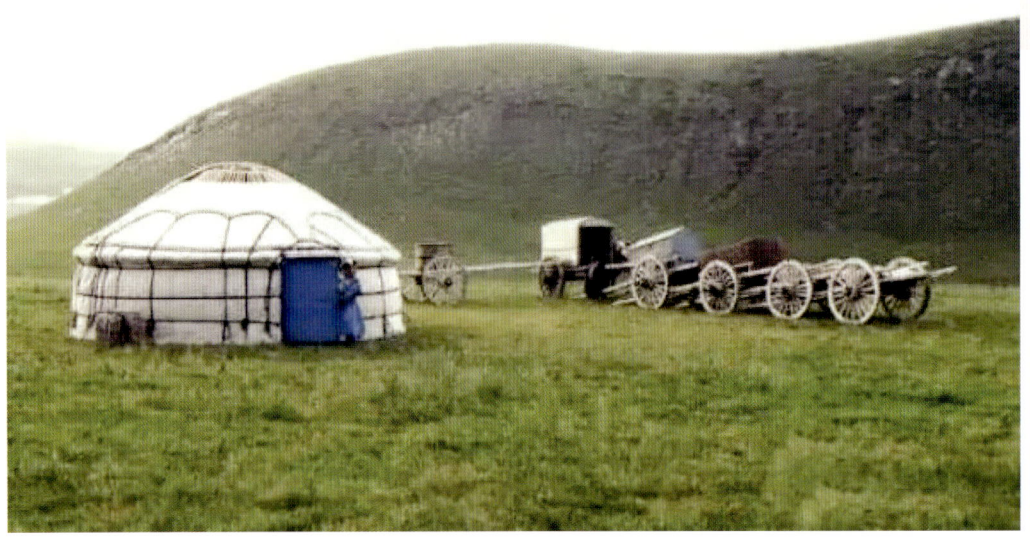

夏季牧场

夏营地牧场应选择地势高、凉爽通风、蚊子少而又水源充足的广阔地带。

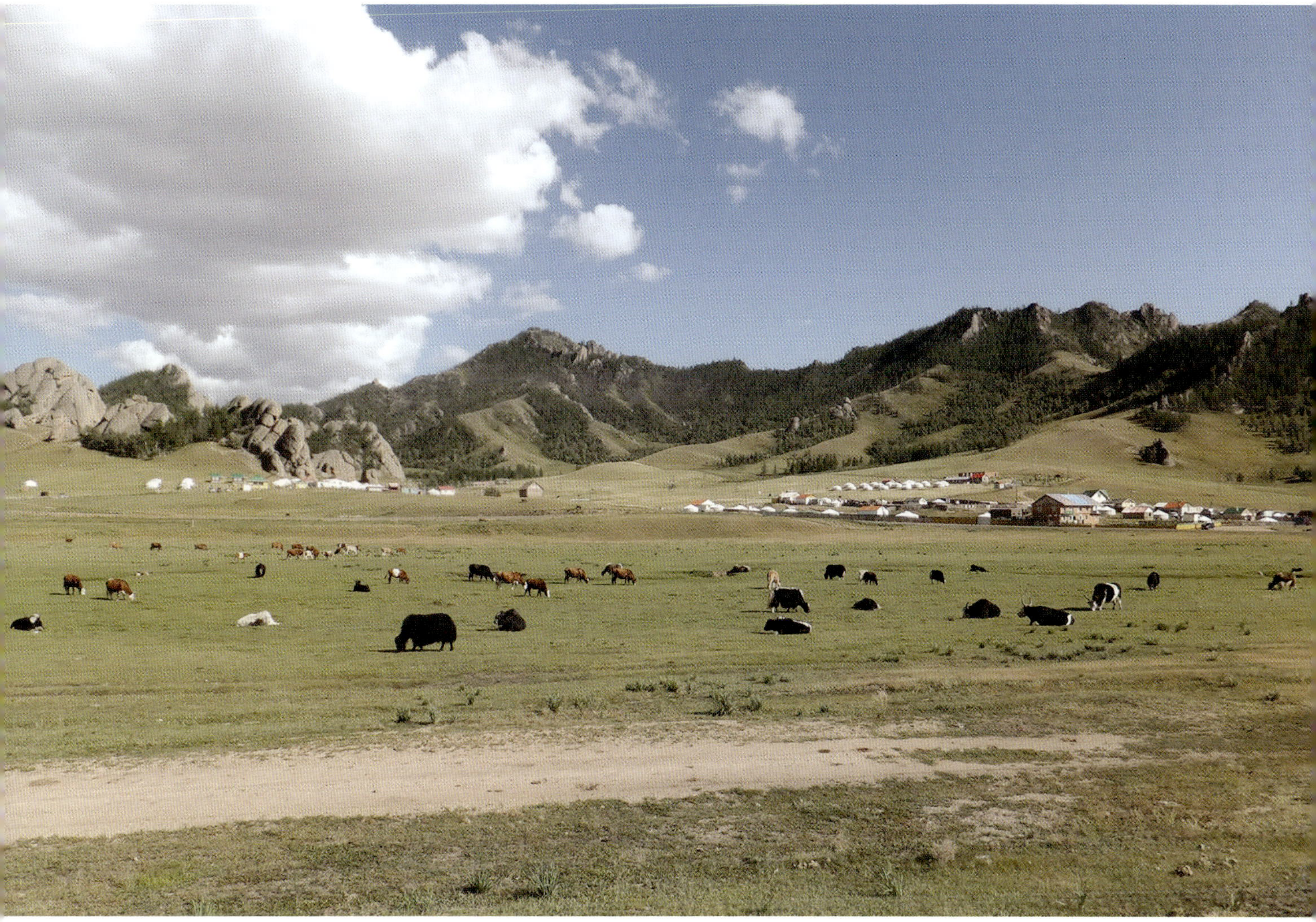

夏营地

夏季草原上的马群

马、牛、羊、驼皆结群，出牧时由头畜带领圈敛，日落归牧后入圈。

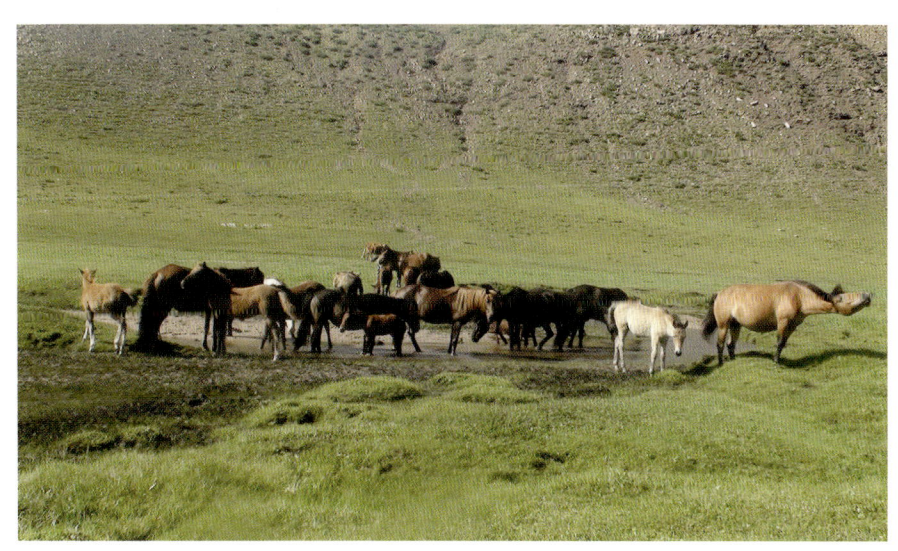

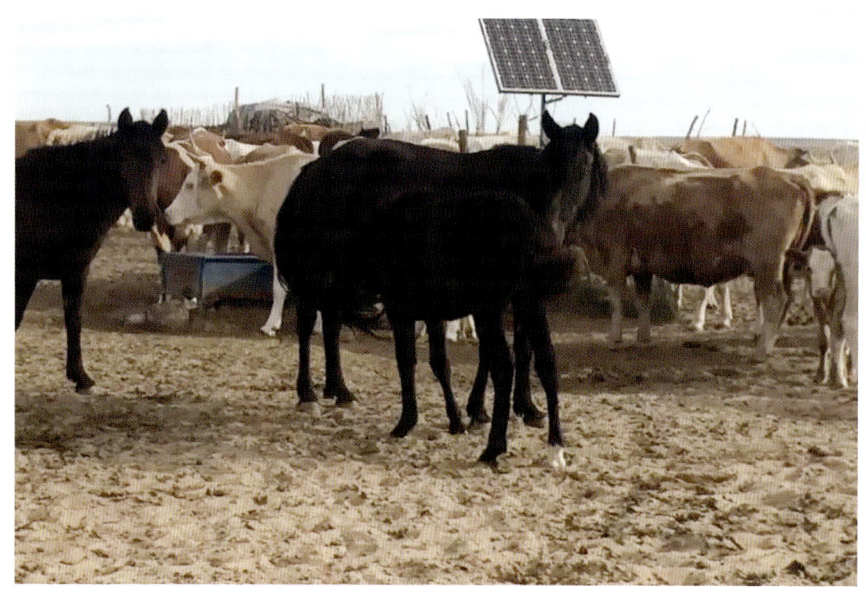

在停歇处停留的畜群

停歇处，是指在牲畜饮水的地方搭建的饮水停歇之处，一般在营地牧场或牧民住居的附近选地搭建。

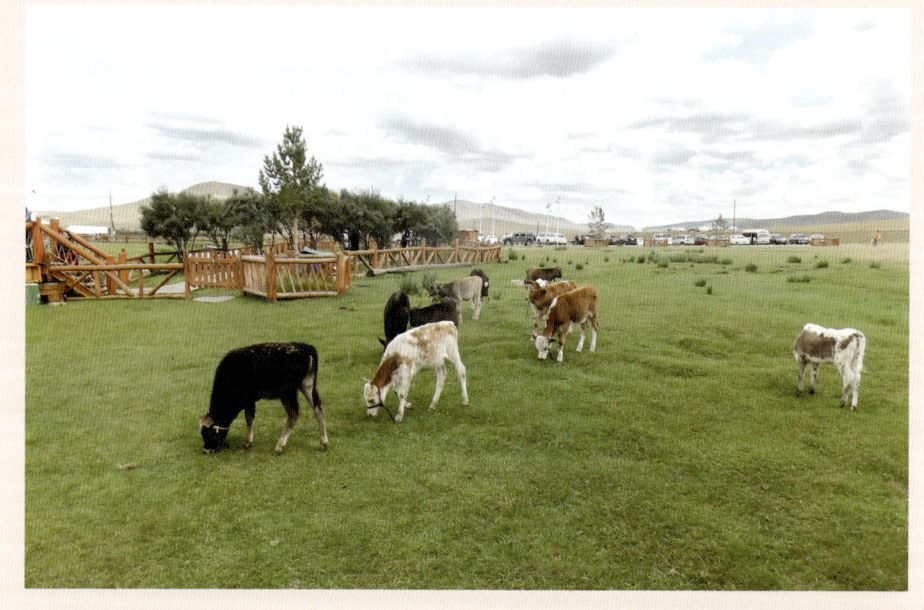

牛犊

牛犊稍大之后与母牛分开放牧。一般分开一天以后，晚上让牛犊吃奶之后，再分开牛犊与母牛，开始挤奶。

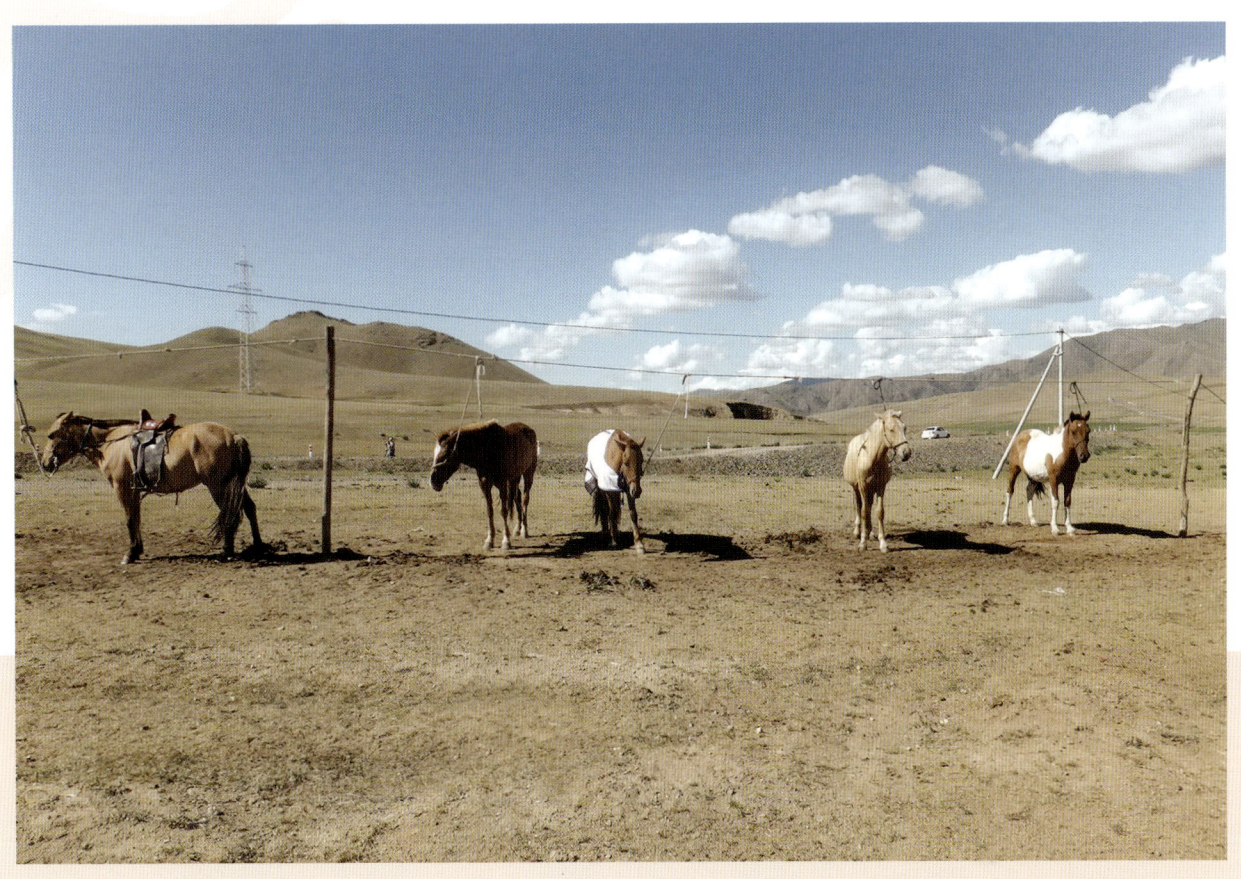

拴在桩子上的"控马"驯养方法

"控马"是把马拴在桩子上,控制其饮食、饮水,适当让其步行,去掉虚膘。古代蒙古人驯养战马就是用这种方式。

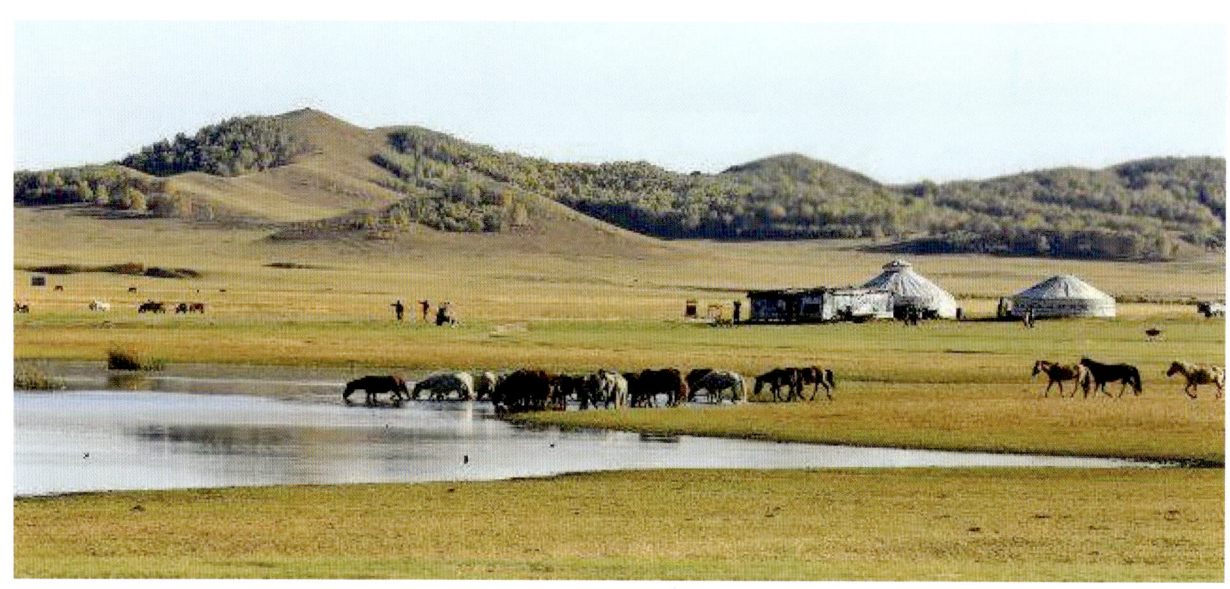

秋季牧场

秋营地是适合牲畜秋季放牧的草场。适合牲畜抓秋膘，而且关系到牲畜冬季和春季的健康状况。因此秋营地要选择地势较低、平坦而开阔、靠近冬营地的草场上搭建。

第四章 蒙古族游乐文化与游牧生活

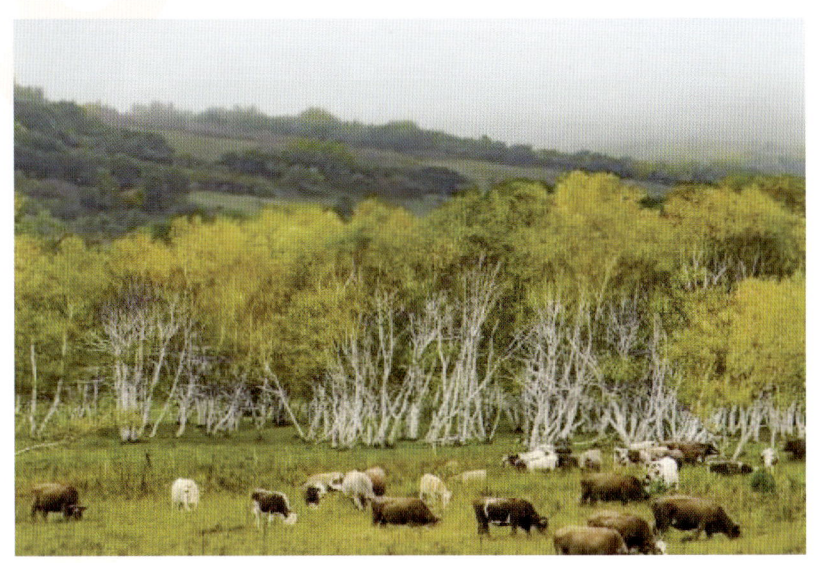

秋季牧场上的黄牛群

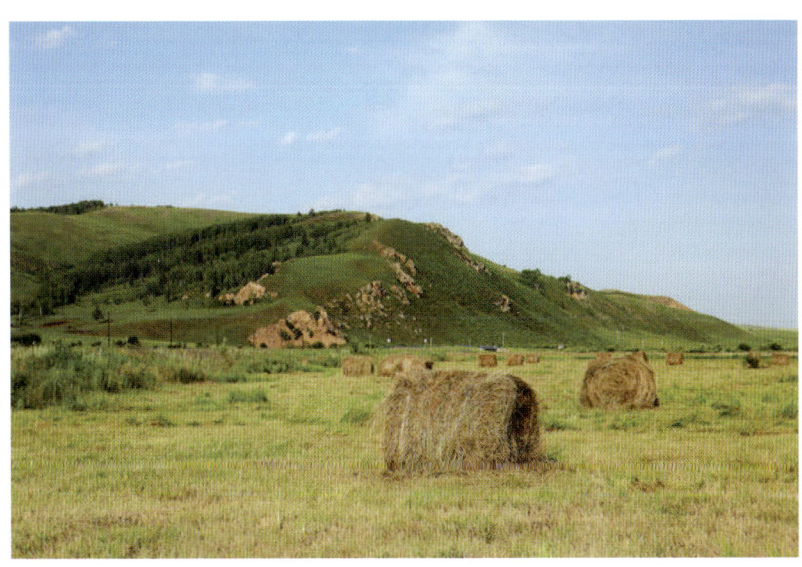

牧草收割的季节

牧草是为家畜作饲料而栽培的植物。当牧草成熟时要及时收割，然后用自然干燥或人工干燥的方法制成干草。

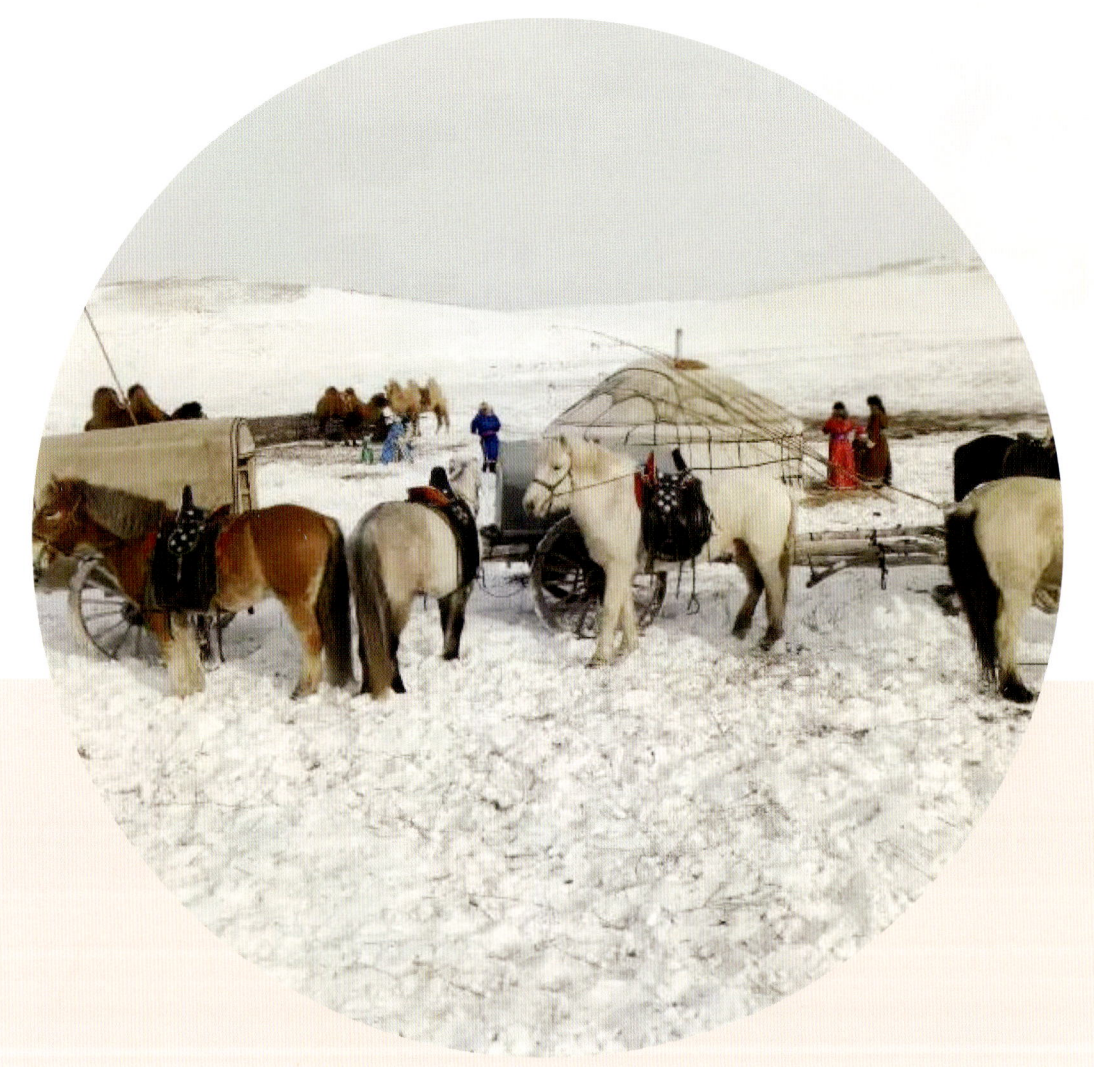

冬季牧场

冬营地有固定世袭使用的，也有不固定轮流使用的。为了保护牲畜安全度过严寒而漫长的冬季，要选择山阳地带，沙漠地带用柳条搭围，平原地带用羊粪砖搭围。

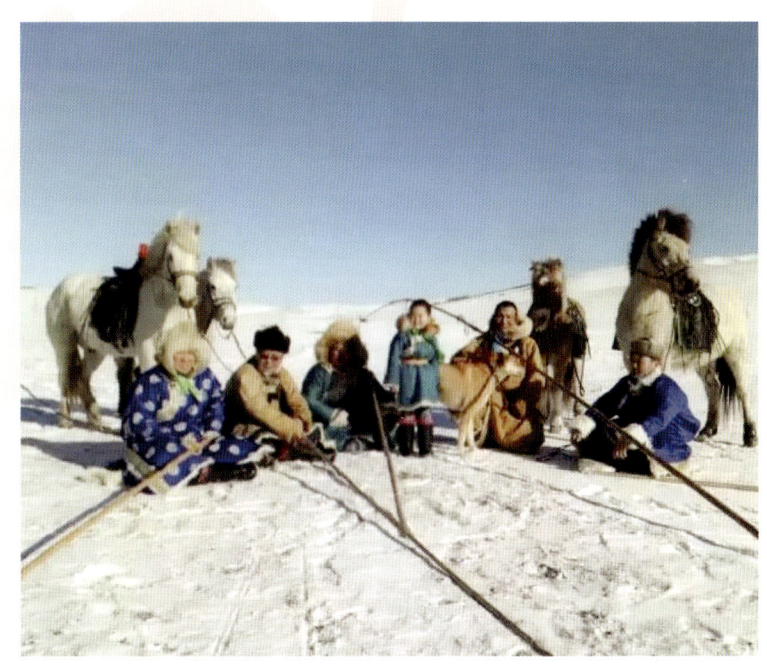

冬季套马赛

冬季套马赛是内蒙古西乌珠穆沁旗举办的冬季那达慕上的一种比赛项目。

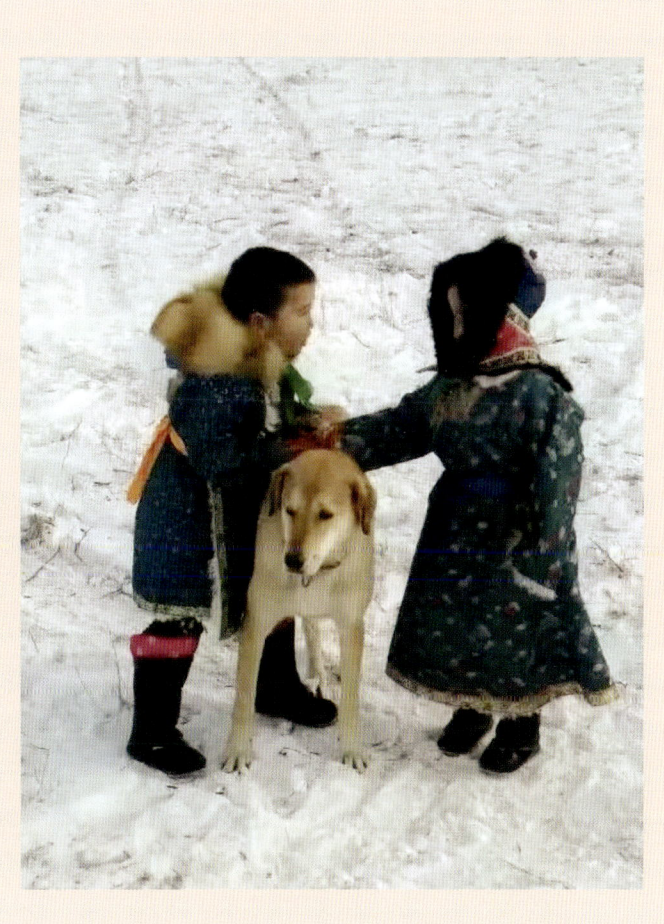

冬季草原上的牧童与牧羊犬

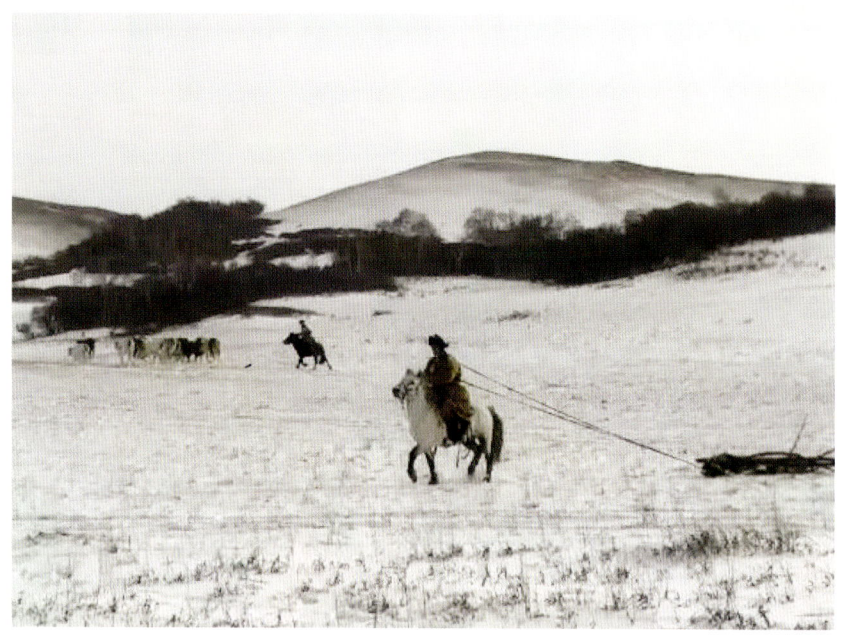

在冬季的雪地里拾柴火

牧民平常在野外放牧时,见到干木枝、牛粪等都随手捡起,以便日后使用方便。

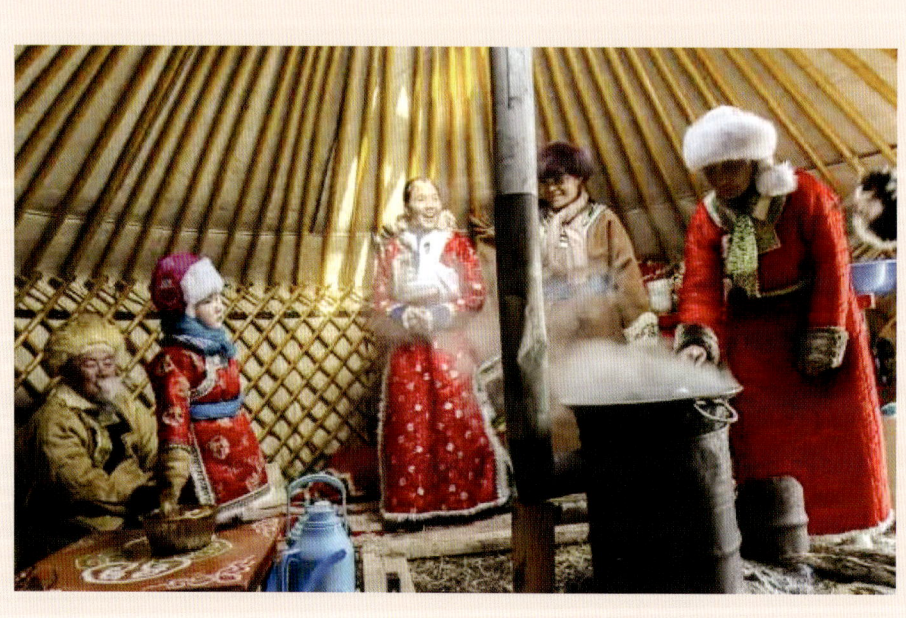

幸福的牧人

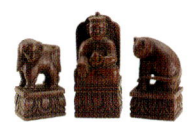

图片提供者

（按姓氏笔画排序）

《八思巴字与元代汉语》（增订本）
第92页
第93页
第95页
第96页
《八思巴字和蒙古语文献》（Ⅱ）
第87页
《八思巴字碑刻文物集释》
第97页
第100页
《八思巴字蒙古语文献汇编》
第98页
《中国民族古文字图录》
第94页
《中国蒙古文古籍总目》（上）
第121页（上）
第126页
第127页
《中国蒙古族游牧文化》
第186页（下）
第189页（下）
第193页
第194页
第198页（上）
第200页（下）
第201页（下）
第212页
《内蒙古自治区蒙药博物馆·馆藏古籍文献图解》
第41页
第42页
第43页
第44页（上）
内蒙古社会科学院图书馆特藏文献撷珍之六《金轮千辐》
第113页
内蒙古社会科学院图书馆特藏文献撷珍之四《白史》
第105页
《内蒙古国际蒙医医院蒙医药博物馆馆藏图谱》
第44页（下）
第131页
第133页
第176页
内蒙古新闻网
第190页（下）
百度百科
第29页
第35页
第36页
第37页
第38页
第30页
第45页（下）
第52页（上）
第54页（下）
第55页（上）
第59页（上）
第132页（上）
百度图片
第47页
第48页
第51页

第52页（下）
第58页
第59页
第61页
第142页（上）
第143页（下）
第150页（上）
第151页
第156页（下）
第185页
第188页（下）
第189页（上）
第190页（上）
第191页
第206页
第208页（上）
第214页
第216页（上）
第221页（下）
第222页
第225页（上）
第226页（下）
第233页
第236页
第237页（上）
第240页
第241页（下）
《西藏历史档案荟萃》
第85页
第86页
第88页
第89页
第90页
成仁
第209页（上）
《回忆纳·赛音朝克图》
第30页（上）
《回鹘式蒙古文文献汇编》
第68页
第71页
第72页
第76页
第80页
第83页
第84页
《优秀射箭手》
第209页（下）
《齐邻真蒙古学文集》
第33页（上）
安格拉木
第220页（上）
第221页（下）
第232页
第275页（上）
那顺阿日本
第225页（下）
第230页（下）
第231页
第236页
第241页（上）
第242页
第243页
第244页

苏乐吉
第15页（上）
第19页（上）
第20页
第27页（上）
第30页（上）
第45页（上）
第54页（上）
第55页（下）
第58页
《阿·敖德斯尔文集》
第31页（上）
《图什业图胡尔齐名录》
第53页
《和布克赛尔土尔扈特那达慕文化——传承与继承之概况》
第188页（下）
第205页（下）
第211页（上）
海振宇
第196页
第198页（下）
高娃
第60页
第99页
第102页
第106页
第107页（下）
第108页
第109页
第110页
第111页
第112页
第114页
第115页
第117页
第118页
第119页
第120页
第121页（下）
第122页
第123页
第125页
第129页
第130页
第132页（下）
第144页
第146页（下）
第149页（上）
第153页（上）
第171页
第172页
第173页
第174页
第175页
第177页
第178页
第179页
第180页
第181页
第203页（上）
第217页
第219页（上）
第223页

第226页（上）
第227页
第228页
第229页
第230页（上）
第234页
第235页（下）
第237页
第238页（下）
第239页
《常用蒙药本草原色图谱》
第137页（下）
第138页（下）
第140页（上）
第141页
第142页（下）
第143页（上）
第145页
第146页
第147页
第148页
第149页（下）
第150页（下）
第152页
第154页
第155页
第156页
第157页
第158页
第159页
第160页（上）
第162页
第163页（下）
第164页
第165页
第166页（上）
第168页
第169页
《蒙古大汗传略》
第14页（上）
第15页（下）
第16页（下）
第17页
第18页（下）
第19页（下）
第21页
《蒙古历史一百名人》
第14页
第16页（上）
第61页
《蒙古民族游乐文化》
第186页（上）
第191页
第192页
第195页
第199页
第201页（上）
第202页
第203页
第207页（下）
第208页
第210页
第211页（下）
第214页（下）

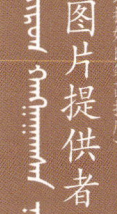

第216页（下）
第218页
《蒙古字韵》研究
第91页
《蒙古英雄史诗的诗学》
第31页（下）
《蒙古学百科全书·文学卷》
第27页（下）
第28页
《蒙古族百科全书·军事人物篇》
第48页
第49页
《蒙古族百科全书·医学卷》
第137页（上）
第138页（上）
第139页（下）
第153页（下）
第160页（下）
第163页（上）
第166页
第167页
《蒙古族百科全书·体育卷》
第187页
第197页（上）
第200页（下）
第204页
第205页（上）
第213页
第215页
第219页（下）
《蒙古学百科全书·语言文字卷》
第23页
第24页
第25页
第65页
第66页
第67页
第69页
第70页
第73页
第74页
第75页
第77页
第78页
第79页
第81页
第82页
第101页
第103页
第107页（上）
《蒙古学百科全书·哲学社会思想史》
第13页
第33页（下）
第57页
《蒙古族那达慕》
第190页中
第207页（上）
第220页（下）
《蒙药标准化药材图释》
第139页（下）
第140页（下）

后记

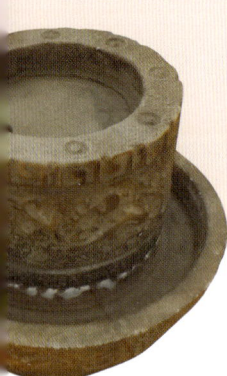

《蒙古族图典》共计八卷本，这套丛书分为服饰卷、住居卷、文物卷、饮食卷、工艺品卷、艺术卷、名胜古迹卷、综合卷。本卷为《蒙古族图典·综合卷》，主要记述了全套书其他卷未涉及且需要介绍的一些内容，主要有蒙古族人物、蒙古族典籍、蒙医蒙药、蒙古族游乐文化和游牧生活。在选用图片时，既兼顾图片的系统性、标志性又兼顾图片的重要性。因此，大多选用了具有典型性和代表性的图片。

因本卷内容比较庞杂，加之篇幅所限，还有很多内容未被纳入。

在编写本卷过程中得到了很多领导和朋友的热心帮助和支持。

巴虎山、安格拉木、那顺阿日本、海震宇、呼其图、乌日汉等同志为本卷无私提供了珍贵的图片，陈玉荣同志为蒙药的选材方面做了很多工作，乌日汉博士在扫描图片、整理资料等方面付出了大量的心血，布和朝鲁、苏日娜等朋友无偿提供自己现场拍摄的图片。这些，都使我深受感动。

还有张红霞、澈丽蒙、刘宝花、呼格吉勒图、海鸽、韩天鹰、其达拉图等热心朋友及专家和学者都非常关心本书的编撰工作，并给予了多方面的鼓励与帮助。因领导和朋友们给予了无私的帮助和支持，《蒙古族图典·综合卷》得以顺利脱稿。在本书即将付梓之际，向他们表示衷心的感谢。

高　娃

2017年10月

ᠨᠠᠢᠷᠠᠭᠤᠯᠤᠭᠴᠢ ᠶᠢᠨ ᠤᠲᠠᠰᠤ : 024－232843347 232843335

ᠨᠣᠮ ᠤᠨ ᠨᠣᠮᠧᠷ : ISBN 978-7-5497-1742-2

ᠵᠤᠵᠠᠭᠠᠨ ᠤ ᠬᠡᠮᠵᠢᠶ᠎ᠡ : 210 mm × 285 mm

ᠬᠠᠪᠢᠰᠤ ᠵᠢᠷᠤᠭᠯᠠᠭᠰᠠᠨ ᠨᠢ : Amber Design